EinFach Deutsch
Unterrichtsmodell

Theodor Fontane

Effi Briest

Erarbeitet von
Stefan Volk

Herausgegeben von
Johannes Diekhans

Baustein 5: Individuum und Gesellschaft (Schicksal und Schuld) (S. 84–103)

5.1	Das Gespräch Innstetten-Wüllersdorf	27. Kapitel, S. 266–272	Arbeitsblatt 7 Textarbeit Schreibauftrag
5.2	Fontanes Andeutungsstil und die Schicksalhaftigkeit des Geschehens	2. Kapitel, S. 19–20 3. Kapitel, S. 22–23 34. Kapitel, S. 315–316 5. Kapitel, S. 42 ges. Text	Textarbeit Schaubild Zusatzmaterial 8 Tafelbild Auszug Sekundärtext
5.3	Der historische Hintergrund des Romans	Anhang Textausgabe, S. 402–425 Anhang Textausgabe, S. 349–353	Textarbeit Tafelbild Szenisches Spiel Schreibauftrag
5.4	Der tragische Konflikt	27. Kapitel, S. 271 + 266 1. Kapitel, S. 11–12 ges. Text	Textarbeit Tafelbild Schreibauftrag
	Die Schuldfrage	36. Kapitel, S. 336–337 ges. Text Anhang Textausgabe, S. 380–389	Textarbeit Zusatzmaterial 9 Diskussion

Baustein 6: Intertextualität (S. 104–108)

6.1	Fontanes Gesamtwerk	Anhang Textausgabe, S. 374–376 Anhang Textausgabe, S. 338–345	Textarbeit
6.2	Zeitgenössische Literatur	Vergleichs-/ Paralleltexte Anhang Textausgabe, S. 386–389 Anhang Textausgabe, S. 354–361 27. Kapitel, S. 266–272	Textarbeit
6.3	Verfilmungen	Adaptionen ges. Text	Filmanalyse

Baustein 7: Realismus (S. 109–121)

7.1	„Realismus" als literarischer Epochenbegriff	Anhang Textausgabe, S. 386–389 Anhang Textausgabe, S. 369–371 Anhang Textausgabe, S. 400	Textarbeit Tafelbild Arbeitsblatt 8
7.2	Fontanes Erzähltechnik	ges. Text Anhang Textausgabe, S. 400–401 36. Kapitel, S. 333–337 17. Kapitel, S. 156–159 8. Kapitel, S. 74 + 14. Kapitel, S. 132	Zusatzmaterial 12 Textarbeit Tafelbild

Effi Briest

Baustein 1: Mögliche Einstiege (S. 22–33)

1.1	Erste Leseeindrücke	ges. Text Anhang Textausgabe, S. 377–390	Arbeitsblatt 1 Arbeitsblatt 2 Schreibauftrag
1.2	Handlung und Themen	ges. Text	Schaubild
1.3	Analyse des Romananfangs	1. Kapitel, S. 7	Textarbeit Schreibauftrag
1.4	Der Romananfang als Bild und im Vergleich zum Ende	1. Kapitel, S. 7 u. S. 9 24. Kapitel, S. 251 36. Kapitel, S. 336	Mal- und Zeichenauftrag Textarbeit Folienvorlage

Baustein 2: Erzählaufbau, Gliederung (S. 34–42)

2.1	Romangliederung	ges. Text	Tafelbild Arbeitsblatt 3
2.2	Effis Funktion für den Erzählaufbau	ges. Text	Zusatzmaterial 1
2.3	Verhältnis Erzählzeit – erzählte Zeit	ges. Text 5. Kapitel, S. 39–46	Textarbeit Schreibauftrag

Baustein 3: Figuren (S. 43–64)

3.1	Figuren stellen	ges. Text	Szenisches Spiel Textarbeit
3.2	Die Exposition	1. Kapitel, S. 7–16	Textarbeit Tafelbild Arbeitsblatt 4 Schreibauftrag Szenisches Spiel Zusatzmaterial 3 Zusatzmaterial 4
3.3	Die Figuren im Spannungsfeld von Natur und Gesellschaft	1. Kapitel, S. 8–9 4. Kapitel, S. 36–37 ges. Text	Textarbeit Tafelbild Arbeitsblatt 5

Baustein 4: Metaphorik (S. 65–83)

4.1	Metaphorik und Symbolik im ersten Kapitel	1. Kapitel, S. 7–16	Textarbeit Arbeitsblatt 6 Folienvorlage Tafelbild
4.2	Der Chinesenspuk	ges. Text 6. Kapitel, S. 49–52 4. Kapitel, S. 36 16. Kapitel, S. 151–17. Kapitel, S. 155 18. Kapitel, S. 170	Zusatzmaterialien 2 + 5 Textarbeit Tafelbild Szenisches Spiel Schreibauftrag
4.3	Der Heliotrop	4. Kapitel, S. 33 34. Kapitel, S. 320–35. Kapitel, S. 322 36. Kapitel, S. 336	Zusatzmaterial 6 Textarbeit Tafelbild

Bildnachweis
|INNOVA-Agentur - Graphik & Design, Borchen: 25, 26, 45, 62, 64, 69, 71, 72, 88. |Stiftung Deutsche Kinemathek, Berlin: Filmmuseum Berlin 9.

westermann GRUPPE

© 2006 Bildungshaus Schulbuchverlage Westermann Schroedel Diesterweg Schöningh Winklers GmbH, Georg-Westermann-Allee 66, 38104 Braunschweig
www.westermann.de

Das Werk und seine Teile sind urheberrechtlich geschützt. Jede Nutzung in anderen als den gesetzlich zugelassenen bzw. vertraglich zugestandenen Fällen bedarf der vorherigen schriftlichen Einwilligung des Verlages. Nähere Informationen zur vertraglich gestatteten Anzahl von Kopien finden Sie auf www.schulbuchkopie.de.

Für Verweise (Links) auf Internet-Adressen gilt folgender Haftungshinweis: Trotz sorgfältiger inhaltlicher Kontrolle wird die Haftung für die Inhalte der externen Seiten ausgeschlossen. Für den Inhalt dieser externen Seiten sind ausschließlich deren Betreiber verantwortlich. Sollten Sie daher auf kostenpflichtige, illegale oder anstößige Inhalte treffen, so bedauern wir dies ausdrücklich und bitten Sie, uns umgehend per E-Mail davon in Kenntnis zu setzen, damit beim Nachdruck der Verweis gelöscht wird.

Druck A^8 / Jahr 2022
Alle Drucke der Serie A sind im Unterricht parallel verwendbar.

Umschlaggestaltung: Jennifer Kirchhof
Druck und Bindung: Westermann Druck GmbH, Georg-Westermann-Allee 66, 38104 Braunschweig

ISBN 978-3-14-**022409**-3

Vorwort

Der vorliegende Band ist Teil einer Reihe, die Lehrerinnen und Lehrern erprobte und an den Bedürfnissen der Schulpraxis orientierte Unterrichtsmodelle zu ausgewählten Ganzschriften und weiteren relevanten Themen des Faches Deutsch bietet.

Im Mittelpunkt der Modelle stehen Bausteine, die jeweils thematische Schwerpunkte mit entsprechenden Untergliederungen beinhalten.

In übersichtlich gestalteter Form erhält der Benutzer/die Benutzerin zunächst einen Überblick zu den im Modell ausführlich behandelten Bausteinen.

Es folgen:

- Hinweise zu den Handlungsträgern
- Zusammenfassung des Inhalts und der Handlungsstruktur
- Vorüberlegungen zum Einsatz des Buches im Unterricht
- Hinweise zur Konzeption des Modells
- Ausführliche Darstellung der einzelnen Bausteine
- Zusatzmaterialien

Ein besonderes Merkmal der Unterrichtsmodelle ist die Praxisorientierung. Enthalten sind kopierfähige Arbeitsblätter, Vorschläge für Klassen- und Kursarbeiten, Tafelbilder, konkrete Arbeitsaufträge, Projektvorschläge. Handlungsorientierte Methoden sind in gleicher Weise berücksichtigt wie eher traditionelle Verfahren der Texterschließung und -bearbeitung.

Das Bausteinprinzip ermöglicht es dabei den Benutzern, Unterrichtsreihen in unterschiedlicher Weise und mit unterschiedlichen thematischen Akzentuierungen zu konzipieren. Auf diese Weise erleichtern die Modelle die Unterrichtsvorbereitung und tragen zu einer Entlastung der Lehrkräfte bei.

Das vorliegende Modell bezieht sich auf folgende Textausgabe: Theodor Fontane: Effi Briest. Paderborn, Schöningh Verlag 2005, Best.-Nr. 022410.

 Arbeitsfrage

 Einzelarbeit

 Partnerarbeit

 Gruppenarbeit

 Unterrichtsgespräch

 Schreibauftrag

 szenisches Spiel, Rollenspiel

 Mal- und Zeichenauftrag

 Bastelauftrag

 Projekt, offene Aufgabe

Inhaltsverzeichnis

1. Die Hauptpersonen   10

2. Handlung und Aufbau des Romans   12

3. Vorüberlegungen zum Einsatz des Romans im Unterricht   14

4. Konzeption des Unterrichtsmodells   16

5. Vorschläge für Klausuren und Facharbeiten   18

6. Die thematischen Bausteine des Unterrichtsmodells   22

   Baustein 1: Mögliche Einstiege   22
   1.1   Erste Leseeindrücke   22
   1.2   Handlung und Themen   24
   1.3   Analyse des Romananfangs   26
   1.4   Der Romananfang als Bild und im Vergleich zum Ende   28
   Arbeitsblatt 1: Erste Leseeindrücke   32
   Arbeitsblatt 2: Zur Rezeption von „Effi Briest"   33

   Baustein 2: Erzählaufbau, Gliederung   34
   2.1   Romangliederung   34
   2.2   Effis Funktion für den Erzählaufbau   39
   2.3   Verhältnis Erzählzeit – erzählte Zeit   39
   Arbeitsblatt 3: Erzählaufbau   42

   Baustein 3: Figuren   43
   3.1   Figuren stellen   44
   3.2   Die Exposition   47
   3.3   Die Figuren im Spannungsfeld von Natur und Gesellschaft   57
   Arbeitsblatt 4: Einführung der Figuren im ersten Kapitel   63
   Arbeitsblatt 5: Figuren zwischen natürlichem und gesellschaftlichem Verhalten   64

   Baustein 4: Metaphorik   65
   4.1   Metaphorik und Symbolik im ersten Kapitel   65
   4.2   Der Chinesenspuk   70
   4.3   Der Heliotrop   80
   Arbeitsblatt 6: Metaphorik im ersten Kapitel   83

   Baustein 5: Individuum und Gesellschaft (Schicksal und Schuld)   84
   5.1   Das Gespräch Innstetten – Wüllersdorf   84
   5.2   Fontanes Andeutungsstil und die Schicksalhaftigkeit des Geschehens   87
   5.3   Der historische Hintergrund des Romans   92
   5.4   Der tragische Konflikt   99
   5.5   Die Schuldfrage   100
   Arbeitsblatt 7: Das Gespräch Innstetten – Wüllersdorf   103

Baustein 6: Intertextualität 104
6.1 Fontanes Gesamtwerk 104
6.2 Zeitgenössische Literatur 104
6.3 Verfilmungen 107

Baustein 7: Realismus 109
7.1 „Realismus" als literarischer Epochenbegriff 109
7.2 Fontanes Erzähltechnik 116
Arbeitsblatt 8: Naturalismus – Brecht – Fontane 121

7. Zusatzmaterialien 122
Z1: Romangliederung 122
Z2: Gesellschaft und Menschlichkeit 124
Z3: Ungehaltene Reden ungehaltener Frauen 125
Z4: Fiktive Schülerbriefe Effis an Innstetten 130
Z5: Der Chinesenspuk 132
Z6: Die Symbolik des Heliotrops 133
Z7: Metaphorik und Psychoanalyse (Freud) 134
Z8: Schicksalhaftes Geschehen 135
Z9: Die Schuldfrage 136
Z10: Naturalismus 137
Z11: Realismus 138
Z12: Fontanes Erzählstil 140

Effi Briest

Ja, Effi! Alle Leute sympathisieren mit ihr und einige gehen so weit, im Gegensatz dazu, den Mann als einen „alten Ekel" zu bezeichnen. Das amüsiert mich natürlich, gibt mir aber auch zu denken, weil es wieder beweist, wie wenig den Menschen an der sogenannten „Moral" liegt und wie die liebenswürdigen Naturen dem Menschenherzen sympathischer sind. Ich habe dies lange gewusst, aber es ist mir nie so stark entgegengetreten wie in diesem Effi Briest- und Innstetten-Fall.

Aus einem Brief Fontanes an Clara Kühnast vom 27. Oktober 1895. Zitiert nach: Theodor Fontane: Werke, Schriften und Briefe. Herausgegeben von Walter Keitel und Helmuth Nürnberger. Abteilung IV. Briefe. Vierter Band, 1890–1898, herausgegeben von Otto Drude und Helmuth Nürnberger. München: Carl Hanser Verlag, 1982, S. 386.

Szene aus der Verfilmung von R. W. Fassbinder

© Filmmuseum Berlin – Deutsche Kinemathek

Die Hauptpersonen

Effi Briest: Einzige Tochter einer protestantischen, preußischen Adelsfamilie. Sie ist 17 Jahre jung, als sie den mehr als 20 Jahre älteren Baron von Innstetten heiratet. Effi wird beschrieben als „Naturkind" (S. 42) und „Tochter der Luft" (S. 9), also als naiv, unschuldig, übermütig, verspielt, unverstellt, lebenshungrig. Sie braucht Freiheit, um sich zu entfalten, und ist in ihrem „Jungenskittel" (S. 9) noch nicht bereit, die gesellschaftliche Rolle einer Ehefrau zu übernehmen. Andererseits aber hat sie auch einen Hang zum „Aparten" (S. 27), der sich in ihrem Streben nach Luxus, gesellschaftlicher Anerkennung, sozialem Aufstieg („Staatskleider", S. 9) und ihrer romantischen Ader äußert. Eher aus Langeweile als aus Leidenschaft lässt sie sich auf eine verhängnisvolle Affäre mit Major Crampas ein.

Baron von Innstetten: Landrat (später zum Ministerialrat befördert) Baron von Innstetten ist 38 Jahre alt, als er um Effis Hand anhält, und damit „gerade so alt" (S. 13) wie Effis Mutter. Als Vertrauter Bismarcks ist er auf dem besten Wege, Karriere zu machen und Effis Vater an Rang und Stellung zu übertreffen. Als väterlich strenge Figur übernimmt er gegenüber Effi die Rolle eines „Erziehers" (S. 170). Im Gegensatz zum „Naturkind" Effi ist er ein „Kunstfex" (S. 42). Innstetten ist „ein Mann von Charakter", „von Prinzipien" und „Grundsätzen" (S. 39). Er handelt nach den geltenden gesellschaftlichen Moral- und Ehrbegriffen und ist dabei rücksichtslos gegen sich selbst und gegen andere.

Major Crampas: Kommt als neuer Bezirkskommandeur nach Kessin. Effi schätzt ihn auf 44 Jahre, seine Frau ist ein Jahr älter. Gemeinsam haben sie zwei Kinder im Alter von acht und zehn Jahren. Seine Ehe ist unglücklich, seine Frau zu Recht eifersüchtig, weil er als Damen- und Lebemann von sich reden macht. Bei einem Duell wurde sein linker Arm verstümmelt. Anders als Innstetten hält er wenig auf Recht und Ordnung und sucht stattdessen Vergnügen und Abenteuer.

Herr von Briest: Ritterschaftsrat von Briest ist ein „wohlkonservierter Fünfziger" (S. 20) und damit mindestens zwölf Jahre älter als seine Frau. Er entstammt altem Adel. Der alte Briest pflegt eine liberale Weltsicht, kümmert sich mehr um den Einzelnen als um das große Ganze oder die Gesellschaft. Am treffendsten charakterisiert ihn der Ausdruck „Bonhomie" (S. 20). Gutmütig im persönlichen Miteinander geht er dem (zu) „weiten Feld" gesellschaftlicher Probleme und Konflikte gerne mit einer ironisch distanzierten, leicht kauzigen Haltung aus dem Weg.

Frau von Briest: Deutlich jünger als ihr Mann und im gleichen Alter wie Innstetten, fungiert Effis Mutter als Kontrastfigur zum alten Briest. Bereits in ihrer Jugend fühlte sie sich zu Innstetten hingezogen. Mit der Verheiratung Effis scheint sie nun die ihr entgangene Hochzeit nachholen zu wollen. Sie selbst musste ihr persönliches Glück den geltenden Gesellschaftsnormen unterordnen und erwartet dasselbe von ihrer Tochter. Anders als der alte Briest hält sie wenig von Verzeihen und menschlicher Nachsicht, sondern pocht wie Innstetten auf das strikte Einhalten gesellschaftlicher Prinzipien.

Johanna: Hausmädchen Innstettens. Blond, blauäugig, hübsch, mit einer üppigen Figur. Sie ist Innstetten gegenüber loyal, stolz auf ihre „Intimitätsstellung zum gnädigen Herrn" (S. 280) und verehrt Innstetten aufgrund seines Ranges und seiner Charaktereigenschaften. Effi hingegen behandelt sie beinahe wie eine Rivalin. Sie verurteilt sie für ihre verspielte Natur. Effi gegenüber tritt sie streng, kühl und einschüchternd auf.

Roswitha: Wurde von Effi als Kindermädchen für ihre Tochter Annie eingestellt. Wenig gebildet und katholisch fügt sie sich anders als Johanna nicht in die im Hause Innstetten geltenden Normen. Als Kontrastfigur zu Johanna bleibt sie Effi auch dann noch treu, als diese von der vornehmen Gesellschaft ausgeschlossen wird. Warmherzig und gutmütig, gelten ihr konkrete Menschlichkeit und Nächstenliebe mehr als allgemeine Moralbegriffe.

Gieshübler: Der Apotheker Alonzo Gieshübler schließt Effi schnell ins Herz und entwickelt sich zu einem platonischen Verehrer. Für Effi ist er der „einzige richtige Mensch" (S. 79) in der Kessiner Gesellschaft. Gieshübler steht in einer Reihe mit weiteren väterlichen Freunden wie Pastor Niemeyer oder Geheimrat Rummschüttel.

Wüllersdorf: Geheimrat von Wüllersdorf wird als Innstettens „Spezialkollege" (S. 238) und „Junggeselle" (S. 356) in die Handlung eingeführt. Wüllersdorf ist Innstettens engster Vertrauter und wird zu seinem Sekundanten. Anders als Innstetten ist er weniger ein Mann eherner Prinzipien als ein Pragmatiker, der sich den jeweils gegebenen Umständen so weit wie nötig anpasst.

Annie: Zunächst hofft Effi, dass sich ihre Lage in Kessin durch die Geburt ihrer Tochter bessert. Zumindest ein wenig „Leben und Zerstreuung" (S. 114) soll das Kind ins Haus bringen. Bald aber kümmert sich vor allem Roswitha um die Kleine. Mit der Scheidung gerät Annie unter den Einfluss Innstettens. Schließlich plappert sie wie ein „Papagei" (S. 314) dessen Worte („wenn ich darf", S. 312) nach.

Handlung und Aufbau des Romans

Entlang des Handlungsverlaufes und der jeweiligen Schauplätze lässt sich der Roman „Effi Briest" in fünf Erzählblöcke gliedern.

Der erste Abschnitt (Kapitel 1–5, S. 7–48) führt in Effis Leben im heimatlichen Hohen-Cremmen ein und bringt zugleich mit dem ersten Wendepunkt (Innstettens Heiratsgesuch und die darauffolgende Hochzeit) die weitere Handlung in Gang. Effi ist erst 17, noch ein halbes Kind, als der 20 Jahre ältere Baron von Innstetten um ihre Hand anhält. Von der Ehe verspricht sie sich sozialen Aufstieg, aber auch sinnliche Romantik (vgl. „japanischer Bettschirm", „Ampel [...] mit rotem Schein", S. 34). Nach der Hochzeitsreise durch Italien, auf der Innstetten sie mit seinem Kunstinteresse langweilt, folgt Effi ihrem Mann in den kleinen pommerschen Handels- und Badeort Kessin.

Mit der Ankunft in Kessin beginnt der zweite Erzählabschnitt (Kapitel 6–14; S. 48–136). Schon bei der Anreise jagt Innstetten Effi mit der Geschichte des toten Chinesen Angst ein. Und schon bald verwandelt sich das Haus des Landrats für Effi in ein Spukhaus. Innstettens Dienerin Johanna begegnet Effi ablehnend. Von ihrem bisherigen gesellschaftlichen Leben abgeschnitten und von Innstetten zunehmend alleine gelassen, beginnt sich Effi in dem Provinzstädtchen bald zu langweilen und zu fürchten. Nach den wenig erbaulichen Antrittsbesuchen bei der Kessiner Gesellschaft fühlt sie sich isoliert und ausgeschlossen. Ihre einzigen Lichtblicke sind zunächst der Hund Rollo und der Apotheker Gieshübler. Erst später, als Effi bereits schwanger ist, kommt mit der katholischen, bäurischen Roswitha noch eine weitere Vertrauensperson hinzu. Effi begegnet Roswitha auf dem Friedhof und stellt sie als Kindermädchen für die kleine Annie ein, die bald darauf zur Welt kommt. Bereits jetzt lernt Effi Major Crampas kennen. In einem Brief an ihre Mutter schreibt sie von der bevorstehenden Ankunft des neuen Bezirkskommandeurs, eines „Damenmann[es]" (S. 121) von zweifelhaftem Ruf, dem sie dennoch (oder gerade deshalb) wie ein „Trost- und Rettungsbringer" (S. 120) entgegensieht.

Der dritte Erzählblock (Kapitel 15–22, S. 136–219) beginnt mit einem Rückblick auf den sechswöchigen Heimataufenthalt Effis in Hohen-Cremmen. Im Zentrum dieses zweiten Kessiner-Abschnittes steht die sich zwischen Effi und Major Crampas anbahnende Affäre. Aus den Strandausflügen, die Innstetten, Effi und Crampas zunächst gemeinsam unternehmen, werden, bedingt durch Innstettens berufliche Abwesenheit, bald schon romantische Treffen zu zweit. Auf dem Rückweg von einem Gesellschaftsabend in der Oberförsterei nimmt die Affäre ihren Lauf. Die Weiterfahrt der Schlitten wird durch den „Schloon" verhindert. Plätze werden getauscht und plötzlich sitzt Crampas alleine neben Effi, während Innstetten in einem Schlitten vorausfährt. Innstetten wählt einen schmalen Waldweg. Im Dunkel des Waldes überdeckt Crampas Effi mit „heißen Küssen" (S. 186). Heimlich und geradezu zwanghaft trifft sich Effi fortan täglich mit Crampas. Als Innstetten zum Ministerialrat befördert wird, beendet der Umzug nach Berlin die Affäre. Effi ist darüber sehr erleichtert.

Der vierte Abschnitt (Kapitel 23–31, S. 219–295) beginnt, als Effi in Berlin eintrifft. Ihre Hoffnung, das „Spukhaus", Crampas und die Enge Kessins hinter sich lassen und ein neues, freieres Leben beginnen zu können, erweist sich bald als trügerisch. Der Chinese taucht als kleines Bildchen in der Berliner Wohnung wieder auf, und auf der Rügenreise erinnern die Opfersteine am Herthasee und das Dorf „Crampas" an Effis Vergangenheit. Mehr als sechs Jahre nach dem Ehebruch stößt Innstetten zufällig auf alte, von Crampas an Effi gerichtete Liebesbriefe. Daraufhin bittet er seinen Kollegen Wüllersdorf, ihm im Duell mit Crampas zu sekundieren. Wüllersdorf versucht zunächst, Innstetten vom Duell abzuhalten. Ein Gespräch über den Zusammenhang von Schuld und Verjährung sowie das Verhältnis von Gesellschaft und Individuum entspinnt sich. Am Ende gelingt es Innstetten jedoch, Wüllersdorf davon zu überzeugen, dass er keine andere Wahl habe, als sich dem Druck des „Gesellschafts-Etwas" (S. 270) zu beugen. Innstetten erschießt Crampas, verstößt Effi und nimmt ihr die gemeinsame Tochter Annie. Auch Effis Eltern wenden sich auf Drängen der Mutter von Effi ab.

Einzig Roswitha hält zu ihrer Herrin und zieht bei ihr ein, wie der Leser rückblickend im fünften Erzählabschnitt (Kapitel 32–36, S. 295–337) erfährt. Als Effi ihre Tochter endlich wiedersehen darf, begegnet Annie ihr höflich und kühl. Effi erleidet einen schweren Zusammenbruch. Auf Anraten Dr. Rummschüttels nehmen Effis Eltern ihre Tochter schließlich wieder bei sich in Hohen-Cremmen auf. Effi kehrt zwar zurück in ihr Elternhaus, eine Rückkehr in ihre Kindheit bleibt ihr aber verwehrt. Obwohl Roswitha und, auf deren Betreiben hin, auch Rollo Effi treu beiseite stehen, erkrankt sie schwer. Am Ende macht sie ihren Frieden mit sich selbst, Innstetten, der Welt und stirbt.

Angelegt an das klassische Fünfaktschema folgen die fünf Erzählblöcke des Romans weitgehend dem Schema: 1. Einleitung, Exposition; 2. Steigerung; 3. Höhepunkt; 4. Umschwung; 5. Schluss.

Vorüberlegungen zum Einsatz des Romans im Unterricht

Fontanes Roman „Effi Briest" hat nicht nur seinen festen Platz im Kanon der deutschen Literatur, sondern zählt mittlerweile auch zu den „Klassikern" der Schullektüre. Das hier vorgestellte Unterrichtsmodell unterstützt den Einsatz schon ab der 11. Klasse, da komplexere, literaturhistorische oder analytische Fragestellungen wahlweise übernommen oder weggelassen werden können.

Der Roman fordert die Schülerinnen und Schüler zunächst aufgrund seines veralteten, hypotaktischen Sprachstils heraus. Inhaltlich abschreckend wirken könnte das historische Setting, das mit der aktuellen Lebenswirklichkeit der Lernenden nur wenig gemein zu haben scheint. Gelingt es jedoch, eine Brücke von den im Roman geschilderten Geschehnissen zur Gegenwart zu schlagen, dürften auch die sprachlichen Hindernisse zu überwinden sein. Haben die Schülerinnen und Schüler erst einmal Zugang zur inneren Welt des Romans und seiner Figuren gefunden, dürften sie auch die anfangs fremde Sprache als deren stimmiges Ausdrucksmittel akzeptieren, zumal der hohe Dialoganteil nahelegt, die Sprache des Romans mit der Sprache der darin vorkommenden Figuren zu identifizieren.

Der Dialogreichtum „Effi Briests" und die damit verbundene multiperspektivische Erzählweise verleihen dem Roman einen beinahe dramatischen Charakter: Erzählt wird zum großen Teil durch die Figuren hindurch. Das Verständnis des Romans führt daher unweigerlich und in erster Linie über das Verständnis seiner Protagonisten. Der Analyse der einzelnen Figuren, ihrer Charaktere, ihrer Handlungsmotivationen sowie ihrer strukturellen Beziehungen zueinander wird daher reichlich Platz eingeräumt.

Thematische Anknüpfungspunkte an die Gegenwart lassen sich bei der Interpretation des Romans leicht finden. Bereits die Kernproblematik, die um das Verhältnis von Individuum und Gesellschaft kreist, kann losgelöst vom konkreten kultur-historischen Kontext auf die heutige Zeit übertragen werden.

Entsprechendes gilt für die Themenfelder, die sich aus dem von Fontane gestalteten Grundkonflikt ableiten, insbesondere die Schuldfrage, aber auch Fragen nach dem ehelichen Zusammenleben, der Rolle der Frau in der Gesellschaft, dem Stellenwert von Treue etc. Als besonders fruchtbar erweist sich die Auseinandersetzung mit Fontanes Roman gerade deshalb, weil die Themen, die er behandelt, sich auf sehr unterschiedliche Weise bearbeiten lassen. Eine Offenheit, die zu einer intensiven, kontroversen Auseinandersetzung mit dem Roman einlädt.

Fontane selbst entzieht sich eindeutiger Stellungnahmen. Eine Haltung, die ebenfalls mannigfaltige Anknüpfungspunkte bietet. Literaturhistorisch können die teilweise konträren Rezeptionen bzw. Bewertungen des Romans nachvollzogen und diskutiert werden. Sozialgeschichtlich empfiehlt es sich, den überzeitlichen, philosophischen Kern des Romans historisch zu verankern.

Fachübergreifend oder fächerverbindend kann man sich den Romanthemen von zwei Richtungen nähern. Einerseits können die allgemeinmenschlichen Fragen in den Fächern Philosophie oder Religion weiterentwickelt werden. Andererseits können sie im Geschichtsunterricht in einen konkreten historischen Kontext eingebunden oder im Politik- bzw. Sozialkundeunterricht vor dem Hintergrund der aktuellen politischen, gesellschaftlichen Situation erörtert werden.

Als Unterrichtslektüre eignet sich der Roman „Effi Briest" jedoch nicht nur aufgrund seines überzeitlich aktuellen und gleichzeitig historisch begründeten Themenkataloges, sondern auch aufgrund seiner klaren formalen Struktur. Der Aufbau orientiert sich am Fünf-Akt-

Schema des klassischen Dramas, und die Figuren sind entlang des Spannungsfeldes Individuum-Gesellschaft weitgehend symmetrisch angeordnet. Und auch das dichte metaphorische Verweisfeld des Romans lässt sich größtenteils schlüssig und für die Schülerinnen und Schüler nachvollziehbar auflösen.

Das Bausteineprinzip, nach dem das vorliegende Unterrichtsmodell gestaltet wurde, setzt sich auch innerhalb der jeweiligen Bausteine fort. Die darin vorgestellten und exemplarisch durchgeführten Arbeitsaufträge lassen sich je nach Bedarf zu unterschiedlichen Unterrichtseinheiten zusammenfassen.

Die Zusatzmaterialien können wahlweise einzeln verwendet oder aber in die entsprechenden Bausteine integriert werden. Innerhalb der Bausteine wird jeweils auf die dafür geeigneten Zusatzmaterialien verwiesen.

Wo nicht anders genannt, beziehen sich die Seitenangaben auf die im Schöningh Verlag erschienene Textausgabe von „Effi Briest". Die Textausgabe enthält einen ausführlichen Anhang mit umfangreichen biografischen, historischen, literaturgeschichtlichen und weiteren Materialien, auf die innerhalb des Unterrichtsmodells mehrfach Bezug genommen wird.

Das vorliegende Unterrichtsmodell setzt mit seinen Bausteinen gezielt Schwerpunkte und beansprucht nicht, eine umfassende formale, inhaltliche und thematische Analyse von Fontanes Roman zu liefern. An dieser Stelle sei daher auf eine Auswahl weiterführender Materialien zur Unterrichtsgestaltung und Interpretation verwiesen:

Unterrichtsmaterialien zum Roman:
- Reisner, Hanns-Peter; Siegle, Rainer: Lektürehilfen Theodor Fontane „Effi Briest". Stuttgart, Dresden: Klett 1993
- Reisner, Hanns-Peter; Siegle, Rainer: Stundenblätter „Effi Briest". Stuttgart: Klett 1987

Unterrichtsmaterialien zum Roman und Fassbinders Verfilmung „Fontane Effi Briest":
- Volk, Stefan: Filmanalyse im Unterricht – Zur Theorie und Praxis von Literaturverfilmungen. Reihe „EinFach Deutsch", herausgegeben von Johannes Diekhans. Paderborn: Schöningh 2004

Sekundärliteratur zum Roman:
- Grawe, Christian: Theodor Fontane – Effi Briest. Grundlagen und Gedanken zum Verständnis erzählender Literatur. Frankfurt/Main: Verlag Moritz Diesterweg 1985
- Haman, Elsbeth: Theodor Fontane – Effi Briest. Reihe „Interpretationen für Schule und Studium", herausgegeben von Rupert Hirschenauer, Albrecht Weber, Bernhard Sowinski, Helmut Schwimmer. München: Oldenbourg Verlag 1981

Sekundärliteratur zum bürgerlichen Realismus:
- Martini, Fritz: Deutsche Literatur im bürgerlichen Realismus: 1848–1898. Reihe „Epochen der deutschen Literatur". Stuttgart: Metzler'sche Verlagsbuchhandlung 1981

Konzeption des Unterrichtsmodells

Um es den Schülerinnen und Schülern zu erleichtern, die stilistischen und inhaltlichen Hürden zu überspringen, vor die sie die „schwierige" Lektüre von Fontanes Roman stellt, genügt es nicht, den Text theoretisch zu erarbeiten. Über einen solchen notwendigen analytischen Zugang hinaus versucht das hier vorgelegte Unterrichtsmodell mit kreativen, produktionsorientierten Aufgabenstellungen, die Lebenswirklichkeit Fontanes und seiner Figuren nahezubringen und gleichzeitig eine Brücke zur Gegenwart zu schlagen.

Baustein 1 bietet sich für den Einstieg in die Unterrichtsarbeit deshalb besonders an, weil er den Schülerinnen und Schülern einfache Zugänge zu Fontanes Roman eröffnet: über die Leseurteile, die Grundthemen oder den Romananfang. Hier stehen nicht die zu erzielenden analytischen, interpretatorischen Ergebnisse im Vordergrund. Wesentlich ist vielmehr, den Schülerinnen und Schülern ein ungefähres Gefühl von der Eigenart des Romans zu vermitteln. Anstatt fertige Antworten zu liefern, kommt es hier zunächst vor allem darauf an, Fragen zu stellen. Auf diese Weise können sich die Schülerinnen und Schüler den weiteren Interpretationsprozess aneignen: Er liefert dann die Antworten auf *ihre* Fragen.
Selbstverständlich erlaubt das Bausteineprinzip aber auch einen Quereinstieg über jeden weiteren Baustein des Unterrichtsmodells. Die Reihenfolge, in der die Bausteine aufgeführt sind, gibt nur eine von mehreren sinnvollen Möglichkeiten wieder, eine Unterrichtseinheit aufzubauen. Die einzelnen Bausteine können ebenso selektiv und variabel verwendet werden wie die umfangreichen Aufgabenstellungen innerhalb eines Bausteins.

Angesichts des für eine Schullektüre beträchtlichen Umfangs von Fontanes „Effi Briest" empfiehlt es sich, im ersten Schritt einer vertiefenden Interpretation auf die Struktur des linearen Textaufbaus und seine Gliederung näher einzugehen. Dies geschieht im **Baustein 2** unter Berücksichtigung formaler, inhaltlich-dramaturgischer sowie thematischer Kriterien.

Einen Schwerpunkt des Unterrichtsmodells bildet **Baustein 3**, der die Romanfiguren vor allem unter folgenden drei Aspekten ausführlich beleuchtet: dem Verhältnis der Figuren zu Effi, dem Spannungsfeld von Menschlich-Natürlichem und Gesellschaft innerhalb der einzelnen Figuren sowie innerhalb des Figureninventars und drittens unter dem Aspekt ihrer jeweiligen Funktion für die Exposition im ersten Kapitel. Den Figuren und ihren Interaktionen kommt in ihnen ein besonderer Stellenwert zu, da sich das eigentliche Kernthema des Romans, die Frage nach dem Verhältnis von Individuum und Gesellschaft, spiegelt.

Um zu den wichtigsten Themenfeldern „Effi Briests" durchzudringen, wird in **Baustein 4** das dicht gewobene metaphorische Netz des Romans weitgehend entschlüsselt. Zunächst widmet sich der Baustein der richtungsweisenden Metaphorik des ersten Kapitels, in dem wesentliche metaphorische Felder des Romans bereits angelegt sind. Anschließend wird mit dem Chinesenspuk eines der auffälligsten und bedeutendsten Sinnbilder des Romans näher untersucht. Schließlich wirft der Baustein noch einige kurze Schlaglichter auf ein weniger zentrales, aber dennoch typisches Symbol: den Heliotropen.

Baustein 5 setzt sich unmittelbar mit dem Konflikt zwischen Individuum und Gesellschaft auseinander. Konkret geschieht dies, indem als möglicher Einstieg in den Baustein die thematische Schlüsselszene des Romans, das Gespräch Innstetten-Wüllersdorf, aufgearbeitet wird. Anschließend wird der Frage nach dem Entscheidungsspielraum, über den die Romanfiguren verfügen, nachgegangen. Fontanes Andeutungsstil und die Schicksalhaftigkeit des Geschehens werden unter diesem Aspekt näher untersucht. Über eine abstrakte, philosophische Sichtweise hinaus erlaubt Baustein 5 zudem eine konkrete historische Einordnung des Konflikts zwischen Individuum und Gesellschaft. Besonders die gesellschaftliche Rolle der Frau, die Ehe sowie der Duell- und Ehrenkodex geraten hier in den Blickpunkt. Der historische Zugang wird sinnvoll dadurch ergänzt, dass die Schülerinnen und Schüler mit produktiven Aufgabenstellungen dazu angehalten werden, aktuelle Bezüge zum Thema herzustellen. Zum Schluss wirft Baustein 5 auch die Gretchenfrage in „Effi Briest" auf: die Frage nach der Schuld. Dabei beschränkt sich der Baustein nicht darauf, Fontanes Haltung in der Schuldfrage nachzuvollziehen, sondern verweist auch auf kritische Stimmen, um so eine fundierte, lebendige Diskussion in Gang zu setzen.

Der umfangreiche intertextuelle Kontext, in dem „Effi Briest" steht, ist Gegenstand von **Baustein 6**. Drei wesentliche Bezugsfelder zu Fontanes Roman werden nacheinander angeschnitten: Fontanes Gesamtwerk, zeitgenössische Literatur des 19. Jahrhunderts, Verfilmungen (hier vor allem Fassbinders „Fontane Effi Briest").

Als letzter Baustein verortet **Baustein 7** Fontanes „Effi Briest" im Kontext des literarischen „Realismus". Die literarhistorischen Begriffe „Realismus", „bürgerlicher Realismus", „poetischer Realismus" sowie „kritischer Realismus", „sozialistischer Realismus" und „Naturalismus" werden zunächst gegeneinander abgegrenzt. Der zweite Teil des Bausteins ermöglicht es dann, den Schülerinnen und Schülern anhand konkreter Textbeispiele zu veranschaulichen, wie sich der „poetische Realismus" in Fontanes Erzähltechnik niederschlägt.

Vorschläge für Klausuren und Facharbeiten

Die folgenden Vorschläge für Klausuren und Facharbeiten (bzw. Klausurersatzleistungen) orientieren sich weitgehend an den in den jeweiligen Bausteinen erarbeiteten Inhalten.

Baustein 1

Klausurvorschlag:

„[D]as erste Kapitel ist immer die Hauptsache und in dem ersten Kapitel die erste Seite, beinah die erste Zeile [...]. Bei richtigem Aufbau muss in der ersten Seite der Keim des Ganzen stecken." (Theodor Fontane)

- Lesen Sie den ersten Abschnitt von „Effi Briest" (S. 7, Z. 1–26). Erläutern Sie, inwiefern dieser Abschnitt bereits wesentliche Motive des Romans enthält. Benennen Sie die Motive im Einzelnen und erläutern Sie deren Bedeutung und Funktion innerhalb des Romans.
- Welche Funktion erfüllt der erste Abschnitt innerhalb des Gesamtromans?

Vorschlag 1 Facharbeit:

- Analysieren Sie das erste Kapitel von „Effi Briest" in Hinblick auf seine Funktion für den Gesamtroman.
- Führen Sie die zentralen Motive (Symbole etc.) des ersten Kapitels auf und erläutern Sie diese.

Vorschlag 2 Facharbeit:

- Verfassen Sie eine ausführliche Buchkritik zu Fontanes „Effi Briest", in der Sie Ihre Beurteilung des Romans anhand ausgewählter Romanstellen begründen.

Baustein 2

Klausurvorschlag 1:

- Gliedern Sie Fontanes „Effi Briest" in einzelne Erzählabschnitte, erläutern und begründen Sie Ihre Gliederung.

Klausurvorschlag 2:

Romanauszug: S. 41, Z. 5–Z. 29.

- Erläutern Sie, inwiefern dieser Abschnitt charakteristisch für Fontanes Erzählweise in „Effi Briest" ist.
- Welche Funktion erfüllt der Dialog der beiden „Berliner Herren" (Z. 7) im Hinblick auf eine mögliche Deutung des Gesamtromans?

Vorschlag Facharbeit:

- Gliedern Sie den Roman „Effi Briest" entlang von Handlungsaufbau und Handlungsorten in fünf „Akte".
- Erläutern Sie die jeweilige Funktion der einzelnen Akte und analysieren Sie die Metaphorik der jeweiligen Handlungsorte (benennen Sie zentrale Symbole oder Metaphern und deuten Sie diese).

Baustein 3

Klausurvorschlag:

- Lesen Sie folgenden Textauszug aus dem ersten Romankapitel von „Effi Briest": S. 7, Z. 27 – S. 10, Z. 1.
- Erläutern Sie anhand dieses Auszuges, auf welche Weise der Erzähler Frau von Briest und Effi in den Roman einführt.
- Inwiefern werden Frau von Briest und Effi auf diese Weise charakterisiert?
- Erläutern Sie ausgehend von dieser Textstelle, in welchem strukturellen Verhältnis Frau von Briest und Effi auf der Ebene des Gesamtromans zueinander stehen? Welche symbolischen Bereiche repräsentieren sie jeweils?
- Ordnen Sie weitere zentrale Figuren diesen Bereichen zu und begründen Sie Ihre Zuordnung.

Vorschlag Facharbeit:

- Ordnen Sie die Romanfiguren den Bereichen „Gesellschaft" bzw. „Menschlich-Natürliches" zu.
- Begründen Sie Ihre Wahl jeweils anhand ausgewählter Textstellen.
- Erläutern Sie die Funktion dieses Figurenarrangements im Hinblick auf eine mögliche Deutung des Romans.

Baustein 4

Klausurvorschlag:

Romanauszug: S. 153, Z. 8 – S. 154, Z. 14.

- Welche Funktionen weist Crampas im vorliegenden Textauszug dem Spuk zu? Nehmen Sie begründet dazu Stellung.
- Welche weiteren Funktionen könnte der Chinesenspuk innerhalb des Romans erfüllen?
- Erläutern Sie die möglichen Funktionen im Einzelnen und weisen Sie diese im Romantext nach.

Vorschlag Facharbeit:

- Benennen Sie die wichtigsten Symbolfelder des Romans und erläutern Sie diese anhand ausgewählter Textpassagen.
- Analysieren Sie den Chinesenspuk im Hinblick auf seine Funktion für die Gesamtstruktur des Romans.

Baustein 5

Klausurvorschlag 1:

- Arbeiten Sie die zentralen Argumente und Gegenargumente des Gesprächs zwischen Innstetten und Wüllersdorf (S. 266, Z. 35 – S. 272, Z. 2) heraus.
- Ordnen Sie das Gespräch in den Kontext des Gesamtromans ein und analysieren Sie es im Hinblick auf eine mögliche Deutung des Romans.
- Nehmen Sie zu den von Innstetten und Wüllersdorf vertretenen Positionen begründet Stellung.

Klausurvorschlag 2:

- Lesen Sie folgenden Romanauszug: S. 324, Z. 20 – S. 330, Z. 31.
- Ordnen Sie den Textauszug inhaltlich und thematisch in den Romanzusammenhang ein.

Vorschläge für Klausuren und Facharbeiten

- Charakterisieren Sie ausgehend von diesem Textauszug die Figur Innstetten. Zu welcher Erkenntnis gelangt Innstetten in diesem Textauszug, welche Schlüsse zieht er?
- Charakterisieren Sie ebenfalls ausgehend vom Textauszug Wüllersdorf und Roswitha im Vergleich zu Innstetten.

Klausurvorschlag 3:

„Innstetten ist ein vorzüglicher Kerl, aber er hat so was von einem Kunstfex, und Effi, Gott, unsere arme Effi, ist ein Naturkind." (S. 42, Z. 24ff.)

- Ordnen Sie diese Textstelle in den unmittelbaren Romanzusammenhang ein.
- Charakterisieren Sie ausgehend von dieser Textstelle die Figuren Effi und Innstetten im Vergleich zueinander.
- Interpretieren Sie die Textstelle im Hinblick auf eine mögliche Deutung des Romans. Welcher grundsätzliche Widerspruch wird hier angedeutet? Wie lässt sich die Textstelle aus der Perspektive des Romanschlusses lesen?

Vorschlag 1 Facharbeit:

- Ordnen Sie das Gespräch zwischen Innstetten und Wüllersdorf (S. 266, Z. 35 – S. 272, Z. 2) inhaltlich in den Gesamtzusammenhang des Romans ein. Was geht ihm voraus, was folgt darauf?
- Geben Sie den Ablauf des Gesprächs zusammenfassend wieder.
- Welche Funktion erfüllt das Gespräch mit Wüllersdorf für Innstetten?
- Interpretieren Sie das Gespräch in Hinblick auf eine mögliche Deutung des Romans. Welche zentralen Fragen werden innerhalb des Gesprächs erörtert? Wie beantworten Innstetten und Wüllersdorf diese Fragen jeweils?
- Nehmen Sie zu den im Gespräch aufgeworfenen Fragen und den „Antworten" der beiden Gesprächspartner begründet Stellung.

Vorschlag 2 Facharbeit:

- Ordnen Sie den Roman „Effi Briest" in seinen historischen Entstehungskontext ein. Nehmen Sie dabei sowohl auf die reale Stoffvorlage des Romans als auch auf die gesamtgesellschaftlichen Rahmenbedingungen im 19. Jahrhundert Bezug.
- Erläutern Sie, wie sich Fontanes „Effi Briest" zur Gesellschaft des ausgehenden 19. Jahrhunderts positioniert, und nehmen Sie begründet dazu Stellung.

Baustein 6

Klausurvorschlag 1:

- Lesen Sie folgenden Textauszug aus Spielhagens Roman „Zum Zeitvertreib": S. 358, Z. 1 („Klotilde lachte ...") – S. 359, Z. 15 („... ihm Leben und Seligkeit").
- Woran leidet Spielhagens Heldin Klotilde? Inwiefern stellt dieses Leiden die Motivation für ihren Ehebruch dar?
- Vergleichen Sie Klotildes Motivation für den Ehebruch mit derjenigen Effis aus Fontanes „Effi Briest".
- Erläutern Sie ausgehend von diesem Textauszug, weshalb Spielhagens Roman einen Paralleltext zu Fontanes „Effi Briest" darstellt. Worin gleichen und worin unterscheiden sich beide Romane?

Klausurvorschlag 2:

- Lesen Sie folgenden Textauszug aus Spielhagens Roman „Zum Zeitvertreib": S. 359, Z. 1 („Der eben eingeschlossene Brief ...") – S. 361, Z. 27.
- Vergleichen Sie den Ablauf des Gesprächs zwischen Viktor und von Fernau mit dem Verlauf des Gesprächs zwischen Innstetten und Wüllersdorf (S. 266, Z. 35 – S. 272, Z. 2).

Ordnen Sie beide Gespräche kurz in den jeweiligen Romanzusammenhang ein. Nennen Sie die wesentlichen Unterschiede sowie Gemeinsamkeiten im Ablauf der beiden Gespräche und bewerten Sie diese.
- Wie wirken sich die Unterschiede auf mögliche Deutungen der Romane aus?

Vorschlag Facharbeit:

- Vergleichen Sie die Charakterisierung „Effis" und „Innstettens" in Rainer Werner Fassbinders Literaturverfilmung „Fontane Effi Briest" mit derjenigen in Fontanes Roman.
- Wie wirken sich die unterschiedlichen Charakterisierungen auf eine mögliche Deutung von Film bzw. Roman aus?
- Erläutern Sie ausgehend von diesem Vergleich, inwiefern Fassbinders Literaturverfilmung eine Interpretation von Fontanes Roman darstellt. Wie deutet der Film den Roman?
- Erörtern Sie ausgehend von der Verfilmung, wie Fassbinder Fontanes Roman und seinen Verfasser beurteilt.
- Nehmen Sie begründet Stellung zu Fassbinders Deutung und Urteil.

Baustein 7

Klausurvorschlag 1:

Romanauszug: S. 333, Z. 9–Z. 24.

- Beschreiben Sie die Erzählhaltung, die der Erzähler in dem Textauszug einnimmt.
- Erläutern Sie ausgehend von diesem Textauszug, welche Erzählsituation für den Roman insgesamt charakteristisch ist.
- Was versteht Fontane unter „poetischem Realismus"? Inwiefern entspricht die Erzählsituation – a) im vorliegenden Textauszug und b) im Roman – diesen Vorstellungen?
- Erläutern Sie, welche weiteren Erzähltechniken in „Effi Briest" das Prinzip des „poetischen Realismus" umsetzen.

Klausurvorschlag 2:

Romanauszug: S. 337, Z. 11–Z. 27.

- Analysieren Sie den Textauszug in Hinblick auf die darin gewählte Erzählweise. Welche Funktion erfüllt diese Erzählweise im Textauszug?
- Erläutern Sie ausgehend vom Textauszug, inwieweit diese Erzählweise für den Roman insgesamt charakteristisch ist und welche Funktion sie darin erfüllt.
- Was versteht Fontane unter „poetischem Realismus"? Inwiefern entspricht die im Textauszug gewählte Erzählweise diesen Vorstellungen?
- Erläutern Sie, welche weiteren Erzähltechniken in „Effi Briest" das Prinzip des „poetischen Realismus" umsetzen.

Vorschlag Facharbeit:

- Erläutern Sie Fontanes Vorstellung vom „poetischem Realismus", ordnen Sie den Begriff literaturhistorisch ein und grenzen Sie ihn vom „Naturalismus" ab.
- Begründen Sie ausgehend von aussagekräftigen Romanstellen, weshalb es sich bei Fontanes „Effi Briest" um ein Werk des „poetischen Realismus" handelt.
- Nehmen Sie begründet Stellung zur historischen Auseinandersetzung zwischen Vertretern des „poetischen Realismus" und Anhängern des „Naturalismus".

Die thematischen Bausteine des Unterrichtsmodells

Baustein 1

Mögliche Einstiege

In diesem Baustein werden vier mögliche Einstiege in die Unterrichtsarbeit mit dem Roman „Effi Briest" vorgestellt. Ziel dieser Einstiege ist es nicht, bereits erste, abschließende Erkenntnisse zu fertigen, sondern lediglich den Schülern und Schülerinnen Anregungen zu liefern, ihnen Einblicke zu verschaffen und gewisse Interpretationsrichtungen anzudeuten, erste Analysepfade zu erschließen.

Die vier nachfolgend ausgearbeiteten Einstiege können sowohl alternativ als auch ergänzend – aufeinander aufbauend – angewandt werden.

Der erste Einstieg geht von den ersten Lektüreeindrücken aus und ermuntert die Schülerinnen und Schüler, ihre spontanen, allgemeinen Leseurteile zu konkretisieren und am Text zu begründen.

Beim zweiten Einstieg werden Schüler und Schülerinnen dazu aufgefordert, die wesentlichen Handlungsstränge und Themen des Romans zu rekonstruieren.

Die dritte Einstiegsvariante besteht darin, zunächst den unmittelbaren Romananfang (erster Satz) genauer zu untersuchen.

Eine vierte Möglichkeit zum Einstieg in die Romaninterpretation ist schließlich, die Beschreibungen des etwas erweiterten Romananfangs (erster Abschnitt) in einer Skizze festzuhalten. Anschließend können die Beschreibungen zu Beginn des Romans mit einer entsprechenden Stelle gegen Ende des Romans verglichen werden.

Weitere Einstiegsmöglichkeiten, wie etwa eine Analyse der Exposition des Romans (erster Abschnitt, erstes Kapitel) im Hinblick auf Figuren oder Metaphorik, können den jeweiligen Bausteinen 3 und 4 entnommen werden.

1.1 Erste Leseeindrücke

Unmittelbar im Anschluss an die Romanlektüre werden die Schüler und Schülerinnen dazu aufgefordert, ihre ersten Leseeindrücke stichwortartig oder in kurzen Sätzen aufzuschreiben. Sie sollen möglichst viele Eindrücke sammeln und diese konkret und detailliert formulieren.

> ■ *Schreiben Sie Ihre ersten Leseeindrücke auf. Sammeln Sie möglichst viele und möglichst genaue Eindrücke.*

Das schriftliche Sammeln der Leseeindrücke ist zwar weniger spontan als ein mündliches Abfragen, hat aber den Vorteil, dass die Schüler und Schülerinnen die Möglichkeit bekommen, unabhängig vom Urteil der anderen ihre eigenen, ganz persönlichen Eindrücke festzuhalten.

Nachdem die Schüler und Schülerinnen ausreichend Zeit hatten, ihre ersten Eindrücke aufzuschreiben, werden einige davon exemplarisch vorgelesen und sprachlich verkürzt an der Tafel notiert. Auf eine Tafelhälfte werden die positiven Eindrücke, auf die andere Tafelhälfte die negativen Eindrücke geschrieben.

Wurden genügend Eindrücke abgefragt, werden die Schülerinnen und Schüler im Klassenverband dazu aufgefordert, zu erläutern, auf welchen Aspekt des Romans sich die jeweiligen Eindrücke beziehen (Handlung, Thema, Figuren, Erzählstil ...). Hierbei geht es nicht darum, bestimmte Kriterien herauszuarbeiten, sondern vielmehr darum, ein möglichst genaues Beschreiben der Leseeindrücke einzufordern. Taucht zum Beispiel der Leseeindruck „langweilig" auf, kann hinterfragt werden, was denn genau als langweilig empfunden wurde: die Geschichte, die Erzählweise, die Figuren ...?

> ■ *Ordnen Sie Ihre ersten Leseeindrücke möglichst vollständig folgenden Kriterien zu: Erzählweise/Stil, Story/Handlung, Figuren, Thema, Sonstiges.*

Mithilfe von **Arbeitsblatt 1**, S. 32 können die Schülerinnen und Schüler ihre anfangs notierten ersten Eindrücke in Gruppenarbeit den fünf vorgegebenen Kriterien zuordnen. Anschließend stellen die Gruppen ihre Ergebnisse vor. Diese werden zu einem Folienbild zusammengefasst. Das Folienbild entspricht weitgehend Arbeitsblatt 1, allerdings sollen die Einträge unter „Sonstiges" möglichst den anderen vier Kategorien zugeordnet werden.

> ■ *Verfassen Sie eine kurze Buchkritik (höchstens 5 Sätze), in der die Einträge des Tafelbildes, die Ihnen wesentlich erscheinen, auftauchen.*

Die Schreibzeit kann mit 15 Minuten eher knapp angesetzt werden. Die Schülerinnen und Schüler erhalten anschließend Gelegenheit, ihre Texte vorzulesen und gegenseitig zu kommentieren.

Am Ende der Stunde besteht die Möglichkeit, sich über die Subjektivität und Überprüfbarkeit von Leseeindrücken und -urteilen Gedanken zu machen. Fallen die Kurzkritiken sehr unterschiedlich aus, kann dies als Einstieg dienen. Sollten die Urteile aber – was eher zu erwarten ist – überwiegend negativ ausfallen, gilt es, das negative Schülerurteil anhand von **Arbeitsblatt 2**, S. 33 mit den überwiegend positiven Urteilen aus der Rezeptionsgeschichte des Romans zu konfrontieren. (Zur Rezeption von Fontanes Roman vgl. auch die Textausgabe[1], S. 377ff.) In beiden Fällen lautet die Fragestellung:

> ■ *Wie lässt sich überprüfen, ob ein Urteil gerechtfertigt ist oder nicht?*

Möchte man dieser ersten einführenden Stunde eine Stunde mit konkreter Textarbeit folgen lassen, kann diese Frage als Resümee und Ausblick in etwa wie folgt beantwortet werden: Allgemeine Urteile („gut", „schlecht") lassen sich nicht überprüfen und sind daher literaturwissenschaftlich belanglos. Je genauer die Kriterien der Kritik benannt werden, desto nachvollziehbarer ist sie. Jede wirklich fundierte Kritik muss sich am Romantext selbst festmachen, d.h., sich am Text belegen lassen.

---

[1] Alle Verweise auf die Textausgabe beziehen sich auf: Theodor Fontane: Effi Briest. Paderborn: Schöningh Verlag, 2005.

Baustein 1: Mögliche Einstiege

Neben Arbeitsblatt 2 bieten auch die in der Textausgabe in den Kapiteln „Zur zeitgenössischen Rezeption von „Effi Briest" (S. 377ff.) und „Zur Rezeptions- und Wirkungsgeschichte" (S. 383ff.) abgedruckten Rezeptionen und Textauszüge eine weitere Möglichkeit, um die Schülerinnen und Schüler ihr eigenes Urteil mit dem Dritter vergleichen zu lassen. Besonders geeignet hierfür erweist sich der Auszug aus Thomas Manns „Anzeige eines Fontane-Buches" (S. 385f.).

Ein Arbeitsauftrag an die Schülerinnen und Schüler könnte lauten:

■ *Fassen Sie die zentralen Aussagen Thomas Manns kurz zusammen und nehmen Sie begründet Stellung.*

1.2 Handlung und Themen

Anstatt Leseeindrücke abzufragen, ist ein denkbarer Einstieg auch, sich gezielt auf Handlung und Themen des Romans zu konzentrieren.

■ *Was ist der Unterschied zwischen der Handlung eines Romans und seinen Themen?*

Noch unabhängig von Fontanes Roman werden am Anfang der Stunde im Klassenverband die Begriffe „Handlung" und „Thema" erarbeitet. Anschließend werden „Handlung"-Gruppen und „Themen"-Gruppen gebildet.

■ *Stellen Sie das Handlungsgerüst des Romans (stichwortartig) in Form eines Schaubildes dar. Markieren Sie darin die für das Fortschreiten der Handlung zwingend notwendigen Geschehnisse (Wendepunkte …).*

Aufgabe der „Handlung"-Gruppen ist es, den reinen Handlungsablauf auf eine zentrale Geschehensfolge zu reduzieren. Wendepunkte wie „Schloon" oder „Briefe entdeckt" sollen hervorgehoben werden. Je nach Abstraktionsgrad sind hier verschiedene Zusammenfassungen möglich.

Denkbar wäre etwa folgendes Schaubild:

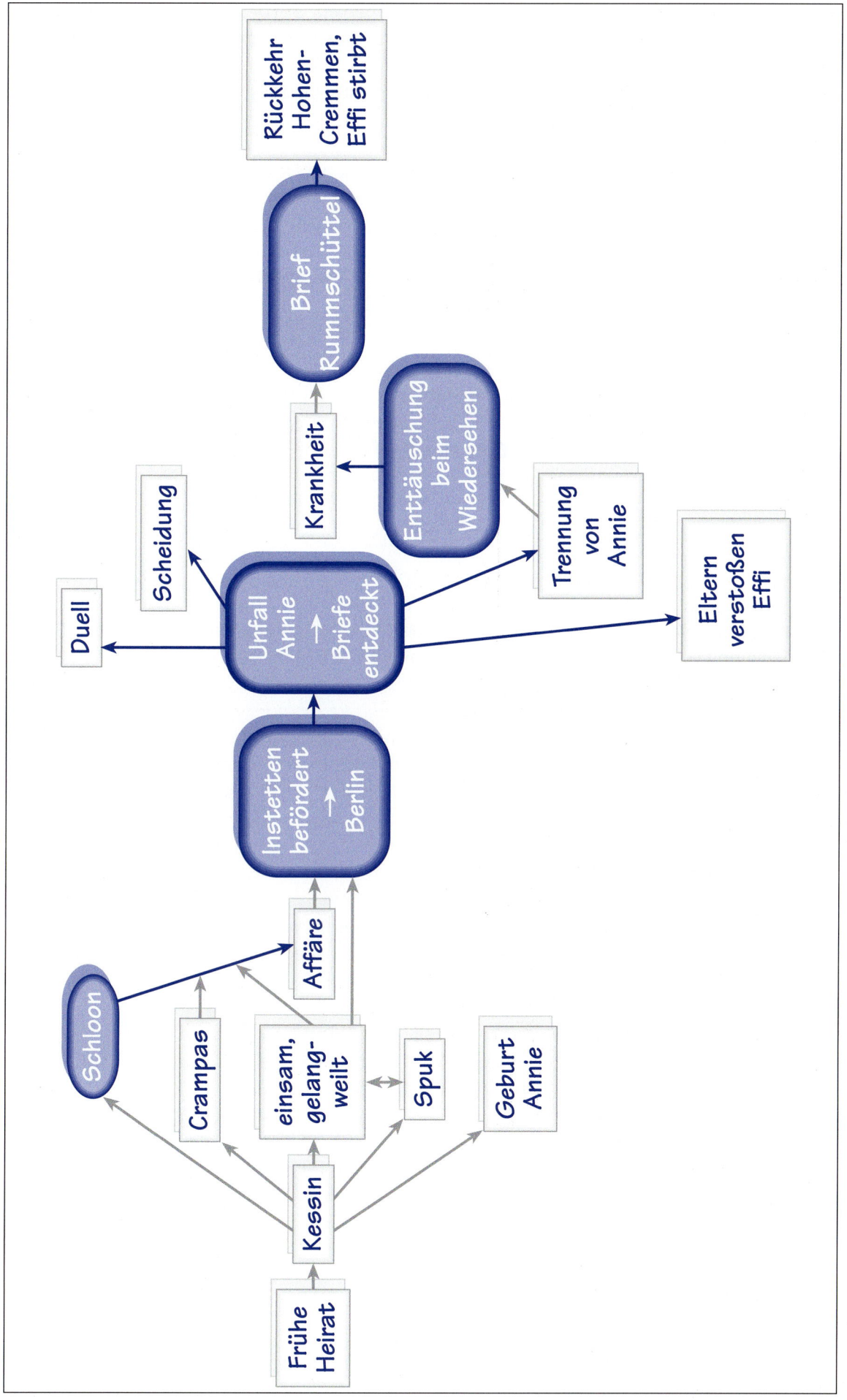

Baustein 1: Mögliche Einstiege

> Erstellen Sie ein Schaubild mit den Themen, die der Roman behandelt. Unterscheiden Sie in Ihrer Darstellung zentrale von weniger zentralen Themen.

Ein mögliches Schaubild der „Themen"-Gruppe könnte wie folgt aussehen:

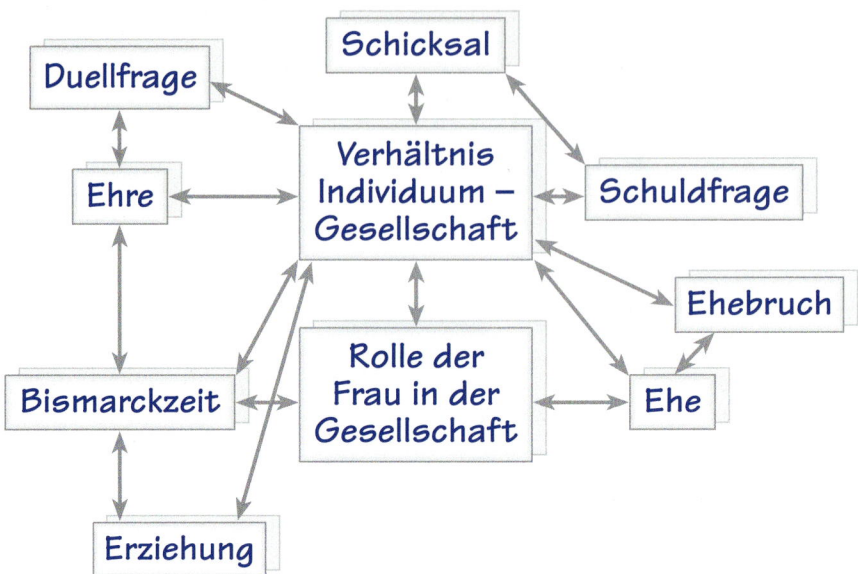

Zunächst präsentieren die „Handlung"-Gruppen ihre Schaubilder als Plakate oder Folien. Die einzelnen Darstellungen werden im Klassenverbund diskutiert und verglichen. Anschließend wird eine gemeinsame Lösung (z. B. Tafelbild) entwickelt.

In entsprechender Weise stellen dann die „Themen"-Gruppen ihre Schaubilder vor. Auch hier wird anschließend eine mögliche gemeinsame Lösung erarbeitet.

1.3 Analyse des Romananfangs

Eine weitere Einstiegsmöglichkeit bietet der Anfang des Romans. Die Analyse des Romananfangs kann jedoch auch als zweite Stunde an die Einstiege „Erste Leseeindrücke" oder „Handlung und Themen" anknüpfen.
Die ersten Leseeindrücke können durch die Analyse am Text überprüft werden.
Außerdem kann untersucht werden, inwieweit „Handlung und Themen" bereits zu Beginn des Romans angelegt sind. Als Einstieg bietet sich hier folgendes Fontane-Zitat an (aus einem Brief an Gustav Karpeles vom 18. August 1880):

> „[...] das erste Kapitel ist immer die Hauptsache und in dem ersten Kapitel die erste Seite, beinah die erste Zeile [...]. Bei richtigem Aufbau muss in der ersten Seite der Keim des Ganzen stecken."[1]

---

[1] Aus: Theodor Fontane: Werke, Schriften und Briefe. Herausgegeben von Walter Keitel und Helmuth Nürnberger. Abteilung IV. Briefe. Dritter Band, 1879–1889, herausgegeben von Otto Drude, Manfred Hellge und Helmuth Nürnberger. München: Carl Hanser Verlag 1980, S. 101

Baustein 1: Mögliche Einstiege

Nachdem auf diese Weise die richtungsweisende Bedeutung des Anfangs hervorgehoben wurde, wird zunächst der erste Satz laut vorgelesen.

■ *Welche Informationen enthält der Satz?*

Diese Frage kann sowohl in Gruppen als auch im Klassenverbund erörtert werden. Wichtig ist, darauf hinzuweisen, dass Fontane nicht nur Haus und Garten beschreibt, sondern auch etwas über die Bewohner des Hauses aussagt, nämlich dass es sich bei ihnen um eine altehrwürdige Adelsfamilie handelt. Das „Herrenhaus" verweist auf die preußische Tradition der Briests.

■ *Wie würden Sie den Stil beschreiben, in dem der erste Satz geschrieben wurde?*

Die – vermutlich eher negativen – Äußerungen der Schüler und Schülerinnen werden unkommentiert gesammelt und stichwortartig an der Tafel festgehalten (langweilig, kompliziert, unverständlich, veraltet, verworren, verschachtelt, gekünstelt ...). Anschließend wird darauf hingewiesen, dass die Aufgabe lautete, den Stil zu „beschreiben", nicht ihn zu „bewerten". Alle wertenden Attribute werden daher wieder weggewischt. Bleiben nicht genügend neutrale Attribute zurück, werden die Schülerinnen und Schüler erneut aufgefordert, den Stil – neutral – zu beschreiben. Mögliche Attribute wären beispielsweise: „kompliziert", „verschachtelt", „viele Nebensätze", „detailliert"...
Wichtig ist hier, zwei Komponenten von Fontanes Stil festzuhalten: einerseits die Detailgenauigkeit, andererseits die Komplexität.

Wie unterschiedlich kurze Sätze im Vergleich zu Fontanes komplexen, hypotaktischen Satzkonstruktionen wirken, kann durch folgenden Arbeitsauftrag veranschaulicht werden:

■ *Wandeln Sie den ersten Satz in eine Folge kurzer, prägnanter Hauptsätze um.*

Nach etwa 10 Minuten werden die von den Schülern und Schülerinnen gebildeten Satzfolgen laut vorgelesen und in ihrer (atmosphärischen) Wirkung mit Fontanes Satzgefüge verglichen.

■ *Was könnte Fontane damit beabsichtigen, dass er die von ihm beschriebenen*
Details nicht in kurzen Sätzen aneinanderreiht?

Die Fragestellung lässt sich auch umkehren: Was passiert mit den Details dadurch, dass sie alle im selben Satz auftauchen?
Es empfiehlt sich, diese Frage schrittweise zu beantworten.
Zunächst lässt sich feststellen, dass die einzelnen Aussagen, Attribute etc. dadurch, dass sie Teil eines übergeordneten Satzgefüges sind, in einem grammatischen, syntaktischen Zusammenhang stehen.
Daran anschließend kann gefragt werden, ob zwischen den Details außer dem grammatischen auch noch ein anderer Zusammenhang besteht.
Möglicherweise bieten die Schüler und Schülerinnen hier als Antwort an, dass die von Fontane beschriebenen Dinge räumlich nahe beieinanderliegen. Sie sind Teil eines Ortes, den Fontane beschreibt. Vielleicht weisen die Schülerinnen und Schüler zudem auf auffällige semantische Häufungen hin, z. B. auf die Wortgruppe „Licht und Schatten" („Sonnenschein", S. 7, Z. 4, „Schatten", S. 7, Z. 7, „Sonnenuhr", S. 7, Z. 9) oder die Wortgruppe „Natur und Garten" („Park- und Gartenseite", S. 7, Z. 5, „Canna indica", S. 7, Z. 10, „Rhabarberstauden", S. 7, Z. 10).
Hieran kann die Frage anschließen, weshalb Fontane den Ort so ausführlich beschreibt. Wenigstens angedeutet werden sollte, dass diese Einzelheiten dadurch, dass sie in einer

27

Baustein 1: Mögliche Einstiege

Ausführlichkeit beschrieben werden, die für das Verständnis der Handlung nicht nötig wäre, symbolisch aufgeladen werden.

Worin diese Symbolik im Einzelnen besteht, erschließt sich aus dem ersten Satz noch nicht. Nähere Hinweise zur Bedeutung der Symbolik ergeben sich nach Lektüre des ersten Abschnittes und vor allem des ersten Kapitels (vgl. Baustein 4).

Dennoch werden zwei zentrale symbolische Motive des Romans bereits im ersten Satz angelegt: die „Licht und Luft"-Metaphorik sowie die „Natur und Kultur"-Metaphorik. Hohen-Cremmen wird in diesem ersten Satz keineswegs als paradiesischer Ort einer unbeschwerten und geschützten Kindheit Effis beschrieben, sondern durchaus ambivalent gezeichnet. Gleich zu Beginn des Satzes wird mit dem Stichwort „Herrenhaus" (S. 7, Z. 3) und dem Zusatz „seit Kurfürst Georg Wilhelm von der Familie von Briest bewohnt" (S. 7, Z. 2f.) auf die lange preußische Tradition der Familie verwiesen. Eine Tradition, die gegenüber der Gesellschaft verpflichtet.

Während die Dorfstraße in der Sonne liegt, wirft der Seitenflügel in Richtung Park- und Gartenseite einen Schatten. Licht und Schatten, Glück und Bedrohung liegen eng nebeneinander.

Die Straße steht als eindeutig kulturelles Symbol im Einklang (Sonne) mit der Gesellschaft. Die Beziehung zwischen Park bzw. Garten und Gesellschaft hingegen ist zwiespältig. Park und Garten stehen weder für reine, unverfälschte Natur noch für reine Gesellschaft. Sie stellen vielmehr den Versuch dar, Natur in Gesellschaft überzuführen. Gerade aus diesem Spannungsfeld von Natur und Gesellschaft ergeben sich Gefahren (Schatten). In diesem Bild ist bereits der Grundkonflikt des Romans angelegt: Unheil entsteht daraus, dass sich menschlich-natürliche Bedürfnisse mit den gegebenen gesellschaftlichen Bedingungen (der überlebten, preußischen Tradition) nicht in Einklang bringen lassen.

Bausteinübergreifend kann der Romananfang, insbesondere das erste Kapitel, entlang folgender Gliederungspunkte vertiefend analysiert werden:

- 3.2: „Die Exposition", S. 47ff. (Baustein 3: „Figuren")
- 4.1: „Metaphorik und Symbolik im ersten Kapitel", S. 65 (Baustein 4: „Metaphorik").

1.4 Der Romananfang als Bild und im Vergleich zum Ende

Alternativ zum ersten Satz kann der gesamte erste Abschnitt (bis „Platanen", Z. 26) laut vorgelesen werden. Anschließend erhalten die Schüler und Schülerinnen folgenden Auftrag:

■ *Setzen Sie Fontanes Beschreibungen in einer Skizze um.*

In kleinen Gruppen können die Schülerinnen und Schüler ergänzend dazu aufgefordert werden, ihre Skizzen mit zentralen Begriffen des Textes (z. B. „Herrenhaus", Z. 3, „Sonnenschein", Z. 4, „Dorfstraße", Z. 5, „rechtwinklig angebauter Seitenflügel", Z. 6, etc.) zu beschriften.

Anschließend werden die Skizzen vorgestellt und – sowohl miteinander als auch mit dem Text – verglichen, nachdem eine mögliche Erwartungshaltung formuliert worden ist:

■ *Formulieren Sie zunächst ausgehend vom Romantext Fragen nach Textdetails, die Sie in den Skizzen wiederfinden möchten (z. B.: Worauf scheint die Sonne? Was liegt im Schatten etc.). Vergleichen Sie Ihre Skizzen anschließend entlang dieser Fragen mit dem Text bzw. miteinander.*

Baustein 1: Mögliche Einstiege

Ziel des Vergleiches mit dem Text ist es, herauszufinden, ob der Text in den Skizzen originalgetreu wiedergegeben wurde: Welche Details wurden übernommen, welche blieben unberücksichtigt, welche Details werden in den Skizzen abgewandelt?

Durch den Vergleich werden die Schülerinnen und Schüler zum genauen Lesen und Hinschauen animiert. Sie entwickeln so ein Gespür für die stilistischen Feinheiten des Textes und eine konkrete Vorstellung des Handlungsortes Hohen-Cremmen.

Die Ergebnisse des Vergleichs können mithilfe des folgenden Folienbildes dargestellt werden (in der rechten Spalte werden die „Antworten" eingetragen, welche die jeweilige Skizze auf die Fragen der linken Spalte liefert; die „Antworten" der Skizzen können dann mit den „Antworten" des Textes in der mittleren Spalte verglichen werden):

Fragen zum Vergleich	Abschnitt 1 (S. 7, Z. 1–26)	Skizze/Skizzen
Worauf scheint die Sonne?	Dorfstraße	
Was liegt im Schatten?	Fliesengang, Rondell	
Was wirft den Schatten?	Seitenflügel	
In welche Richtung fällt der Schatten?	Park- und Gartenseite	
Wie ist der Seitenflügel an das Herrenhaus angeschlossen?	rechtwinklig angebaut	
Wie wird das Rondell beschrieben / skizziert?	groß, in der Mitte steht die Sonnenuhr, am Rande: Canna indica, Rhabarberstauden	
Wie verläuft die Kirchhofsmauer im Verhältnis zu Seitenflügel und Fronthaus?	Die Kirchhofsmauer verläuft parallel zum Seitenflügel am anderen Ende des Fronthauses. Mauer, Flügel und Haus bilden die Form eines Hufeisens.	
Wie wird die Kirchhofsmauer beschrieben / skizziert?	Von Efeu umrankt, von einer kleinen weißen Eisentür unterbrochen; hinter ihr ist der Schindelturm mit vergoldetem Wetterhahn erkennbar.	
Wo befindet sich der Ziergarten?	innerhalb des Hufeisens	
Wo befindet sich der Teich?	Er schließt an die offene Seite des Hufeisens an.	
Was erfährt man – außer seiner Lage – noch über den Teich?	Ein Wassersteg führt vom Ziergarten in ihn hinein. An den Steg ist ein Boot angekettet.	
Wo befindet sich die Schaukel?	dicht neben dem Steg am Teich, von der Hausseite her halb hinter den Platanen verborgen	
Wie wird die Schaukel beschrieben / skizziert?	Das Brett hängt an zwei Stricken(!); Pfosten und Balken stehen schief!	
Welche Jahreszeit herrscht?	Nicht klar ersichtlich; heller Sonnenschein, Mittagsstille deuten auf Frühling/Sommer hin.	

Nachdem der erste Abschnitt auf diese Weise möglichst detailliert erfasst wurde, erfolgt im nächsten Erarbeitungsschritt ein Vergleich mit der Beschreibung von Effis Grabstätte am Romanende („Es war einen Monat später, [...] nichts als ‚Effi Briest' und darunter ein Kreuz." (S. 336, Z. 9–17), die ebenfalls laut vorgelesen wird.

1. *Worin unterscheidet sich die Beschreibung am Romanende von der am Romananfang?*

2. *Wie lassen sich die Unterschiede erklären? Was könnte der Grund dafür sein, dass Fontane die Schilderung vom Anfang am Ende noch einmal aufgreift? Welche Wirkung wird dadurch erzielt?*

3. *Präsentieren Sie Ihre Antworten in Form eines kurzen mündlichen Vortrages.*

In kleinen Gruppen erhalten die Schülerinnen und Schüler insgesamt 15 Minuten Zeit, um die Fragen zu erörtern und die Präsentation ihrer Antworten in Form eines Kurzreferates vorzubereiten. Nachdem die Gruppen ihre Antworten kurz vorgestellt haben, werden diese im Klassenverbund diskutiert.

1. Zur Sprache kommen dürften hier vor allem die Herbstblätter und die gegen eine Marmorgrabplatte ausgetauschte Sonnenuhr.

2. Auf folgende Punkte kann hingewiesen werden:
Am Ende des Romans wird die Schilderung vom Anfang noch einmal aufgegriffen. Anfang und Ende legen sich wie eine Klammer um den Text. Der Roman wird abgerundet, sodass von einem „geschlossenen Romanaufbau" gesprochen werden kann.
Dadurch, dass sich Effis Grabstätte am Ende des Romans auf eben dem Rondell (S. 7, Z. 10 und S. 336, Z. 13) befindet, das gleich zu Beginn des Romans ausführlich beschrieben wurde, erhält diese anfängliche Schilderung den Charakter einer schicksalhaften Vorausdeutung. Zudem kündigen im ersten Abschnitt (S. 7) „Efeu" (Z. 13) und „Kirchhofsmauer" (Z. 15) als Todessymbole Effis Untergang ebenso an wie die Sinnbilder „Schatten" (Z. 7) und „Teich" (Z. 20).
Gewässer symbolisieren häufig eine (sexuelle) Gefahr, da man in ihren verborgenen Tiefen ertrinken kann. Verstärkt wird diese Symbolik zunächst dadurch, dass der Teich sich außerhalb des Glück und Sicherheit symbolisierenden „Hufeisens" (Z. 19) befindet, und später zusätzlich durch das Versenken der „Schlusen" (S. 15f.), die hier untreue Frauen symbolisieren, sowie dadurch, dass gegen Ende des Romans auch die „Nebel", die Effis Krankheit verschlimmern, „vom Teich her" aufsteigen (S. 333, Z. 20f.).
Gezielt platziert Fontane zudem die schiefe Schaukel (S. 7, Z. 22f.), die verdeutlicht, dass auch innerhalb des geschützten Raumes von Effis Kindheit Gefahren lauern, in der Nähe des Teiches. Die schiefe Schaukel verweist bereits zu Beginn des Romans auf eine latente Gefahr, die in Effis Wesen, ihrer Abenteuerlust, ihrem Leichtsinn als „Tochter der Luft" (S. 9, Z. 10) angelegt ist.
Sowohl die Schilderungen zu Beginn des Romans als auch die Beschreibung am Romanende beinhalten eine ausgeprägte Todesmetaphorik.
Wie bereits erwähnt nehmen die Todessymbole „Efeu" (S. 7, Z. 13) und „Kirchhof" (S. 7, Z. 15) Effis weiteres Schicksal vorweg. Ähnlich wie zum Teich hin öffnet sich der vom Hufeisen geschützte (Kindheits-)Raum in Form der weißgestrichenen „Eisentür" (S. 7, Z. 14) auch in Richtung Kirchhof. Außerdem erhalten die „Platanen" (S. 7, Z. 26) im ersten Abschnitt nachträglich eine Todessymbolik. Gegen Ende des 24. Kapitels werden sie gezielt mit dem Stundenabzählen (!) des Nachtwächters (S. 251, Z. 17f.) und der später todbringenden „Nachtluft" (S. 251, Z. 26 + S. 333, Z. 20) in Verbindung gebracht (S. 251, Z. 15 und Z. 24).

Die Beschreibung am Romanende umfasst mit den Herbstblättern (S. 336, Z. 13), der fehlenden Sonnenuhr (S. 336, Z. 14f.), die Effis abgelaufene Lebensuhr versinnbildlicht, sowie der marmornen Grabplatte (S. 336, Z. 16) und dem „Kreuz" (S. 336, Z. 17) weitere Todessymbole.

Die Schilderung gegen Ende des Romans greift zwar die Beschreibung des Romananfangs auf, wiederholt sie aber nicht. Im Gegenteil hat sich mit Effis Tod eine nicht nur „kleine" (S. 336, Z. 14), sondern eine entscheidende „Veränderung vollzogen" (S. 336, Z. 14). Die Gegenüberstellung von Ende und Anfang verdeutlicht, dass mit der Heirat Effis Kindheit unwiederbringlich verlorenging. Die Rückkehr ins Elternhaus führt in den Tod: Der Anfang lässt sich am Ende nicht wiederholen. Kind sein kann Effi nur noch im Jenseits.

Notizen

Erste Leseeindrücke

Erzählweise/Stil		Handlung		Figuren		Thema		Sonstiges	
positiv	negativ	positiv	negativ	positiv	negativ	positiv	negativ	positiv	negativ

Zur Rezeption von „Effi Briest"

Aus einer Rezension der Kreuzzeitung vom 6. Dezember 1895:

„[...] Unter den in Haltung und Ziel durchaus modernen Romanen dieses Jahres dürfte dies wohl der bedeutendste sein. Fontane hat nach einem langen Entwicklungsgange, voll mancherlei Schwankungen, die hohe Kunst der Schlichtheit und Wahrheit erlangt. Er schildert Menschen, Dinge und Schauplatz, dass man Schilderungen und Erzähler vergisst und wirklich die Leute handeln sieht und reden hört, ohne an eine Absicht des Verfassers erinnert zu werden."

Aus: Luise Berg-Ehlers: Theodor Fontane und die Literaturkritik – Zur Rezeption eines Autors in der zeitgenössischen konservativen und liberalen Tagespresse. Bochum: Verlag Dr. Dieter Winkler, 1990, S. 146

Aus der Rezension von Paul Schlenther in der „Vossischen Zeitung" vom 10. November 1895:

„[...] Der große seelendeutende Dichter, der das Schicksal Effi Briests erzählt, hat in der Weisheit seines hohen Alters und in der kindlichen Unschuld seines Mitempfindens unendlich zart und unendlich behutsam dafür gesorgt, dass alle rüden Moralbegriffe hier unstatthaft sind. [...] in guten Romanen herrscht das Beinah, in schlechten das Voll und Ganz. Auch in diesem Sinne ist Theodor Fontanes ‚Effi Briest' einer der besten Romane."

Aus: Luise Berg-Ehlers, Theodor Fontane und die Literaturkritik, S. 294f.

Auszug aus Thomas Manns Besprechung eines Sekundärwerkes zu „Effi Briest", 1919:

„[...] Alle schlummernde Liebe zu diesem herrlichen Buch, dem zwei nachfolgende Generationen nichts Ebenbürtiges zur Seite zu stellen haben und mit dem Fontane [...] aus der deutschen in die Weltliteratur ragt, [...] flammt auf beim Lesen dieser Abhandlung, die ein Kronjuwel erzählender europäischer Prosa aufzuzeigen, einen Glücks- und Ruhmesfall erzählender Dichtung zu feiern weiß, wie es bisher noch nicht geschehen. Eine Romanbibliothek der rigorosesten Auswahl, und beschränkte man sie auf ein Dutzend Bände, auf zehn, auf sechs, – sie dürfte ‚Effi Briest' nicht vermissen lassen."

Aus: Thomas Mann: Anzeige eines Fontane-Buches. In: Heinrich Detering, Eckhard Heftrich u.a. (Hrsg.): Thomas Mann. Große kommentierte Frankfurter Ausgabe. Werke – Briefe – Tagebücher. Band 15.1. Essays II. 1914–1926, herausgegeben von Hermann Kurze. Frankfurt am Main: S. Fischer Verlag, 2002, S. 261ff.

Auszug aus Georg Lukács „Der alte Fontane" (1950):

„[...] ‚Effi Briest' gehört in jene Reihe der großen bürgerlichen Romane, in denen die einfache Erzählung einer Ehe und ihres notwendigen Bruchs zu einer Gestaltung der allgemeinen Widersprüche der ganzen bürgerlichen Gesellschaft emporwächst, gehört in die Reihe von ‚Madame Bovary' und ‚Anna Karenina'."

Aus: Georg Lukács: Der alte Fontane. In: Georg Lukács: Werke. Band 7. Neuwied und Berlin: Luchterhand Verlag, 1964, S. 452ff.

Auszug aus einem „Spiegel"-Interview mit dem Literaturkritiker Marcel Reich-Ranicki vom 18. Juni 2001:

Spiegel: Könnten Sie zehn oder zwölf Bücher nennen, die ein Abiturient unbedingt kennen sollte?
Reich-Ranicki: Sehr ungern, aber meinetwegen: „Werther", „Effi Briest", „Buddenbrooks", „Der Prozess", „Faust 1", je ein Band mit ausgewählten Dramen von Schiller und Kleist, je ein Band mit ausgewählten Gedichten von Goethe, Heine und Brecht. [...]

■ *Fassen Sie die Urteile der Autoren über „Effi Briest" kurz zusammen und nehmen Sie begründet Stellung.*

Baustein 2

Erzählaufbau, Gliederung

Der Erzählaufbau von Fontanes „Effi Briest" wird in diesem Baustein unter drei Aspekten beleuchtet:

1. Gliederung des Romans entlang formaler, inhaltlicher und thematischer Gesichtspunkte
2. Effis zentrale Stellung innerhalb der Erzählung
3. Verhältnis Erzählzeit – erzählte Zeit

Den Schwerpunkt des Bausteins bildet die Gliederung des Romans als hilfreiche Grundlage für eine vertiefende Romananalyse.

2.1 Romangliederung

Handlungsorte und Geschehensablauf werden in „Effi Briest" symbolisch miteinander verknüpft. Dadurch entstehen symbolische Geschehensorte, anhand derer sich Fontanes Roman in fünf Erzählblöcke einteilen lässt.
In der Exposition wird Effis glückliches, relativ unbeschwertes Leben im heimatlichen Hohen-Cremmen sinnbildlich durch Licht und Luft gekennzeichnet (Kapitel 1–5, S. 7–48). Die nächste Erzählphase beginnt mit der Ankunft in Kessin, einem Ort der Fremde, voller symbolischer Bedrohung und gesellschaftlicher Zwänge (Kapitel 6–14; S. 48–136). Nach einem nur rückblickend geschilderten Aufenthalt in Hohen-Cremmen folgt mit Effis Rückkehr nach Kessin die dritte Erzählphase. Im Zentrum des Geschehens steht jetzt der sie symbolisch verschlingende Schloon (Kapitel 15–22, S. 136–219).
In der vierten Erzählphase repräsentiert das großstädtische Berlin Effis vergebliche Hoffnung auf ein neues Leben und ihre folgende Isolation (Kapitel 23–31, S. 219–295).
Die Rückkehr nach Hohen-Cremmen (als Resultat der Entfremdung von Annie) im letzten Erzählabschnitt wird schließlich zum Symbol für Effis Scheitern am Leben, ermöglicht gleichzeitig aber auch ein versöhnliches Ende (Kapitel 32–36, S. 295–337).

Analog zum Drama in fünf Akten kann man Fontanes Roman einteilen in: 1. Einleitung (Exposition), 2. Steigerung (Konfliktaufbau), 3. Höhepunkt, 4. Umschwung (fallende Handlung, Verzögerung), 5. Schluss (Lösung, Katastrophe).

Zur Gliederung des Romans vgl. auch den Abschnitt „Handlung und Aufbau des Romans", S. 12.

Um sich der Gliederung des Romans anzunähern, werden die Schülerinnen und Schüler aufgefordert, das Gesamtgeschehen auf kürzeste Weise zusammenzufassen:

■ *Fassen Sie das wesentliche Romangeschehen in wenigen stichwortartigen Formulierungen zusammen und ordnen Sie es anschließend den jeweiligen Schauplätzen der Handlung zu.*

Die Stichwortlisten können in Gruppen erstellt, referiert und schließlich im Klassenverband auf ein Minimum reduziert werden:

- Heirat
- Einsamkeit und Furcht in der Ehe/in Kessin
- Kessiner Affäre mit Crampas
- Briefe entdeckt, Duell und Scheidung
- Effis Isolation, Krankheit und Tod

Anschließend lassen sich diese fünf Eckpunkte des Geschehens den jeweiligen Handlungsorten als Tafelbild zuordnen:

Aufbau: Handlungsorte und Geschehen

Geschehen	Handlungsort
Heirat	Hohen-Cremmen
Ehe: Einsamkeit und Furcht	Kessin
Ausbruch: Affäre mit Crampas	Kessin
Trennung (Briefe, Duell, Scheidung)	Berlin
Effis Krankheit, Tod	Hohen-Cremmen

Eine weitere Möglichkeit ist, die jeweiligen Schauplätze zunächst unabhängig vom konkreten Geschehen abzufragen:

> ■ *Listen Sie die wichtigsten Handlungsorte des Romans entsprechend ihrer chronologischen Abfolge innerhalb des Geschehens auf.*

Dies könnte zu folgendem Ergebnis führen:

- Hohen-Cremmen
- Kessin
- Berlin
- Rügen (und Effis Aufenthalt in Hohen-Cremmen) (S. 238–251)
- Berlin
- Hohen-Cremmen

Klammert man die Rügenreise als eine eher kürzere Episode aus und orientiert sich stattdessen an Effis Wohnorten, ergibt das:

- Hohen-Cremmen
- Kessin
- Berlin
- Hohen-Cremmen

In einem nächsten Schritt gilt es nun, herauszufinden, welchen Anteil diese Handlungsorte am Gesamtgeschehen haben:

> ■ *Teilen Sie die Kapitel (mit Seitenangaben und Angaben zum Seitenumfang) des Romans nacheinander auf folgende vier Schauplätze auf: Hohen-Cremmen, Kessin, Berlin, Hohen-Cremmen.*

Das führt zu folgendem Resultat:

- Hohen-Cremmen (Kapitel 1–5, S. 7–48, Umfang: 42 Seiten)
- Kessin (Kapitel 6–22, S. 48–219, Umfang: 172 Seiten)
- Berlin (Kapitel 23–33, S. 219–314, Umfang: 96 Seiten)
- Hohen-Cremmen (Kapitel 34–36, S. 314–337, Umfang: 24 Seiten)

Es fällt auf, dass der Schauplatz Kessin den mit Abstand größten Umfang innerhalb des Romans einnimmt. Entsprechend bietet es sich an, diesen zu unterteilen. Bei einer Gliederung, die sich an Effis Aufenthaltsorten orientiert, markiert deren Aufenthalt in Hohen-Cremmen (S. 136ff.) einen Abschnitt innerhalb ihres Kessiner Daseins.

Daraus ergibt sich folgendes Tafelbild:

Gliederung nach Schauplätzen

Kapitel (Seiten)	Schauplatz	Umfang
1 – 5 (7 – 48)	Hohen-Cremmen	42 Seiten
6 – 14 (48 – 136)	Kessin 1	88 Seiten
15 – 22 (136 – 219)	Kessin 2	84 Seiten
23 – 33 (219 – 314)	Berlin	96 Seiten
34 – 36 (314 – 337)	Hohen-Cremmen	24 Seiten

Betrachtet man jetzt die Umfänge, erscheint der Handlungsort Hohen-Cremmen als einleitender und abschließender Abschnitt jeweils deutlich kürzer als die drei weiteren Abschnitte. Auf den Schauplatz „Berlin" entfallen besonders viele Seiten. Rechnete man hier jedoch die 14 Seiten, welche die Rügenreise mit Effis anschließendem Hohen-Cremmen-Aufenthalt (238–251) einnimmt, heraus, entspräche der Umfang mit dann 82 Seiten in etwa den beiden Kessin-Abschnitten. Der Berlin-Abschnitt wäre dann aber unterbrochen und könnte in einer Gliederung nicht mehr als einheitlicher Abschnitt berücksichtigt werden. Naheliegender ist es daher, von der Rügenreise (und Effis Hohen-Cremmen-Aufenthalt) zu abstrahieren und stattdessen zu prüfen, ob der Übergang zwischen dem vierten Abschnitt und dem fünften Abschnitt nicht schon früher angesetzt werden kann, fallen doch sowohl der vierte Abschnitt (durch seine Länge) als auch der fünfte Abschnitt (durch seine Kürze) im Verhältnis zu den anderen Abschnitten aus dem Rahmen.

Hierfür ist es jedoch nötig, eine vorrangig an Handlungsorten orientierte Gliederung durch weitere Gliederungsaspekte zu ergänzen.

Zieht man zusätzlich zu den Handlungsorten auch die Geschehensabläufe (Verhältnis Erzählzeit – erzählte Zeit) sowie die Dramaturgie des Geschehens heran, so fällt gerade im Übergang vom vierten zum fünften Abschnitt auf, dass hier bereits das 32. Kapitel (S. 295) eine entscheidende Zäsur sowohl dramaturgisch (Effis Bruch mit ihrer Tochter > Zusammenbruch) als auch zeitlich („Drei Jahre waren vergangen ...", S. 295, Z. 17) markiert.

Daraus ergibt sich der eingangs erwähnte symmetrische Romanaufbau.

Symmetrischer Romanaufbau

Kapitel (Seiten)	Handlungsort	Umfang
1 – 5 (7 – 48)	Hohen-Cremmen	42 Seiten
6 – 14 (48 – 136)	Kessin 1	88 Seiten
15 – 22 (136 – 219)	Kessin 2	84 Seiten
23 – 31 (219 – 295)	Berlin	77 Seiten
32 – 36 (295 – 337)	(Berlin,) Hohen-Cremmen	43 Seiten

Der Schauplatz Berlin wird im fünften Abschnitt in Klammern gesetzt, da dieser Schlussabschnitt von Hohen-Cremmen als Handlungsort dominiert wird und das Geschehen in Berlin (Kapitel 32, 33: Effis Isolation, Bruch mit Tochter, Zusammenbruch) bereits Effis Rückkehr nach Hohen-Cremmen vorbereitet.

Zu einer entsprechenden Einteilung des Romans können die Schülerinnen und Schüler auch direkt über eine Gliederung der Geschehensabläufe gelangen:

> ■ *Teilen Sie den Roman „Effi Briest" analog zu einem Drama in fünf Akten in folgende Erzählabschnitte auf: 1. Einleitung (Exposition), 2. Steigerung (Konfliktaufbau) 3. Höhepunkt, 4. Umschwung (fallende Handlung, Verzögerung), 5. Schluss (Lösung, Katastrophe). Begründen Sie Ihre Aufteilung.*

Aus einer solchen Einteilung ergibt sich etwa folgendes Tafelbild:

Aufbau in fünf Akten

Kapitel (Seiten)	Akt	Geschehen	Handlungsort
1 – 5 (7 – 48)	1. Exposition	Heirat	Hohen-Cremmen
6 – 14 (48 – 136)	2. Steigerung	Ehe: Einsamkeit und Furcht	Kessin
15 – 22 (136 – 219)	3. Höhepunkt	Affäre mit Crampas	Kessin
23 – 31 (219 – 295)	4. Umschwung	Trennung (Briefe, Duell, Scheidung)	Berlin
32 – 36 (295 – 337)	5. Schluss (Katastrophe, Lösung)	Effis Isolation, Zusammenbruch, Krankheit, Tod	(Berlin,) Hohen-Cremmen

Zur Begründung der Gliederung vgl. auch den Abschnitt „Handlung und Aufbau des Romans", S. 12.

Ausgehend von der Aufteilung des Romans in die fünf genannten Abschnitte, lassen sich diese zudem mithilfe von **Arbeitsblatt 3**, S. 42 näher analysieren.

Baustein 2: Erzählaufbau, Gliederung

Zur Zusammenfassung des Geschehens sowie zur Atmosphäre und zu Effis Gefühlslage siehe oben; vgl. auch den Abschnitt „Handlung und Aufbau des Romans".

- *Fassen Sie stichwortartig zusammen, was die Handlungsorte der fünf zentralen Romanabschnitte in Bezug auf Effi und ihre Lebenslage jeweils repräsentieren. Benennen Sie die wichtigsten Symbole der jeweiligen Abschnitte.*

Die Metaphorik der jeweiligen Abschnitte bzw. Handlungsorte lässt sich stichwortartig wie folgt zu einem Tafelbild zusammenfassen:

Metaphorik der Handlungsorte

Handlungsort	steht für	zentrale Symbole, Metaphern
Hohen-Cremmen	Effis unbeschwerte Kindheit, Heimat, Freiheit	Licht-und-Luft-Metaphorik („Sonnenschein", S. 7, Z. 3; „Tochter der Luft", S. 9, Z. 10), „Hufeisen" (S. 7, Z. 19), Schaukel (S. 7, Z. 25)
Kessin 1	Fremde, Bedrohung, Gefangenschaft, Einsamkeit	Chinesenspuk
Kessin 2	verhängnisvolle sexuelle Leidenschaft, Affäre	„Schritt vom Wege" (S. 167, Z. 3ff.), „Schloon" (S. 183ff.)
Berlin	gescheiterten Neuanfang	Chinesenbild (S. 237, Z. 23ff.), Dorf „Crampas" (S. 240, Z. 22f.)
Hohen-Cremmen	Effis Scheitern am Leben, Todessehnsucht	Sterne, Nachtluft, Nebel (S. 333, Z. 9ff.; S. 336, Z. 1ff.),

Weitere hilfreiche Hinweise zur Gliederung des Romans enthält der Textauszug aus Christian Grawes „Grundlagen und Gedanken", der als **Zusatzmaterial 1**, S. 122 abgedruckt ist.

Zu den von Grawe nicht explizit genannten Gliederungsmöglichkeiten zählen beispielsweise die oben erläuterten Varianten einer Gliederung entsprechend den Schauplätzen. Denkbar wäre auch, den Roman dramaturgisch – orientiert an den Ursachen und Folgen des Ehebruchs – in zwei Teile (vor und nach dem Ehebruch ≈ Ursachen und Folgen) bzw. – orientiert an Effis jeweiligem Bezug zur Ehe – in vier Teile (vor der Ehe, Ehe bis zum Ehebruch, Ehe während des Ehebruchs, Scheidung) zu untergliedern. Erweitern lässt sich die letzte Gliederung noch um den Versuch der Rettung der Ehe, der mit dem Umzug nach Berlin und dem damit einhergehenden Ende des Ehebruchs einsetzt, woraus sich folgende mögliche Gliederung ergibt:

Gliederung nach Effis Ehe-Status

Abschnitt	Kapitel (Seiten/ Umfang)	Ehe-Status
1. Abschnitt	1 – 5 (7 – 48/42)	ledig + Flitterwochen
2. Abschnitt	6 – 19 (48 – 186/ 139)	Ehe vor dem Ehebruch
3. Abschnitt	20 – 22 (187 – 219/ 33)	Ehe während des Ehebruchs
4. Abschnitt	23 – 27 (219 – 272/ 53)	Ehe nach dem Ehebruch
5. Abschnitt	28 – 36 (272 – 337/ 66)	Scheidung + geschieden

Auch hier sind die Abschnittswechsel keineswegs eindeutig, so variiert der Übergang vom zweiten zum dritten Abschnitt je nachdem, zu welchem Zeitpunkt der Beginn des Ehebruches angesetzt wird (ob mit dem ersten Kuss oder bereits mit den gemeinsamen Spaziergängen oder dem ersten zaghaften Flirt (Kapitel 15); für Letzteres spricht, dass sich nach Kapitel 14 Effis Ehe-Status dadurch verändert hat, dass sie Mutter geworden ist). Zudem ließen sich die Abschnitte eins und fünf weiter unterteilen.

Neben diesen Fragen zur Romangliederung werden in Grawes Text (Zusatzmaterial 1) auch Effis zentrale Funktion innerhalb der Erzählung und das variable Verhältnis von Erzählzeit zu erzählter Zeit angesprochen:

2.2 Effis Funktion für den Erzählaufbau

■ *Welche Funktion erfüllt – laut Grawe (Zusatzmaterial 1) – Effi im Vergleich zu den anderen Figuren für den Romanaufbau?*

Der Romanaufbau orientiert sich an Effis Schicksal. Die anderen Figuren interessieren den Erzähler nur dann, wenn sie Effis Schicksal beeinflussen (z. B. Crampas). Als Folge davon ist Effi bzw. ihr Schicksal fast immer (wenn nicht direkt, dann indirekt, gefiltert durch Gespräche Dritter über Effi) Gegenstand der Erzählung. Als eine markante Ausnahme führt Grawe das Gespräch zwischen Innstetten und Wüllersdorf an (vgl. Baustein 5). Der Ausgang dieses Gesprächs ist zwar entscheidend für Effis weiteres Schicksal, thematisiert wird dieses darin jedoch nicht. Die zentrale Rolle, die das Gespräch über das Verhältnis von Individuum und Gesellschaft innerhalb des Romans einnimmt, deutet darauf hin, dass die Schilderung von Effis Schicksal Fontane im Grunde nur als ein besonders charakteristisches Beispiel für die aus jenem (Miss-)Verhältnis entstehenden Konflikt dient.

2.3 Verhältnis Erzählzeit – erzählte Zeit

Dafür, dass Fontane an Effis Schicksal weniger der konkrete, spektakuläre Ablauf des Geschehens als vielmehr das daraus abstrahierbare Grundsätzliche, Allgemeinmenschliche interessiert, spricht auch das auffällig variable Verhältnis von Erzählzeit und erzählter Zeit, das sich offensichtlich weniger aus dem Handlungsgeschehen selbst ableitet als vielmehr aus dessen jeweiligem exemplarischen Stellenwert. Entsprechend werden einzelne charakteristische Gespräche (wie das zwischen Innstetten und Wüllersdorf) oder symbolische Geschehnisse (wie z. B. das Stachelbeerversenken) ausführlich geschildert, während zentrale, handlungsintensive Geschehnisse wie etwa Effis Hochzeit oder auch die Affäre mit Crampas ausgesprochen knapp abgehandelt werden. Nicht der Drang nach Spektakulärem, Aufsehenerregendem, also nicht Sensation oder gar Provokation, sondern Diskretion bestimmt Fontanes Erzählweise. Fontane zeigt sich weniger an Effis persönlichem Schicksal im Detail interessiert als vielmehr an dem, was sich daraus Grundsätzliches, Allgemeingültiges ableiten lässt.

■ *Die Hochzeit mit Innstetten und die Affäre mit Crampas zählen zu den zentralen Einschnitten in Effis Leben. Wie werden diese Geschehnisse innerhalb des Romans dargestellt? Wie würden sie in einem Unterhaltungsroman dargestellt werden? Achten Sie besonders auf das Verhältnis Erzählzeit – erzählte Zeit. Welche Funktion hat diese Erzählweise?*

Nachdem die Schülerinnen und Schüler festgestellt haben, dass sowohl Hochzeit als auch Affäre bei Fontane nur kurz abgehandelt werden, wohingegen sie in einem Unterhaltungsroman schwelgerisch ausgemalt würden, liegt die Frage nach dem Grund dafür nahe. Offensichtlich geht es Fontane nicht in erster Linie um Unterhaltung und nicht um Effis persönliches Schicksal, sondern um etwas Allgemeineres (kurz: das Verhältnis zwischen Individuum und Gesellschaft und die sich daraus ableitende Frage nach Verantwortung und Schuld des Einzelnen). Nicht die individuelle, sondern die gesellschaftliche Dimension steht dabei im Vordergrund. „Effi Briest" ist also in erster Linie ein Gesellschaftsroman.

Exemplarisch erfassen lässt sich die handlungsarme und dialogreiche Darstellungsweise durch die Analyse eines Textausschnittes aus dem fünften Kapitel, in dem sowohl Polterabend und Hochzeit als auch der Tag nach der Hochzeit geschildert werden (S. 39, Z. 28 – S. 46, Z. 11).

■ *Analysieren Sie das Verhältnis Erzählzeit – erzählte Zeit zu Beginn des fünften Romankapitels (S. 39, Z. 28 – S. 46, Z. 11) unter folgenden Gesichtspunkten:*
– *Welche inhaltlichen und/oder thematischen Aspekte werden hervorgehoben, welche vernachlässigt?*
– *Wie wirkt sich diese Darstellungsweise auf eine mögliche Deutung aus?*

Besonders charakteristisch ist, wie der Hochzeitstag selbst geschildert wird (S. 41, Z. 5 – Z. 29). Nicht einmal eine Seite verwendet der Erzähler auf den Hochzeitstag. Innerhalb dieses kurzen Abschnittes kommt der eigentliche Ablauf der Hochzeit fast überhaupt nicht zur Sprache. Im Zentrum des Abschnittes steht vielmehr ein Gespräch zwischen zwei namentlich nicht benannten „Berliner Herren" (Z. 7), das thematischen Symbolcharakter hat: „Freilich ein Mann in seiner Stellung muss kalt sein. Woran scheitert man denn im Leben überhaupt? Immer nur an der Wärme." (Z. 18 f.) Der Widerspruch zwischen gesellschaftlichem und menschlich-natürlichem Bereich (vgl. Baustein 3) kommt hier pointiert zum Ausdruck. Dadurch, dass der Erzähler die Aussage nicht selbst tätigt, sondern sie im Figurendialog spiegelt (zu Fontanes Gesprächsstil vgl. Baustein 7), enthält er sich einer Bewertung. Die Schlussfolgerung, „ein Mann in seiner Stellung muss kalt sein", ist nicht die des Erzählers, sondern die der Berliner Herren. Deren Gespräch nimmt zudem Effis späteres Scheitern bereits vorweg (zu Fontanes Andeutungsstil vgl. Baustein 5).

Um zu veranschaulichen, wie knapp Fontane auch an anderer Stelle dramatische und handlungsintensive Geschehnisse (die Verlobung, die Hochzeit, die Geburt Annies, die Affäre oder das Duell) abhandelt, können die Schülerinnen und Schüler aufgefordert werden, die so entstehenden Leerstellen selbst kreativ zu füllen.

> *Versetzen Sie sich in die Lage Effis (wahlweise Innstettens, Herrn von Briests, Frau von Briests ...) und schildern Sie in einem Brief an eine Freundin/einen Freund möglichst ausführlich den Ablauf des Hochzeitstages (vgl. S. 39ff.).*

> *Versetzen Sie sich in die Lage eines Bestsellerautors/einer Bestsellerautorin, der/die den Auftrag hat, „Effi Briest" in einen unterhaltsamen Liebesroman zu verwandeln, und schreiben Sie Fontanes Hochzeitsdarstellung (S. 39ff.) entsprechend um.*

Ein weiteres Charakteristikum des Erzählaufbaus von „Effi Briest", das im Textauszug aus Grawes „Grundlagen und Gedanken" keine Erwähnung findet, stellt der Andeutungsstil Fontanes dar, auf den im Zusammenhang mit der Schicksalhaftigkeit des Romangeschehens in Baustein 5 näher eingegangen wird.

Notizen

Erzählaufbau

Erzählabschnitt	Hohen-Cremmen	Kessin 1	Kessin 2	Berlin	Hohen-Cremmen
Bestimmen Sie Anfang und Ende des Abschnittes und fassen Sie das Geschehen stichwortartig zusammen.					
Welche Atmosphäre bestimmt den jeweiligen Abschnitt? In welcher Gefühlslage befindet sich Effi?					
Welche Symbole sind charakteristisch für den jeweiligen Abschnitt?					
Deuten Sie die jeweiligen Symbole stichwortartig.					

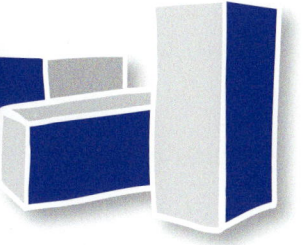

Baustein 3

Figuren

Der folgende Baustein beschäftigt sich mit den Figuren aus „Effi Briest" unter drei Aspekten:

- dem Verhältnis der Figuren zu Effi
- dem Spannungsfeld von Kultur und Natur
- ihrer Funktion innerhalb der Exposition des ersten Kapitels

Die Figuren des Romans lassen sich wahlweise den Bereichen des „Gesellschaftlichen" bzw. des „Menschlich-Natürlichen" zuordnen[1].
Reine Gesellschaft und reine Natur bilden dabei die äußeren Pole, zwischen denen sich die Figuren bewegen, die zumeist sowohl Gesellschaftliches als auch „Menschlich-Natürliches" in sich tragen.

Auch Effi ist nicht nur „Naturkind" (S. 42), sondern träumt vom gesellschaftlichen Aufstieg an der Seite ihres Mannes, und nur „das Eleganteste" (S. 26), „Aparte" (S. 27) ist ihr gut genug. Ihre Erziehung (vgl. dazu auch den „Erzieher" Innstetten, S. 170) steht in eben diesem Spannungsfeld: Die Mutter verkörpert (tendenziell) den gesellschaftlichen Bereich, der Vater den menschlich-natürlichen.

Ähnlich wie Effis Eltern lassen sich die Figuren um Effi oftmals symmetrisch einem der beiden genannten Bereiche zuordnen (z. B. Roswitha – Johanna).

Derartige Spiegelungen und Doppelungen sind charakteristisch für die Figurengestaltung Fontanes.

Auch Figurenkonstellationen wiederholen sich, indem eine Figur an einem Ort durch eine ihr ähnliche Figur an einem anderen Ort ersetzt wird, z. B.: Niemeyer (Hohen-Cremmen), Gieshübler (Kessin) und Rummschüttel (Berlin).

Nicht immer aber lassen sich Figuren und Figurenpaare eindeutig den Bereichen „Gesellschaftliches" oder „Menschlich-Natürliches" zuordnen.

Während Innstetten klar den Bereich „Gesellschaftliches" repräsentiert, gestaltet sich die Einordnung Crampas' schwierig. Einerseits hält er sich nicht an die geltenden Konventionen und entzieht sich damit dem gesellschaftlichen Bereich, andererseits verhält er sich dem (eigenen) Leben gegenüber zu gleichgültig, um als Vertreter des „Menschlich-Natürlichen" zu gelten.

---

[1] Vgl: Walter Müller-Seidel: Gesellschaft und Menschlichkeit im Roman Fontanes. In: Wolfgang Preisendanz (Hrsg.): Theodor Fontane. Darmstadt: Wissenschaftliche Buchgesellschaft 1973, S. 169–200

Annie steht anfangs sowohl unter dem Einfluss des menschlich-natürlichen als auch des gesellschaftlichen Bereiches. Erst nach der Scheidung unterliegt sie einseitig dem Einfluss Innstettens und Johannas bzw. der Gesellschaft.

Eine Sonderrolle nimmt zudem der Hund Rollo ein, der – als „Kreatur" jenseits jeder gesellschaftlichen Moral – den äußersten Pol des Natürlichen verkörpert.

Zur Figurendarstellung in „Effi Briest" vgl. auch **Zusatzmaterial 2**, S. 124.

3.1 Figuren stellen

In einem ersten Zugriff auf das Thema „Figuren" stellen sich die Schülerinnen und Schüler in Gruppen zu einem gemeinsamen Standbild auf, das die (emotionale) Beziehung der jeweiligen Figuren zueinander und zu Effi zum Ausdruck bringt:

> ■ *Stellen Sie sich als Gruppe so im Raum auf, dass Ihre Aufstellung die emotionalen Beziehungen zwischen den Personen, die Sie repräsentieren, räumlich wiedergibt (emotionale Nähe – räumliche Nähe).*

Die Größe der Gruppe ergibt sich aus der Anzahl der zu stellenden Figuren (plus eines eventuellen Sprechers). Es empfiehlt sich, für jede Gruppe eine andere Figurenzusammensetzung zu wählen. Effi sollte in jeder Gruppe vertreten sein.

Die verschiedenen Figurenzusammensetzungen werden vom Lehrer vorgegeben. Pro Gruppe müssen mindestens drei und sollten nicht mehr als sechs Figuren gestellt werden. Welcher Schüler welche Figur (dar)stellt, kann vom Lehrer bestimmt, den Schülerinnen und Schülern innerhalb der Gruppe selbst überlassen oder ausgelost werden.

Zusätzlich zu Effi können u. a. folgende Figuren gestellt werden: Innstetten, Crampas, Herr von Briest, Frau von Briest, Johanna, Roswitha, Gieshübler, Wüllersdorf, Annie, Rollo, Vetter Briest (Dagobert), Pastor Niemeyer, Dr. Rummschüttel, Bismarck.

Folgende Gruppen könnten beispielsweise gestellt werden:

- Effi, Innstetten, Herr vonBriest, Frau von Briest
- Effi, Innstetten, Crampas, Gieshübler
- Effi, Innstetten, Johanna, Roswitha
- Effi, Innstetten, Herr von Briest, Frau von Briest, Johanna, Roswitha, Pastor Niemeyer

Zahlreiche weitere Gruppenbildungen sind möglich.

Nachdem sich Schülergruppen gebildet haben und innerhalb der jeweiligen Gruppen die einzelnen Figuren zugeteilt wurden, erhalten die Schüler und Schülerinnen 15 Minuten Zeit, um innerhalb ihrer Gruppen mithilfe einer Skizze das jeweilige Standbild gemeinsam zu erarbeiten.

Im Anschluss daran stellen die Gruppen nacheinander ihre Standbilder.

Für letztgenannte Gruppe könnte ein Standbild etwa wie folgt aufgebaut sein (die Pfeile deuten mögliche Blick- bzw. Bewegungsrichtungen an):

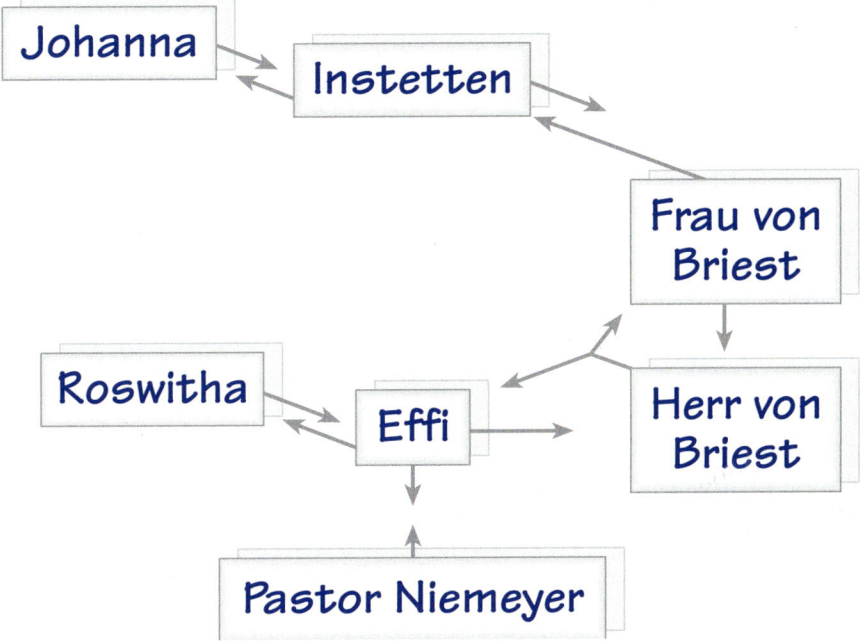

Um den Aufbau des Standbildes zu erläutern, erklärt jeder Schüler innerhalb des Standbildes kurz, warum er dort steht und wo er (im Verhältnis zu den anderen) steht. Alternativ dazu lassen sich die Gruppen auch so zusammensetzen, dass zusätzlich zu den Schülerinnen und Schülern innerhalb des Standbildes pro Gruppe jeweils ein Sprecher gewählt wird, der den Aufbau des Standbildes erläutert.

Denkbar ist zudem, die Schülerinnen und Schüler dazu aufzufordern, ihre jeweilige Figur mit einem kurzen Zitat aus dem Text (einer Aussage der jeweiligen Figur oder einer Aussage über die jeweilige Figur) zu präsentieren. Um die Zitatsuche im Unterricht zu verkürzen, kann den Schülerinnen und Schülern als Hausaufgabe aufgetragen werden, für ihre jeweilige Figur eine Vorauswahl an Zitaten aus dem Text zusammenzustellen. Die endgültige Auswahl erfolgt dann während des Unterrichts in Absprache mit der Arbeitsgruppe. Das Zitat sollte dazu geeignet sein, die Position der Figur innerhalb des Standbildes zu erklären.

Für das oben ausgeführte Standbild wären beispielsweise folgende Zitate möglich:

Johanna: „[...] ohne dass es ihr an gutem Herzen und selbst an Teilnahme mit der Frau gefehlt hätte, beschäftigte sie doch, über jedes andere hinaus, der Triumph einer gewissen Intimitätsstellung zum gnädigen Herrn." (S. 280, Z. 15ff.)

Innstetten: „Ja, der Baron! Das ist ein Mann von Charakter, ein Mann von Prinzipien." (S. 39, Z. 17f.)

Frau von Briest: „[...] man lebt doch nicht bloß in der Welt, um schwach und zärtlich zu sein und alles mit Nachsicht zu behandeln, was gegen Gesetz und Gebot ist [...]." (S. 316, Z. 2ff.)

Roswitha: „Effi hatte noch immer die alte Liebe für sie, war doch Roswitha die Einzige, mit der sie von all dem Zurückliegenden, von Kessin und Crampas, von dem Chinesen und Kapitän Thomsens Nichte frei und unbefangen reden konnte." (S. 256, Z. 22ff.)

Effi: „In allem, was sie tat, paarte sich Übermut und Grazie, während ihre lachenden braunen Augen eine große, natürliche Klugheit und viel Lebenslust und Herzensgüte verrieten." (S. 8, Z. 33 – S. 9, Z. 1)

Herr von Briest: „[...] ein wohlkonservierter Fünfziger von ausgesprochener Bonhomie [...]." (S. 20, Z. 5f.)

Pastor Niemeyer: „[...] sie dachte mit Wehmut an Niemeyer, der immer zurückhaltend und anspruchslos war [...]." (S. 117, Z. 26ff.)

Zu weiteren möglichen Zitaten vgl. auch 3.3 dieses Bausteins, S. 57ff.

Alternativ können auch solche Textstellen gewählt werden, in denen eine Figur des Standbildes eine andere Figur desselben unmittelbar anspricht bzw. zwei Figuren (evtl. auch wortlos) interagieren. Diese Ansprachen, kurzen Dialogpassagen in Rede und Gegenrede oder szenischen Auszüge können dann innerhalb des Standbildes schauspielerisch inszeniert werden.

Erneut dienen die Zitate dazu, den Standpunkt der Figuren innerhalb des Standbildes zu erläutern. Dies kann sowohl dadurch erfolgen, dass das Zitat die Nähe einer Figur zu einer anderen Figur verdeutlicht, als auch dadurch, dass es die Distanz zwischen zwei Figuren zum Ausdruck bringt.

Hier sind u. a. folgende gespielte Ansprachen, Kurzdialoge oder Szenen denkbar:

Beziehung Johanna – Innstetten:
Innstetten: „... Und dann, Johanna, noch eins: die Frau kommt nicht wieder, Sie werden von anderen erfahren, warum nicht. Annie darf nichts wissen, wenigstens jetzt nicht. Das arme Kind. Sie müssen es ihr allmählich beibringen, dass sie keine Mutter mehr hat. Ich kann es nicht. Aber machen Sie's gescheit. Und dass Roswitha nicht alles verdirbt." Johanna stand einen Augenblick ganz wie benommen da. Dann ging sie auf Innstetten zu und küsste ihm die Hand. (S. 280, Z. 1ff.)

Beziehung Innstetten – Effi:
Effi: „Ach, Geert, wie reizend ist das alles und welch Alltagsleben habe ich doch in Hohen-Cremmen geführt! Nie was Apartes."
Innstetten nahm ihre Hand und sagte: „So darfst du nicht sprechen, Effi. Spuk, dazu kann man sich stellen, wie man will. Aber hüte dich vor dem Aparten oder was man so das Aparte nennt. Was dir so verlockend erscheint – und ich rechne auch ein Leben dahin, wie's die Trippelli führt – das bezahlt man in der Regel mit seinem Glück. [...]" (S. 100, Z. 1ff.)

Beziehung Effi – Innstetten:
Effi (zu Innstetten): „Mich ekelt, was ich getan; aber was mich noch mehr ekelt, das ist eure Tugend. Weg mit euch. [...]" (S. 314, Z. 4ff.)

Beziehung Frau von Briest – Effi:
Frau von Briest (zu Effi): „[...] das elterliche Haus wird dir verschlossen sein [...]."
(S. 291, Z. 29)

Beziehung Herr von Briest – Effi:
Herr von Briest (zu Effi): „Effi komm." (S. 316, Z. 21f.)

Beziehung Effi – Roswitha:
Effi: „Nun, wissen Sie was, Roswitha, Sie sind eine gute, treue Person, das seh ich Ihnen an, ein bisschen gradezu, aber das schadet nichts, das sind mitunter die Besten, und ich habe gleich ein Zutrauen zu Ihnen gefasst. Wollen Sie mit zu mir kommen? [...]"
Roswitha war aufgesprungen und hatte die Hand der jungen Frau ergriffen und küsste sie mit Ungestüm. (S. 130, Z. 27 – S. 131, Z. 2)

Beziehung Pastor Niemeyer – Effi:
Effi: „[...] Ach, wie schön es war, und wie mir die Luft wohltat; mir war, als flög ich in den Himmel. Ob ich wohl hineinkomme? Sagen Sie mir's Freund, Sie müssen es wissen. Bitte, bitte ..."
Niemeyer nahm ihren Kopf in seine zwei alten Hände und gab ihr einen Kuss auf die Stirn und sagte: „Ja, Effi, du wirst." (S. 320, Z. 32 – S. 321, Z. 3)

Eine weitere Möglichkeit, das Standbild – unabhängig von konkreten Textstellen – weiterzuentwickeln, ist folgende Fragestellung:

- *Wenn Sie jetzt einen Schritt machen sollten, wohin würden Sie sich bewegen? Begründen Sie Ihre Entscheidung.*

Mögliche Bewegungsrichtungen werden in der oberen Grafik des Standbildes durch Pfeile angedeutet.

Über die interpretierende Wiedergabe des Textes hinaus können die Schülerinnen und Schüler aufgerufen werden, mögliche Konfliktlösungen zur Vermeidung der Katastrophe zu entwickeln.
Innerhalb des Standbildes könnte dies anhand folgender Leitfrage geschehen:

- *Um Effis Tod zu verhindern: Auf wen müssten Sie sich zubewegen und was sollten Sie der betreffenden Person sagen? Begründen Sie Ihre Entscheidung.*

3.2 Die Exposition

Wie die Figuren in den Roman eingeführt werden, lässt sich sowohl inhaltlich als auch formal analysieren. Unter formalen Gesichtspunkten liefert bereits die Reihenfolge, in der die Figuren erwähnt werden, wichtige Deutungshinweise.

- *Notieren Sie die Namen der Figuren bzw. Figurengruppen, die im ersten Kapitel genannt werden, ehe „Effi" namentlich eingeführt wird (S. 8, Z. 16), in der Reihenfolge, in der sie im Text vorkommen.*

Ehe zum ersten Mal „Effi" genannt wird, werden folgende Figuren bzw. Figurengruppen erwähnt:
„Kurfürst Georg Wilhelm" (S. 7, Z. 1); „Familie von Briest" (S. 7, Z. 2); „Frau und Tochter des Hauses" (S. 8, Z. 1), „Mutter" (S. 8, Z. 15), „die Tochter, die den Rufnamen Effi führte" (S. 8, Z. 16).

- *Inwiefern wird Effi durch diese Figurenfolge charakterisiert?*

Untersucht man die Figurenabfolge, so stellt man fest, dass sich der Erzähler Effi in einer Bewegung, die vom Allgemeinen zum Besonderen führt, annähert. „Kurfürst Georg Wilhelm" repräsentiert preußische Traditionen, das Preußentum schlechthin. „Die Familie von Briest" ist seit Generationen in diesen Traditionen verankert. Entsprechend werden Effi und ihre Mutter zunächst auch nicht als unabhängige, eigenständige Individuen eingeführt, sondern gebunden an das Haus und dessen gesellschaftlichen Status („Frau und Tochter des Hauses", S. 8, Z. 1). Mutter und Tochter sind einander darin gleich, dass sie als Frauen dem Herrn des Hauses untergeordnet sind. Innerhalb dieses Frauenbundes kommt – wie auch im Text – die „Mutter" vor der „Tochter" (S. 8, Z. 7).

Ehe das erste Mal der Name „Effi" fällt, ist diese bereits in ein weitreichendes gesellschaftlich-historisches Umfeld eingebettet. Ihre Abhängigkeit von der Gesellschaft, die durch das Haus Briest repräsentiert wird, kommt schließlich auch in der Formulierung „die Tochter, die den Rufnahmen Effi führte" (S. 8, Z. 16) zum Ausdruck. Effi ist keine eigenständige Frau, sondern in erster Linie eine Tochter, ein Kind der preußischen Gesellschaft.

Erweitert man den Fokus auf das gesamte erste Kapitel, führt dies zur Frage:

In welcher Reihenfolge werden die Romanfiguren im (gesamten) ersten Kapitel von „Effi Briest" eingeführt?

Im ersten Kapitel werden die Figuren in folgender Reihenfolge eingeführt:

Frau von Briest (S. 8, Z. 1ff.), Effi (S. 8, Z. 1ff.), „Onkel" Oberst Goetze (S. 9, Z. 19ff.), Bertha Jahnke (S. 9, Z. 31ff.), Hertha Jahnke (S. 9, Z. 31ff.), Hulda Niemeyer (S. 9, Z. 31ff.), Kantor Jahnke (S. 10, Z. 15), Pastor Niemeyer (S. 10, Z. 20), Innstetten (S. 11, Z. 9), Herr von Briest (S. 11, Z. 17ff.), Wilke (S. 15, Z. 10ff.).

Aufgeführt sind hier nur diejenigen Figuren, die auch im weiteren Verlauf des Romans noch eine Rolle spielen. Historische Figuren wie Kurfürst Georg Wilhelm (S. 7, Z. 1) oder Fritz Reuter (S. 10, Z. 14f.) wurden ebenso ausgelassen wie Figuren, die nur ganz am Rande erwähnt werden, wie z. B. Kandidat Holzapfel (S. 16, Z. 16).

■ *Wie werden die Figuren im ersten Romankapitel eingeführt?*

Als Einstieg empfiehlt es sich, zunächst ein oder zwei Figuren anhand eines konkreten Textauszuges (im Klassenverbund oder in Gruppen) etwas näher zu untersuchen. Für die Figuren „Frau von Briest" und „Effi" eignet sich der Textauszug S. 7, Z. 27 – S. 10, Z. 1 (erstes Kapitel)

■ *Erläutern Sie anhand des Textauszuges (S. 7, Z. 27 – S. 10, Z. 1), wie der Erzähler Frau von Briest und Effi in den Roman einführt.*

Frau von Briest wird vom Erzähler als „Frau [...] des Hauses" (S. 8, Z. 1) und Effis Mutter vorgestellt. Zusammen mit Effi arbeitet sie an einem Altarteppich. Beide sind „fleißig bei der Arbeit" (S. 8, Z. 7), im Gegensatz zu Effi lässt die Mutter „kein Auge von der Arbeit" (S. 8, Z. 15) und wenn doch, dann „flüchtig und verstohlen" (S. 8, Z. 26), um ihren mütterlichen Stolz nicht preiszugeben.

Hier werden wichtige Charaktereigenschaften von Effis Mutter deutlich: Sie ist peinlich korrekt und sehr auf ihre Außenwirkung bedacht, also in ihrem Verhalten weitgehend gesellschaftlich bestimmt. Aber gleichzeitig hegt sie dennoch mütterliche Gefühle für Effi und sympathisiert mit deren Natürlichkeit. Auch ist sie es, die Effi in den „Jungenskittel" steckt (S. 9, Z. 15).
In ihr findet also ein Widerstreit zwischen den Bereichen „Gesellschaft" und „Menschlich-Natürliches" statt (vgl. 3.3).
Ihr Verhältnis zu Effi ist entsprechend ambivalent: geprägt von „Stolz" (S. 8, Z. 28) und „Sorgen und Ängste[n]" (S. 9, Z. 29f.). Besorgt ist sie insbesondere wegen Effis Leidenschaftlichkeit (S. 9, Z. 25f.). Dieser begegnet die Mutter mit einem Aufruf zur Mäßigung („Nicht so wild, Effi, nicht so leidenschaftlich.", S. 9, Z. 27). Darüber hinaus erfährt der Leser, dass Effis Mutter schön und schlank ist (S. 9, Z. 3).

Effi wird als „Tochter des Hauses" (S. 8, Z. 1) eingeführt. Anders als ihre Mutter unterbricht sie die Arbeit am Altarteppich, um „unter allerlei kunstgerechten Beugungen und Streckungen den ganzen Kursus der Heil- und Zimmergymnastik durchzumachen" (S. 8, Z. 17ff.). Sittsame, religiöse Handarbeit und erotisch konnotierte Körperlichkeit geraten hier ebenso in Opposition wie „religiöse und weltliche Heilserwartung"[1]. Effi entzieht sich dem gesellschaftlichen Bereich, um ihre menschlich-natürlichen Bedürfnisse auszuleben. Auch ihre Kleidung ist charakteristisch (S. 8, Z. 29ff.). Der „Jungenskittel" (S. 9, Z. 15) verdeutlicht ihre Jugend, sie ist halb Kind, halb Frau. Außerdem verweist er bereits auf einen Rollenverstoß: Effi kleidet sich nicht so (bzw. wird von ihrer Mutter nicht so eingekleidet), wie es für eine junge „Dame" (S. 9, Z. 23) in ihrem Alter angemessen wäre („Staatskleider", S. 9, Z. 22).

Nicht nur die Dehnübungen lassen kokette Züge in Effis Verhalten aufscheinen, auch die Bemerkung über Oberst Goetze, auf dessen Schoß sie als kleines Mädchen im kurzen Kleid ritt und der drei Viertel Onkel und ein Viertel Courmacher sei (S. 9, Z. 18ff.), lässt Effi kokett wirken; – ähnlich wie später Cora Ring, die sich auf „‚Onkel Crampas' Schoß" setzt (S. 178, Z. 11f.).

Vom Erzähler wird Effi als „stürmisch" (S. 9, Z. 26), von ihrer Mutter als „leidenschaftlich" (S. 9, Z. 27) charakterisiert.

Zudem wird Effis Leichtsinn thematisiert. Ihre Mutter bezeichnet Effi als „Kunstreiterin", „immer am Trapez, immer Tochter der Luft" (S. 9, Z. 9f.).

> *In welchem Verhältnis steht die Charakterisierung Frau von Briests zur Charakterisierung Effis und umgekehrt?*

Effi und ihre Mutter werden in Abgrenzung zueinander eingeführt. Beide werden indirekt durch das charakterisiert, was sie anders machen als die jeweils andere (z. B. das unterschiedliche Verhalten beim Sticken des Altarteppichs). Die Interaktion zwischen Mutter und Tochter, ihr Dialog, ihre Reaktionen aufeinander, tragen entscheidend zur Charakterisierung der beiden bei. Sie werden in erster Linie also nicht unmittelbar durch den Erzähler charakterisiert, sondern charakterisieren sich im Umgang miteinander gewissermaßen gegenseitig.

Die Mutter erscheint in ihrem Verhalten als Gegenmodell zu Effi: Sie entsagt, hält Maß, ist sozial perfekt angepasst. Bemerkenswerterweise stößt Effis natürlich-jugendlicher Übermut bei der Mutter aber keineswegs auf Missfallen. Sie ist zwar um Effi besorgt, gleichzeitig aber erfreut sie sich heimlich an ihrem natürlich-kindlichen Wesen. Ja, sie fördert es sogar, indem sie für Effi jungenhafte, jugendliche Kleider wählt. Möglicherweise also ist Frau von Briest in ihrem inneren Empfinden Effi durchaus wesensverwandt (vgl. dazu auch Effis Bemerkung: „Von wem hab ich es? Doch nur von dir.", S. 9, Z. 12f.). Während Effi ihre wilden Wesenszüge in Hohen-Cremmen noch ausleben kann, hat Frau von Briest sich längst angepasst und der Verwirklichung ihrer Sehnsüchte entsagt.

Ausgehend von dieser indirekten Charakterisierungsmethode Fontanes kann anhand des Textauszuges (S. 7, Z. 27 – S. 10, Z. 1) die Frage erörtert werden:

> *Mithilfe welcher erzähltechnischen Mittel werden die Figuren (Effi und Frau von Briest) im Einzelnen direkt (Erzählerkommentar) oder indirekt (Dialog, Handlung bzw. Verhalten der Figuren, äußere Merkmale, Vergleich zu anderen Figuren etc.) charakterisiert?*

---

[1] Christian Grawe: Theodor Fontane – Effi Briest – Grundlagen und Gedanken zum Verständnis erzählender Literatur, Frankfurt/Main: Diesterweg 1996, S. 56

Mithilfe eines Tafelbildes lässt sich diese Frage wie folgt beantworten:

Erzähltechnik: Einführung der Figuren „Effi", „Frau von Briest" (S. 7, Z. 27 – S. 10, Z. 1)

Effi wird charakterisiert durch:	**Frau von Briest wird charakterisiert durch:**
• Erzählerkommentar („fleißig" (S. 8, Z. 7), „stürmisch" (S. 9, Z. 26), „Übermut" ... (S. 8, Z. 34f.), „Herzensgüte" (S. 9, Z. 1) ...)	• Erzählerkommentar („fleißig" (S. 8, Z. 7), „schön", „schlank" (S. 9, Z. 3) ...
• Kleidung („kittelartiges Leinwandkleid" (S. 8, Z. 29f.) ...)	
• ihr Verhalten gegenüber der Mutter (umarmt sie (S. 9, Z. 25f.) ...)	• ihr Verhalten gegenüber der Tochter (heimlicher Stolz (S. 8, Z. 24ff.) ...)
• ihr Verhalten im Vergleich zur Mutter (Altarteppich, Gymnastik) (S. 8, Z. 14ff.)	• ihr Verhalten im Vergleich zur Tochter (Altarteppich) (S. 8, Z. 14ff.)
• Aussagen der Mutter („Kunstreiterin", „Tochter der Luft") (S. 9, Z. 9f.)	• Aussagen der Tochter („Von wem habe ich es? Doch nur von dir. [...]") (S. 9, Z. 11ff.)
• eigene Aussagen im Gespräch mit der Mutter („Jungenskittel", „Backfisch" ...) (S. 9, Z. 15ff.)	• eigene Aussagen im Gespräch mit der Tochter („Ich beunruhige mich immer [...]") (S. 9, Z. 27ff.)

direkt: Erzähler
+
indirekt: Vergleich zur Mutter

direkt: Erzähler
+
indirekt: Vergleich zu Effi

↓ ↙

Erzähler (direkt) + Figurenvergleich (indirekt)

Das Resümee des Tafelbildes ist insofern vereinfachend, als Effi und ihre Mutter außer direkt über den Erzählerkommentar und indirekt über einen Vergleich miteinander zudem auch indirekt über ihre (vom Erzähler beschriebenen) Handlungen, ihre Kleidung u. Ä. charakterisiert werden.

Effi wird in der gewählten Textpassage (S. 7, Z. 27 – S. 10, Z. 1) außerdem charakterisiert durch:

- Aussagen Dritter („Kleine", S. 9, Z. 2)
- indirekten Erzählerkommentar (Erzähler wertet den Stolz der Mutter auf Effi als „berechtigt", S. 8, Z. 27ff.)

Analog zu Effi und Frau von Briest können mithilfe geeigneter Textauszüge andere bzw. weitere Romanfiguren exemplarisch charakterisiert werden.

Nimmt man das gesamte erste Kapitel von „Effi Briest" als Textgrundlage, kann dieses mithilfe von **Arbeitsblatt 4**, S. 63 in Gruppen dahingehend untersucht werden, wie die einzelnen Figuren eingeführt werden und welche Funktion ihnen innerhalb der Exposition jeweils zukommt.

■ *Wie werden die Figuren im ersten Romankapitel eingeführt? Welche Funktionen erfüllen Sie innerhalb der Exposition?*

Pro Gruppe können jeweils zwei Figuren (eine bedeutendere und eine weniger wichtige) analysiert werden.
Sieht man von Kantor Jahnke, Oberst Goetze und Wilke, die als handelnde Figuren im weiteren Romanverlauf fast keine Rolle spielen, ab, lassen sich beispielsweise folgende vier Gruppen bilden: Gruppe 1 (Frau von Briest + Bertha Jahnke), Gruppe 2 (Effi + Pastor Niemeyer), Gruppe 3 (Innstetten + Hulda Niemeyer), Gruppe 4 (Herr von Briest + Hertha Jahnke).

Zu den Figuren im Einzelnen:

Frau von Briest

<u>Einführung:</u>
wird vom Erzähler als „Frau des Hauses" (S. 8, Z. 1) und Effis Mutter vorgestellt.

<u>Erste Charakterisierung:</u>
Siehe oben (Ausführungen zum Textauszug, S. 7, Z. 27 – S. 10, Z. 1).

<u>Verhältnis zu Effi:</u>
Siehe oben (Ausführungen zum Textauszug, S. 7, Z. 27 – S. 10, Z. 1)
Ein weiterer Beleg dafür, dass die Mutter sich um Effi sorgt, findet sich auf S. 11, Z. 32ff.: „Mama kann es nicht leiden, wenn die Schlusen so überall umherliegen, und sagt immer, man könne dabei ausgleiten und ein Bein brechen." Effis unbekümmerter Leichtsinn und Frau von Briests ängstliche Vorsicht treffen hier beispielhaft aufeinander.

<u>Darüber hinaus:</u>
Der Leser erfährt, dass Effis Mutter einst selbst von Innstetten umworben wurde, sie sich aber, obwohl sie sich zu ihm hingezogen fühlte, gegen ihn und für den damals gesellschaftlich besser gestellten Briest entschied. Auch in ihrer Jugend gab es also einen Wettstreit zwischen Liebe und sozialer Anerkennung, in dem sie Letztere höher gewichtete (S. 13, Z. 21ff.). Außerdem erfährt man, dass Effis Mutter schön und schlank (S. 9, Z. 3) und achtunddreißig Jahre alt (S. 13, Z. 6) ist.

<u>Funktion innerhalb der Exposition:</u>
Die Mutter wird als Gegenmodell zu Effi eingeführt, als Entsagende, Maßhaltende, sozial perfekt Angepasste. Gleichzeitig dient ihre Figur dazu, ein zentrales Konfliktfeld zu eröffnen. Die erwähnte Jugendliebe zwischen Innstetten und Effis Mutter lässt erahnen, dass Innstetten und Effis Mutter auf einer Wellenlänge liegen. Da Effi und ihre Mutter aber als Gegensätze eingeführt werden, bahnt sich hier bereits ein Konflikt zwischen Effi und Innstetten an. Hinzu kommt, dass durch die Liebschaft von Innstetten und Effis Mutter der Altersunterschied zwischen Effi und Innstetten hervorgehoben und Innstetten so eine eher väterliche, erzieherische Rolle zugeschrieben wird.

Effi

<u>Einführung:</u>
wird vom Erzähler als „Tochter des Hauses" (S. 8, Z. 1) vorgestellt.

Erste Charakterisierung:
Siehe oben (Ausführungen zum Textauszug, S. 7, Z. 27–S. 10, Z. 1).
Mehrfach wird Effis Leichtsinn thematisiert. Ihre Mutter bezeichnet Effi als „Kunstreiterin", „immer am Trapez, immer Tochter der Luft" (S. 9, Z. 9f.). Erneut in Bezug auf die Mutter und in Abgrenzung von ihr verdeutlicht das Gespräch mit Hertha und Hulda über die Stachelbeerschalen Effis Leichtfertigkeit. Während die Mutter vor den Schalen warnt (S. 11, Z. 32ff.), geht Effi leichthin darüber hinweg (S. 11, Z. 37–S. 12, Z. 3), und auch auf Huldas Einwände reagiert sie spöttisch: „du bist doch die geborne alte Jungfer" (S. 12, Z. 6f.). Dadurch, dass sie Huldas Vorsicht mit einer Jungfer (einer unverheirateten und sexuell unberührten Frau) assoziiert, erhält Effis Leichtsinn eine sexuelle Dimension.
Im spielerischen Versenken der Stachelbeerschalen (S. 15, Z. 20–S. 16, Z. 20) paart sich Effis Leichtsinn mit Naivität. Sie nimmt die Gefahren, die auf untreue Ehefrauen lauern, nicht wirklich ernst. Im Gegenteil ist sie von deren Schicksal geradezu fasziniert, was im letzten(!) Satz des Kapitels zum Ausdruck kommt: „Ich nicht. Ich behalte so was." (S. 16, Z. 20). Auch dass Wilke Effi gedanklich einen „Daus" (S. 15, Z. 25) nennt, deutet in diese Richtung.
Ihre Faszination für das Unglück deutet auf eine romantisch-schwärmerische Ader Effis hin, die auch darin zum Ausdruck kommt, dass sie die Jugendliebe zwischen Innstetten und ihrer Mutter in eine „Liebesgeschichte mit Held und Heldin" (S. 11, Z. 11f.) verwandelt. Schließlich wird Effi durch zahlreiche metaphorische Verweise als ein Sonnenkind („Sonnenschein" (S. 7, Z. 3), „Sonnenuhr" (S. 7, Z. 9)) beschrieben, ein Kind von Licht und Luft, das aber auch einen Hang zu den dunklen Seiten der Natur („Schatten" (S. 7, Z. 7), „Kirchhof" (S. 7, Z. 15), „Efeu" (S. 7, Z. 13)), zu sexueller Lust und Freiheit („Teich" (S. 7, Z. 20), „wilder Wein" (S. 8, Z. 3f.)) aufweist. (Zur weiteren metaphorischen Charakterisierung Effis vgl. auch Baustein 4: Schauplätze und Metaphorik.)

Darüber hinaus:
Der Leser lernt Effis wichtigste Bezugspersonen im elterlichen Haus in Hohen-Cremmen kennen. Im Grunde aber zielt fast alles, was der Leser im ersten Kapitel über Effi erfährt, auf deren Charakterisierung ab.

Funktion innerhalb der Exposition:
Effi wird als Hauptfigur des Romans eingeführt. Ihre Charakterisierung (kokette Kindfrau, leichtsinnig, romantisch ...) eröffnet bereits die zentralen Konflikte im Spannungsfeld von menschlich-natürlichem und gesellschaftlichem Bereich innerhalb des Romans und insbesondere innerhalb der sich zwischen Effi und Innstetten anbahnenden Ehe.

Bertha Jahnke

Einführung:
Der Erzähler schildert, wie sie in einer Gruppe von drei jungen Mädchen vom Friedhof aus den Garten betritt. Der gemeinsame Auftritt der Mädchen unterbricht Effis Mutter, die gerade dabei war, ihren Sorgen und Ängsten um Effi Ausdruck zu verleihen (S. 9, Z. 27ff.). Näher beschrieben wird Bertha dann gemeinsam mit ihrer Zwillingsschwester Hertha (S. 10, Z. 11).

Erste Charakterisierung:
Bertha und Hertha werden beschrieben als „kleine, rundliche Persönchen, zu deren krausem, rotblonden Haar ihre Sommersprossen und ihre gute Laune ganz vorzüglich passten" (S. 10, Z. 11ff.).

Verhältnis zu Effi:
Berthas Verhältnis zu Effi wird als freundschaftlich, ungezwungen beschrieben (vgl. S. 14, Z. 1ff.).

Darüber hinaus:
Bertha ist die Tochter von Kantor Jahnke.

Funktion innerhalb der Exposition:
Bertha alleine spielt für die Exposition nur eine geringe Rolle, im Grunde doppelt sie ihre Zwillingsschwester. Hertha und Bertha ergeben zusammen praktisch eine Person (vgl. die nachfolgenden Ausführungen zur Funktion Herthas).
Berthas Fragen im Gespräch mit Effi (S. 14f.) tragen dazu bei, Kessin, Innstetten und das Dreiecksverhältnis Frau von Briest – Innstetten – Herr von Briest zu thematisieren.

Hertha Jahnke

Einführung:
Siehe oben (Bertha).

Erste Charakterisierung:
Siehe oben (Bertha).
Außerdem wird sie als sorglos und naschhaft beschrieben (S. 11, Z. 35f.). Auch erscheint sie ein wenig oberflächlich, leichtfertig, wenn sie auf Effis Beschreibung von Innstetten („gute Figur und sehr männlich") entgegnet: „Das ist die Hauptsache" (S. 11, Z. 15f.).

Verhältnis zu Effi:
Siehe oben (Bertha).
Zu Hertha scheint Effi ein besonders inniges Verhältnis zu haben. Beide halten die Stachelbeerschalen für ungefährlich (S. 11, Z. 35), und Effi neckt Hertha freundschaftlich wegen ihrer Stachelbeergelüste (S. 11ff.). Allerdings erfüllt dieses Necken auch eine projizierende Funktion (siehe unten, Funktion innerhalb der Exposition).

Darüber hinaus:
Siehe oben (Bertha).

Funktion innerhalb der Exposition:
Hertha tritt gemeinsam mit Bertha und Hulda als eine Art Unglücksbotin auf, was bereits dadurch verdeutlicht wird, dass sie in den vom Hufeisen (Glückssymbol) geschützten Garten von Seiten des Friedhofs eindringt.

Die Gefahr für Effis Glück geht jedoch nicht von Hertha – als kindlicher Spielgefährtin – direkt aus, vielmehr repräsentiert sie jene Verspieltheit Effis, die mit der Ehe mit Innstetten unvereinbar ist. Folglich wird der Lock- und Warnruf gegen Ende des zweiten Kapitels auch von ihr kommen (S. 20, Z. 15f.).
Hertha lässt sich dem menschlich-natürlichen Bereich zuordnen und bildet damit gemeinsam mit Hulda ein Gegensatzpaar. Zwischen Hulda und Hertha bewegt sich Effi im Spannungsfeld beider Bereiche.
Effis Sympathien liegen hierbei eindeutig auf Herthas Seite. Indem Effi mit dem Versenken der Stachelbeerschalen Hertha schilt und neckt, projiziert sie ihr eigenes Schuldgefühl auf Hertha (zu einer ähnlichen Schuldprojektion kommt es, als Effi Roswitha wegen Kruse zur Rede stellt, S. 202ff.). Es ist kein Zufall, dass Effi „Schuld" sofort mit „Ehebruch" assoziiert. Herthas sinnliche Essgelüste korrespondieren offensichtlich mit Effis regem Sexualtrieb.
Hertha nimmt so symbolisch Effis Schuld vorweg (so wie das Stachelbeerschalenversenken Effis Schicksal), woran namentlich der Herthasee mit den Opfersteinen erinnert (S. 241f.).

Hulda Niemeyer

Einführung:
Der Erzähler schildert, wie sie in einer Gruppe von drei jungen Mädchen vom Friedhof aus den Garten betritt (S. 9, Z. 27ff.).

Vgl. auch oben (Bertha).
Näher beschrieben wird Hulda dann im Anschluss an die Zwillingsschwestern (S. 10, Z. 19).

<u>Erste Charakterisierung:</u>
Anders als die „jungen Mädchen" (S. 10, Z. 11) Hertha und Bertha wird Hulda vom Erzähler als „junge Dame" (S. 10, Z. 20) bezeichnet: „sie war damenhafter als die beiden anderen, dafür aber langweilig und eingebildet, eine lymphatische Blondine, mit etwas vorspringenden Augen" (S. 10, Z. 21ff.). Im Gegensatz zu den Zwillingen wird Hulda als streng, religiös und tugendhaft geschildert. Effi vergleicht sie indirekt mit der Heiligen Mutter (S. 10, Z. 25 – S. 11, Z. 3).
Im Gegensatz zu Hertha schlägt sich Hulda in Bezug auf die Stachelbeerschalen auf die Seite von Effis Mutter: „Man soll sein Schicksal nicht versuchen; Hochmut kommt vor dem Fall." (S. 12, Z. 4f.) Mit diesen mahnenden Worten wirkt Hulda auf Effi wie eine „Gouvernante" und „alte Jungfer" (S. 12, Z. 6). Ebenfalls im Gegensatz zu Effi bemerkt Hulda zu den Geschichten über untreue Ehefrauen: „Aber so was vergisst man doch wieder" (S. 16, Z. 19f.).

<u>Verhältnis zu Effi:</u>
Hulda gehört zu den drei Kindheitsfreundinnen Effis. Aber das Verhältnis zwischen beiden ist längst nicht so innig wie zwischen Effi und den Zwillingen (insbesondere Hertha). Deutlich wird das an folgender Formulierung: Effi „vermied" es, „einen Unterschied zwischen den drei Freundinnen zu machen" (S. 11, Z. 1ff.). Wenn Effi es vermeiden muss, nach außen einen Unterschied zu machen, ist ein innerer Unterschied bereits da.

<u>Darüber hinaus:</u>
Hulda ist Tochter und einziges Kind (verwöhntes Einzelkind?) von Pastor Niemeyer.

<u>Funktion innerhalb der Exposition:</u>
Hulda nimmt eine Gegenposition zu Hertha ein und verkörpert mit ihrem tugendhaften, mahnenden Verhalten den gesellschaftlichen Bereich.
Siehe auch oben (Hertha).
Mit dem Sprichwort „Hochmut kommt vor dem Fall" (S. 12, Z. 4f.) nimmt Hulda Effis Schicksal vorweg.

Pastor Niemeyer

Pastor Niemeyer spielt im ersten Kapitel kaum eine Rolle, er wird nur knapp und indirekt als Vater von Hulda eingeführt (S. 10, Z. 20). Erst im weiteren Romanverlauf rückt Niemeyer mit Gieshübler und Rummschüttel auf eine Linie, wodurch er im Gegensatz zu seiner Tochter als Vertreter des Menschlich-Natürlichen gekennzeichnet wird.

Innstetten

<u>Einführung:</u>
Innstetten wird indirekt eingeführt: durch das Gespräch über ihn. Effi erzählt ihren Freundinnen, dass ihre Mutter „einen alten Freund aus ihren Mädchentagen" (S. 11, Z. 9f.) zu Besuch erwarte.

<u>Erste Charakterisierung:</u>
Die erste Charakterisierung – ebenfalls durch Effi – fällt durchaus positiv aus, orientiert sich aber an äußeren Werten (Status, Aussehen): „Landrat, gute Figur und sehr männlich" (S. 11, Z. 15). Auf mehrfache Weise indirekt wird er als fleißig und karrieretüchtig beschrieben (S. 14 Z. 14ff.).

<u>Verhältnis zu Effi:</u>
Effi kennt Innstetten so gut wie nicht, hat ihn nur einmal „gesehen" (S. 11, Z. 14). Sie findet ihn zwar attraktiv, sieht in ihm aber zunächst bloß einen ehemaligen, romantischen Verehrer ihrer Mutter.

Darüber hinaus:
Der Leser erfährt, dass Innstetten Baron (S. 13, Z. 3) und ebenso alt wie Effis Mutter ist, also 38 Jahre (S. 13, Z. 5f.); außerdem, dass er Jura studiert hat, im Deutsch-Französischen Krieg gekämpft hat, das Eiserne Kreuz erhielt, Landrat in Kessin ist und sowohl Bismarck als auch der Kaiser „große Stücke" auf ihn halten (S. 14, Z. 12ff.). Darüber hinaus erfährt der Leser auch von der Jugendliebe zu Effis Mutter.
Vgl. auch oben (Frau von Briest).

Funktion innerhalb der Exposition:
Innstetten wird als ehemaliger Freier von Effis Mutter und Karrieremensch eingeführt. Zumindest früher scheint ihm das Menschlich-Natürliche nicht ferngelegen zu haben. Gegenwärtig wird er über Bismarck und den Kaiser – und indirekt auch über die Wesensnähe zu Effis Mutter – jedoch klar dem gesellschaftlichen Bereich zugeordnet. Innstetten wird Effi damit weitgehend entgegengesetzt. Hinzu kommt der Altersunterschied. Effi erscheint Innstettens Welt derart fern, dass sie sich – wie sich im Weiteren zeigen wird – falsche, romantische Vorstellungen davon macht (vgl. in Bezug auf Innstetten: S. 11, Z. 15, in Bezug auf Kessin: S. 14, Z. 23ff.). Der spätere Ehekonflikt ist damit in mehrerlei Hinsicht vorprogrammiert.

Herr von Briest

Einführung:
Herr von Briest wird zunächst als Teil der „Familie von Briest" (S. 7, Z. 3) und dann indirekt über Effi eingeführt, die einen Spruch von ihm zitiert: „Weiber weiblich, Männer männlich" (S. 11, Z. 17f.).

Erste Charakterisierung:
Herr von Briest tritt im ersten Kapitel noch nicht auf. Indirekt wird er als ein Mann von preußischer Tradition angekündigt, der aber einen recht lockeren Umgangston zu pflegen scheint (vgl. Formulierungen: „Weiber weiblich ..." (S. 11, Z. 17f.), „wahren Biereifer", (S. 14, Z. 14)). Auch auf den Besuch von Innstetten reagiert er nicht eifersüchtig, sondern er „neckt" seine Frau bloß (S. 15, Z. 8).
Bereits diese wenigen Bemerkungen deuten an, dass er ein Mann vom „alten Schlag" ist: ein traditionsbewusster, aber gemütlicher, verständnisvoller Menschenfreund.

Verhältnis zu Effi:
Über das Verhältnis zu Effi wird wenig ausgesagt. Effi spricht sehr ungezwungen von ihrem „Papa" (z. B. S. 11, Z. 18), scheint also ein recht inniges Verhältnis zu ihm zu haben.

Darüber hinaus:
Herr von Briest war bereits Ritterschaftsrat, als er Frau von Briest heiratete, und er ist deutlich älter als sie (S. 13, Z. 31ff.).

Funktion innerhalb der Exposition:
Herr von Briests Funktion wird im ersten Kapitel nur angedeutet. Er wird jedoch bereits als Gegenpol zu seiner gestrengen Frau vorbereitet: als lockerer, toleranter und lebenslustiger Familienvater; dem menschlich-natürlichen Bereich zugehörig.

An die so erarbeiteten Figurencharakterisierungen bzw. Konfigurationen lassen sich verschiedene produktionsorientierte Aufträge anschließen. Diese Aufträge können über das erste Kapitel hinaus eine allgemeine Charakterisierung der Figuren bzw. ihrer Beziehungen einfordern. Entsprechend können sie zum Abschluss der Texterschließung gestellt werden, nachdem der Roman bereits umfassend analytisch behandelt wurde. Die bei der Romaninterpretation theoretisch entwickelten Erkenntnisse können so zum Ausklang der Unterrichtseinheit praktisch angewandt werden.

Baustein 3: Figuren

Denkbar ist folgende Aufgabenstellung:

■ *Versetzen Sie sich in die Rolle einer der (oben aufgeführten) Romanfiguren. Verfassen Sie eine kurze Rollenbiografie, in der Sie – aus der Perspektive der Figur – Ihren bisherigen Lebenslauf kurz wiedergeben und beschreiben, was Ihr Leben bestimmt, was Ihnen wichtig ist, in welchem Verhältnis Sie zu den anderen Figuren des Romans stehen etc.*

Anschließend können die Rollenbiografien als Grundlage eines Frage-Antwort-Spiels dienen:

■ *Stellen Sie Ihre jeweilige Figur kurz vor und beantworten Sie dann die Fragen Ihrer Mitschüler und Mitschülerinnen zu Ihrer Rolle (Charaktereigenschaften, Vorlieben ...).*

Möglich ist auch, die Schülerinnen und Schüler in Gruppen Rollenspiele entwerfen bzw. Dialoge verfassen zu lassen, in denen mehrere Romanfiguren miteinander interagieren. Denkbar sind beispielsweise folgende Szenarien:

■ *Setzen Sie folgendes Szenario mit verteilten Rollen in einem szenischen Spiel um: Innstetten erfährt, dass Effi im Sterben liegt, und sucht sie noch ein letztes Mal auf. Es kommt zu einem Gespräch zwischen den beiden, in dem sie erörtern, woran ihre Ehe scheiterte und ob bzw. wie sie das hätten verhindern können.*

■ *Setzen Sie folgendes Szenario mit verteilten Rollen in einem szenischen Spiel um: Anders als im Roman kommt es nach Effis Tod zu einer Begräbnisfeier, auf der sich die wichtigsten Figuren noch einmal begegnen. Sie unterhalten sich in Gruppen- oder Zweiergesprächen über ihre eigene Rolle in der Geschichte bzw. über Effi, Innstetten, etc. Auch die Frage der Schuld kann in diesem Zusammenhang thematisiert werden.*

■ *Setzen Sie folgendes Szenario mit verteilten Rollen in einem szenischen Spiel um: Jahre nach Effis Tod – Annie ist mittlerweile erwachsen – beginnt sich diese für das Schicksal ihrer Mutter zu interessieren. Sie macht sich auf den Weg zu den noch lebenden Personen und befragt diese nacheinander zum Geschehen und den daran beteiligten Personen. Was für ein Mensch war ihre Mutter, wie war ihr Vater damals, wer war Crampas ...?*

Alternativ zur szenischen Darstellung können die Dialoge von den Schülerinnen und Schülern schriftlich festgehalten und anschließend – mit verteilten Rollen – vorgelesen werden.

Eine weitere Möglichkeit, die Schülerinnen und Schüler zur Textproduktion aufzufordern, besteht in folgender Aufgabenstellung:

■ *Schlüpfen Sie in die Rolle einer Romanfigur und schreiben Sie einer anderen Romanfigur einen Brief, in dem Sie ein persönliches Fazit des Romangeschehens ziehen und (aus der Sicht ihrer Figur) die Rollen erörtern, die Absender und Adressat des Briefes darin gespielt haben.*

Für die Beziehung zwischen Effi und Innstetten lässt sich die Aufgabe wie folgt konkretisieren:

■ *Versetzen Sie sich in die Lage Effis und schreiben Sie von ihrem Sterbebett aus einen Brief an Innstetten, in dem Sie ein Fazit der Geschehnisse ziehen und die Rolle, die Effi und Innstetten darin gespielt haben, aus Effis Sicht erörtern.*

(Warum scheiterte die Ehe? Was unterschied Effi von Innstetten? Wie konnte es zum Ehebruch kommen? War Innstettens Reaktion gerechtfertigt? Wer hat welche Fehler begangen? Wer trägt die Schuld am Unglück? Wie hätte es verhindert werden können? ...)
Achten Sie insbesondere darauf, dass im Brief auf die Charaktereigenschaften Effis und Innstettens eingegangen wird.

Unter **Zusatzmaterial 4**, S. 130 ist eine Auswahl entsprechender Schülertexte, die in Anlehnung an Christine Brückners „Ungehaltene Reden ungehaltener Frauen" (**Zusatzmaterial 3**, S. 125) entstanden sind, abgedruckt.

Diese an Innstetten gerichteten Briefe können ihrerseits als Vorlage für einen – von den Schülerinnen und Schülern verfassten – Antwortbrief Innstettens dienen, in dem er seine Sicht der Dinge darlegt.

3.3 Die Figuren im Spannungsfeld von Natur und Gesellschaft

Das Spannungsfeld von Natur und Gesellschaft, in dem sich die Figuren des Romans bewegen, kann am Beispiel von Effi mithilfe der beiden folgenden Romanauszüge veranschaulicht werden:

- Textauszug 1: Erstes Kapitel, S. 8, Z. 6 – S. 9, Z. 4
- Textauszug 2: Viertes Kapitel, S. 36, Z. 8 – S. 37, Z. 3

> ■ *Walter Müller-Seidel ordnet die Figuren in „Effi Briest" wahlweise dem „menschlich-natürlichen" oder dem „gesellschaftlichen" Bereich zu.*
> *Weisen Sie anhand der beiden Textauszüge (S. 8, Z. 6 – S. 9, Z. 4 und S. 36, Z. 8 – S. 37, Z. 3) sowohl „menschlich-natürliche" als auch „gesellschaftliche" Züge in Effis Verhalten bzw. Charakter nach.*
> *Entscheiden Sie anschließend – auf der Basis der Textauszüge –, welchem der beiden Bereiche Sie Effi insgesamt eher zurechnen würden. Begründen Sie Ihre Wahl.*

Im ersten Textauszug (S. 8, Z. 6 – S. 9, Z. 4) entzieht sich Effi (im Gegensatz zu ihrer Mutter) der religiös-gesellschaftskonformen Tätigkeit (Sticken des Altarteppichs) und übt stattdessen eine körperliche Tätigkeit aus. Ihr kittelartiges Kleid ist nicht das Kleid einer Dame, sondern eher das eines Mädchens, was dazu passt, dass sie „Kleine" (S. 9, Z. 2) genannt wird. Effi scheint als verspieltes Kind dem „menschlich-natürlichen" Bereich zuzurechnen. Allerdings entzieht sie sich der gesellschaftlichen Tätigkeit nicht grundsätzlich, sondern ist anfangs durchaus „fleißig bei der Arbeit" (S. 8, Z. 7).

Im zweiten Textauszug (S. 36, Z. 8 – S. 37, Z. 3) kommen Effis gesellschaftliche Züge deutlicher zum Vorschein. Zunächst negiert sie zwar auch hier eine gesellschaftliche Norm, indem sie sich gegen eine „Musterehe" (S. 36, Z. 10) ausspricht. Und an erster Stelle kommen für sie „Zärtlichkeit und Liebe" (S. 36, Z. 14), also „menschlich-natürliche" Werte. Dann aber „gleich hinterher" (S. 36, Z. 26) zählen für sie „Reichtum" (S. 36, Z. 17), „ein vornehmes Haus" (S. 36, Z. 17f.) sowie „Glanz und Ehre" (S. 36, Z. 26). Effis Streben scheint sich sehr wohl an gesellschaftlichen Zielen zu orientieren. Sie möchte einen möglichst hohen sozialen Status erlangen. Effi ist also keineswegs frei von gesellschaftlichen Ansprüchen.

Dennoch ist ihr gesellschaftliches Streben nicht mit dem ihrer Mutter oder Innstettens vergleichbar. Effi verfolgt keine konkreten Ziele. Sie denkt nicht pragmatisch, sondern schwärmerisch, träumerisch. Sie fantasiert sich in die Nähe des Kaisers, seiner Mittelloge (S. 36, Z. 20ff.), sodass ihre Zukunftsvorstellung weniger wie ein kalkulierter Karriereplan erscheint, denn wie der naive Prinzessinnentraum eines kleinen Mädchens.

Effis Vorstellung von „Ehre" (einem der zentralen Begriffe des Romans; vgl. dazu auch Baustein 5, 5.3) unterscheidet sich grundlegend vom Ehrbegriff, der Innstetten später zum Duell mit Crampas zwingen wird. Während „Ehre" für Innstetten ein substanzieller, gesellschaftlicher Normbegriff ist, denkt Effi bei „Ehre" ausschließlich an ein oberflächliches Erscheinungsbild. Sie imaginiert sich als Prinzessin, hat die gesellschaftlichen Werte und Moralmaßstäbe, die diesem Bild zugrunde liegen, aber nicht verinnerlicht.

Was sie sich erhofft, ist vor allem „Zerstreuung" (S. 36, Z. 27). Ihre gesellschaftlichen Ziele entspringen also weniger ihrer gesellschaftlichen Natur als ihrer kindlichen Abenteuerlust. Gegen Ende des Textauszuges wird Effi schließlich wieder vollständig vom „menschlich-natürlichen Bereich" bestimmt: Beim Gedanken an das unbeschwerte Glück ihrer Kindheit, das sie durch die Hochzeit mit Innstetten (und den damit verbundenen Eintritt in die Gesellschaft) zu verlieren fürchtet, wirft sie sich ihrer Mutter weinend vor die Füße (S. 36, Z. 31 – S. 37, Z. 3).

Insgesamt kann Effi anhand der beiden Textauszüge dem „menschlich-natürlichen" Bereich zugeordnet werden.

In einem Tafelbild lässt sich das wie folgt darstellen:

Charakterisierung Effis

Menschlich-Natürliches	Gesellschaftliches
• Gymnastik (S. 8, Z. 15ff.)	• Sticken/ Altarteppich (S. 8, Z. 6ff.)
• Kittelkleid (S. 8, Z. 29ff.)	• Reichtum (S. 36, Z. 17)
• „Kleine" (S. 9, Z. 2)	• „vornehmes Haus" (S. 36, Z. 17f.)
• keine „Musterehe" (S. 36, Z. 10)	• Glanz, Ehre (S. 36, Z. 26)
• Zärtlichkeit, Liebe (S. 36, Z. 14)	• Kaiser/Mittelloge (S. 36, Z. 20ff.)
• weint (S. 36, Z. 31 – S. 37, Z. 3)	
• Zerstreuung (S. 36, Z. 27)	• Zerstreuung (S. 36, Z. 27)
↓	↓
emotional, naiv, verspielt (Realität)	Prinzessinnenträume (Fantasie)

↓

Menschlich-Natürliches dominiert

Über die beiden Textauszüge hinaus können die Schülerinnen und Schüler aufgefordert werden, weitere Textstellen im Roman ausfindig zu machen, die entweder Effis „menschlich-natürliche" Seiten, ihre „gesellschaftlichen" Züge oder beides veranschaulichen.

Die Textstellensuche kann auch auf einzelne oder mehrere Kapitel (z. B. 1. bis 3. Kapitel) begrenzt werden.

Ein markanter Beleg für Effis kindliche Natürlichkeit erfolgt unmittelbar im Anschluss an den ersten Textauszug (S. 8, Z. 6–S. 9, Z. 4) mit den Stichworten „Jungenskittel" (S. 9, Z. 15) und „Backfisch" (S. 9, Z. 17). Vgl. dazu auch: 3.2 „Die Exposition".

Ein ausdrücklicher Hinweis auf Effis gesellschaftliche (Prinzessinnen-)Ambitionen, ihren „wahre[n] Charakter" (S. 26, Z. 28) findet sich gegen Ende des dritten Kapitels: „Nur das Eleganteste gefiel ihr [...]" (S. 26, Z. 29ff.).

Analog zu Effi können auch die anderen Romanfiguren auf ihre „menschlich-natürlichen" bzw. „gesellschaftlichen" Züge hin untersucht werden. Geeignete Textstellen lassen sich den nachfolgenden Tabellen entnehmen.

Der Gegensatz der beiden Bereiche „Menschlich-Natürliches" und „Gesellschaft" entspricht prinzipiell dem Gegensatz von Natur und Kultur. Wie bereits erwähnt, lassen sich die menschlichen Figuren des Romans keinem der beiden Bereiche zu 100 Prozent zuordnen (der Hund Rollo gehört als „Kreatur" ganz dem natürlichen Bereich an). Dennoch kann eine tendenzielle Zuordnung erfolgen:

> ■ *Erstellen Sie eine Tabelle, in der Sie möglichst viele Romanfiguren entweder dem Bereich „Natürlichkeit" bzw. „Menschlichkeit" oder dem Bereich „Gesellschaft" zuordnen. Da fast alle Figuren im Roman „Effi Briest" sowohl „menschlich-natürliche" als auch „gesellschaftliche" Züge tragen, ordnen Sie die Figuren dem Bereich zu, der ihr Wesen bzw. ihr Verhalten tendenziell stärker bestimmt.*

Die Tabelle kann sowohl in Einzel- als auch in Gruppenarbeit erstellt werden. So oder ähnlich sollte sie aussehen:

Natürlichkeit/Menschlichkeit	Gesellschaft
Effi	Innstetten
Crampas	Wüllersdorf
Herr von Briest	Frau von Briest
Roswitha	Johanna
Gieshübler	Annie
Pastor Niemeyer	Bismarck
Dr. Rummschüttel	
Vetter Briest	
Rollo	

Die Zuordnung ist bei Crampas und Annie nicht eindeutig. Für Vetter Briest, der eine Art Crampas in jungen Jahren darstellt, gilt Entsprechendes.

> ■ *Begründen Sie Ihre Einträge in die Tabelle.*

Die Schülerinnen und Schüler sollen möglichst anhand des Textes (Aussagen des Erzählers über die Figuren, Aussagen anderer Figuren über sie oder Aussagen der Figuren selbst) ihre

Tabelleneinträge rechtfertigen. Für die obere Tabelle ließe sich das als Plakat oder (für jeweils ein bis zwei Figuren) als Tafelbild oder Folie wie folgt realisieren:

Menschlich-natürliche Figuren	Begründung (wenn möglich mit der Textstelle)
Effi	„In allem, was sie tat, paarte sich Übermut und Grazie, während ihre lachenden braunen Augen eine große, natürliche Klugheit und viel Lebenslust und Herzensgüte verrieten." (S. 8, Z. 33 – S. 9, Z. 1) Effi: „Ich bin [...] für Zärtlichkeit und Liebe." (S. 36, Z. 13f.)
Crampas	Liebt das Abenteuer mehr als die Gesetze der Gesellschaft. Crampas: „Muss denn alles so furchtbar gesetzlich sein? Alle Gesetzlichkeiten sind langweilig." (S. 148, Z. 26f.)
Herr von Briest	Ein gütiger Vater alten Schlages: „[...] ein wohlkonservierter Fünfziger von ausgesprochener Bonhomie [...]." (S. 20, Z. 5f.) Herr von Briest: „Eins geht vor. [...] Liebe der Eltern zu ihren Kindern. [...] Ach, Luise [...] komme mir nicht mit ‚Gesellschaft'." (S. 316, Z. 8 – 15)
Roswitha	Bleibt Effi treu. „Roswitha hatte das poetische Departement, die Märchen- und Geschichtenerzählung [...]" (S. 259, Z. 34f.) Roswitha: „Nein, Johanna, unser gnäd'ger Herr, der soll auch leben, alles soll leben. Ich bin nicht fürs Totschießen [...]" (S. 281, Z. 29f.)
Gieshübler	Effi: „Es klingt etwas komisch, aber er ist wirklich der Einzige, mit dem sich ein Wort reden lässt, der einzige richtige Mensch hier." (S. 79, Z. 19–21)
Pastor Niemeyer	Effi: „Und ich liebe auch den alten Niemeyer. [...] Ich liebe alle, die's gut mit mir meinen [...]" (S. 38, Z. 23 – 25) Effi: „Und das hat mir der alte Niemeyer [...] mal gesagt: Auf ein richtiges Gefühl, darauf käme es an [...]" (S. 251, Z. 1 – 4)
Dr. Rummschüttel	Rät Effis Eltern, Effi wieder in Hohen-Cremmen aufzunehmen. Effi: „Rummschüttel hat sich bewährt, ein feiner, liebenswürdiger, alter Herr [...]" (S. 232, Z. 38 – 39) Rummschüttel: „Dienertreue ist schön, aber Elternliebe ist besser" (S. 315, Z. 11)
Vetter Briest	„Vetter Briest vom Alexander-Regiment, ein ungemein ausgelassener, junger Leutnant [...]" (S. 25, Z. 8 – 9)
Rollo	Frau von Briest: „Sieh, Briest, Rollo liegt wieder vor dem Stein. Es ist ihm doch noch tiefer gegangen als uns. [...]" (S. 336, Z. 34 – S. 337, Z. 1) Herr von Briest: „Ja, Luise, die Kreatur. Das ist ja, was ich immer sage. Es ist nicht so viel mit uns, wie wir glauben. Da reden wir immer von Instinkt. Am Ende ist es doch das Beste." (S. 337, Z. 3 – 5)
Von der Gesellschaft bestimmte Figuren	
Innstetten	Effi: „Wir sprachen da von Innstetten, und mit einem Male zog der alte Niemeyer seine Stirn in Falten, aber in Respekts- und Bewunderungsfalten, und sagte: ‚Ja, der Baron! Das ist ein Mann von Charakter, ein Mann von Prinzipien.' [...] „Und ich glaube, Niemeyer sagte nachher sogar, er sei auch ein Mann von Grundsätzen. Und das ist, glaub ich, noch etwas mehr." (S. 39, Z. 15 – 23)
Wüllersdorf	Hat zwar Einwände gegen das Duell mit Crampas, lässt sich letztlich aber von Innstettens Argumentation überzeugen. Wüllersdorf: „Die Welt ist einmal, wie sie ist, und die Dinge verlaufen nicht, wie wir wollen, sondern wie die andern wollen. [...] unser Ehrenkultus ist ein Götzendienst, aber wir müssen uns ihm unterwerfen, solange der Götze gilt." (S. 271, Z. 24 – 30)

Von der Gesellschaft bestimmte Figuren	
Frau von Briest	Sie ist diejenige, die nach dem Auffinden der Briefe darauf drängt, den Kontakt mit Effi abzubrechen. Frau von Briest in einem Brief an Effi: „[...] das elterliche Haus wird dir verschlossen sein; wir können dir keinen stillen Platz in Hohen-Cremmen anbieten, keine Zuflucht in unserem Hause, denn es hieße das, dies Haus von aller Welt abschließen, und das zu tun, sind wir entschieden nicht geneigt. [...]" (S. 291, Z. 29 – 33) Frau von Briest: „[...] man lebt doch nicht bloß in der Welt, um schwach und zärtlich zu sein und alles mit Nachsicht zu behandeln, was gegen Gesetz und Gebot ist [...]." (S. 316, Z. 2 – 5) Frau von Briest: „Es ist sehr schwer, sich ohne Gesellschaft zu behelfen." (S. 316, Z. 16)
Johanna	Sie bewundert Innstetten nicht zuletzt für seine Grundsätze, was sich beispielhaft an ihrer Reaktion nach dem Auffinden der Briefe zeigt. „[...] ohne dass es ihr an gutem Herzen und selbst an Teilnahme mit der Frau gefehlt hätte, beschäftigte sie doch, über jedes andere hinaus, der Triumph einer gewissen Intimitätsstellung zum gnädigen Herrn." (S. 280, Z. 15 – 18) Johanna: „[...] und wenn der gnäd'ge Herr nichts getan hätte, dann hätten ihn die vornehmen Leute ‚geschnitten'." (S. 283, Z. 13 – 15) „Roswitha hatte das poetische Departement [...], Johanna dagegen das des Anstands [...]." (S. 259, Z. 34 – 36)
Annie	Gerät nach der Scheidung in den Einflussbereich Johannas und Innstettens. Effi: „Und nun schickt er mir das Kind, weil er einer Ministerin nichts abschlagen kann, und ehe er mir das Kind schickt, richtet er's ab wie einen Papagei und bringt ihm die Phrase bei ‚wenn ich darf'." (S. 314, Z. 1 – 4)
Bismarck	Tritt nicht selbst auf, repräsentiert als Innstettens Dienstherr aber Preußentum, Staat und Gesellschaft.

Alternativ zu einer Tabelle lassen sich die Figuren mithilfe von **Arbeitsblatt 5**, S. 64 etwas differenzierter in das Spannungsfeld von Gesellschaft und Natur einordnen (wahlweise in Gruppen- oder Einzelarbeit). Zusätzlich können die Figuren hier den drei wichtigsten Handlungsorten des Romans (Hohen-Cremmen, Kessin, Berlin) zugeordnet werden:

> ■ *Tragen Sie möglichst viele Romanfiguren in Arbeitsblatt 5 an der Stelle ein, die der Charakterisierung der jeweiligen Figur im Roman „Effi Briest" am ehesten entspricht. Mit der Auswahl einer Ellipse bewerten Sie, inwieweit die Bereiche „Natürlichkeit" bzw. „Menschlichkeit" einerseits oder „Gesellschaft" andererseits Charakter und Verhalten einer Figur bestimmen. (Eine Figur kann nicht mehreren Ellipsen zugeordnet werden.)*
> *Mit der Auswahl eines Ellipsenabschnittes ordnen Sie die Figur dem Handlungsort zu, an dem sie innerhalb des Romans „zu Hause" ist (Mehrfacheinträge sind möglich: eine Figur kann mehreren Ellipsenabschnitten zugeordnet werden.)*

Anstatt die Schülerinnen und Schüler die Romanfiguren selbst auswählen zu lassen, kann Ihnen auch eine Liste relevanter Figuren (siehe Tabelleneinträge) angeboten werden, die sie dann in Arbeitsblatt 5 übertragen sollen.

Denkbar sind folgende Einträge:

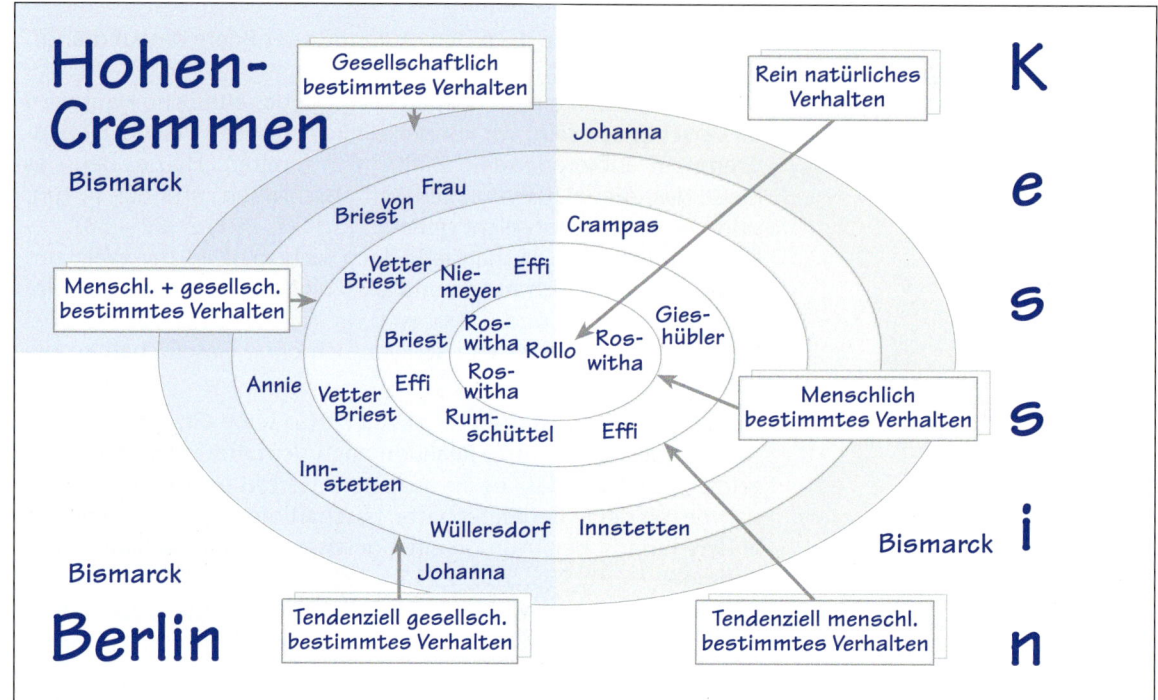

Zentrum: Rollo
Innerste Ellipse: Roswitha (in allen drei Ortsabschnitten)
Zweite Ellipse von innen: Effi (in allen drei Ortsabschnitten), Herr von Briest (Hohen-Cremmen), Gieshübler (Kessin), Pastor Niemeyer (Hohen-Cremmen), Dr. Rummschüttel (Berlin)
Dritte Ellipse von innen: Crampas (Kessin), Vetter Briest (Hohen-Cremmen, Berlin)
Vierte Ellipse von innen: Innstetten (Kessin, Berlin), Wüllersdorf (Berlin), Frau von Briest (Hohen-Cremmen), Annie (Berlin)
Äußerste Ellipse: Johanna (Kessin, Berlin)
Äußerer Blattrand, jenseits der Ellipsen: Bismarck

 ■ *Begründen Sie Ihre Einträge.*

Die Begründungen für die Einträge ergeben sich weitgehend aus den bisherigen Darlegungen. Erneut ist nicht jeder Eintrag eindeutig.
Denkbar wäre etwa, Frau von Briest auf der äußersten Ellipse anzusiedeln. Für sie wurde hier die vierte Ellipse gewählt, weil sie letztlich dem Drängen ihres Mannes nachgibt und als Mutter ihre Tochter nach Hause holt.
Diskutabel ist auch die Zuordnung Innstettens, der hier aufgrund seiner inneren Zweifel, seines Haderns und seiner Klage über das verlorene Glück (vgl. Kapitel 35, S. 324ff.) auf der vierten statt auf der äußersten Ellipse angeordnet wurde. Das hat zudem den Vorteil, dass auf diese Weise die Spiegelstellung der beiden Dienerinnen Johanna (als Einzige auf der äußeren Ellipse) und Roswitha (als Einzige auf der inneren Ellipse) deutlicher wird.
Johanna wurde auf der äußeren Ellipse angesiedelt, da sie ihr eigenes Glück nahezu ausschließlich von ihrer Anstellung und damit indirekt von der gesellschaftlichen Stellung ihres Herrn abhängig macht.
Annie wurde ausschließlich Berlin zugeordnet, da sie als Kleinkind in Kessin noch im Zentrum anzusiedeln wäre. Allerdings spielt sie in Kessin als eigenständige Figur kaum eine Rolle.
Bei der abschließenden Besprechung kann darauf hingewiesen werden, dass Figuren derselben Ellipse sich an den unterschiedlichen Orten mitunter gegenseitig „vertreten". So erfüllen Gieshübler, Pastor Niemeyer und Dr. Rummschüttel an je verschiedenen Orten eine ähnliche Rolle (im Verhältnis Natur vs. Gesellschaft). Mit Abstrichen gilt das auch für Crampas und Vetter Briest.

Einführung der Figuren im ersten Kapitel

Figuren	Von wem werden die Figuren eingeführt?	Wie werden die Figuren charakterisiert?	Wie wird ihr Verhältnis zu Effi beschrieben?	Was wird darüber hinaus über sie mitgeteilt?	Welche Funktion erfüllen sie innerhalb der Exposition?

AB 4

BS 3

Figuren zwischen natürlichem und gesellschaftlichem Verhalten

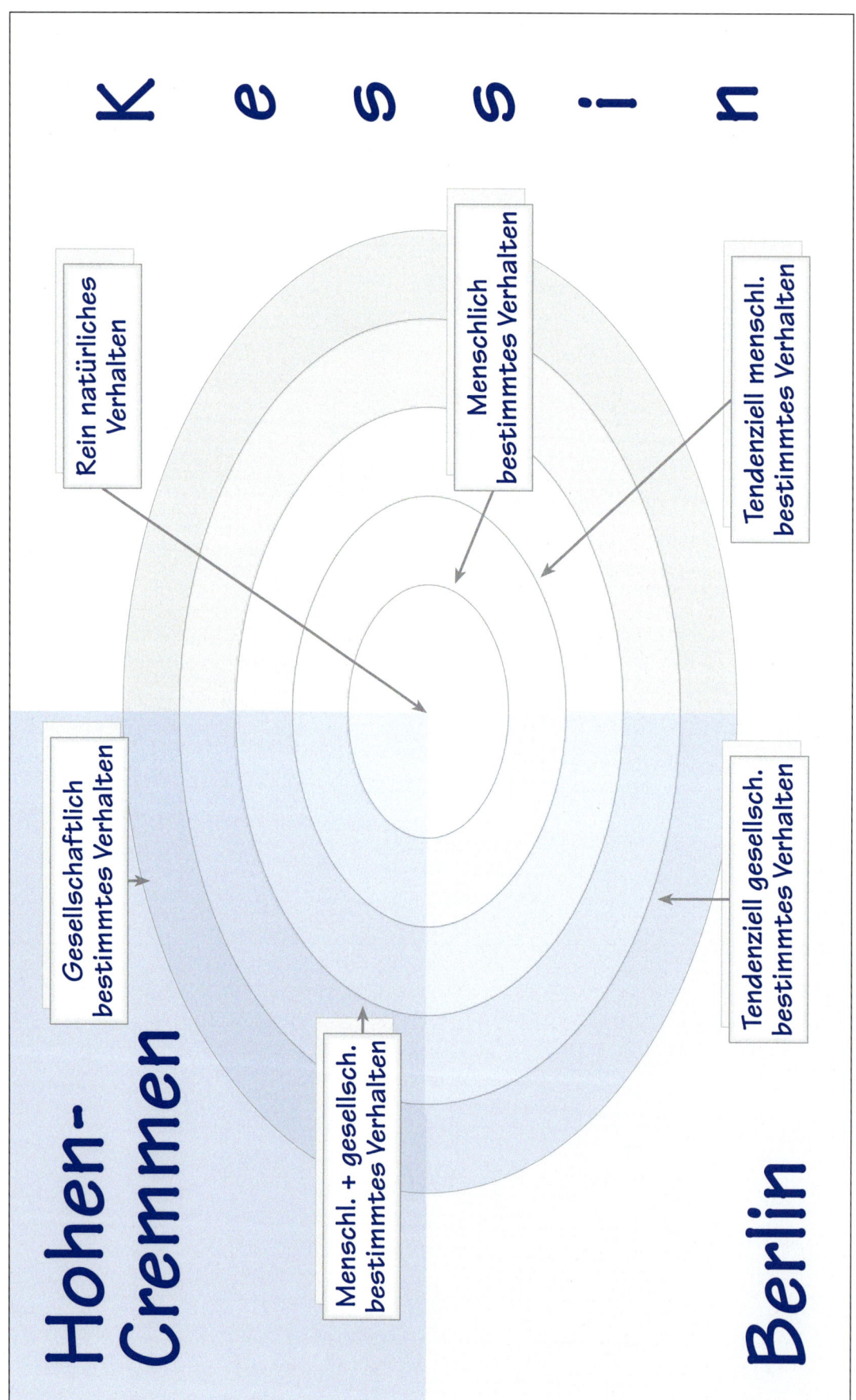

- *Tragen Sie möglichst viele Romanfiguren an der Stelle ein, die ihrer jeweiligen Charakterisierung im Roman am ehesten entspricht. Mit der Auswahl einer Ellipse bewerten Sie, inwieweit die Bereiche „Natürlichkeit/Menschlichkeit" oder „Gesellschaft" Charakter und Verhalten einer Figur bestimmen. (Eine Figur kann nicht mehreren Ellipsen zugeordnet werden.) Mit der Auswahl eines Ellipsenabschnittes ordnen Sie die Figur dem Handlungsort zu, an dem sie im Roman „zu Hause" ist. (Eine Figur kann mehreren Abschnitten zugeordnet werden.)*

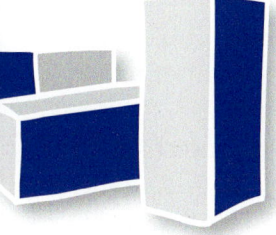

Baustein 4

Metaphorik

Von Beginn an knüpft Fontanes Roman ein dichtes Netz symbolischer, metaphorischer Verweise. Aus diesem Netz lassen sich verschiedene Metaphernfelder isoliert betrachten, die sich letztlich zu einer kunstvollen Gesamtmetaphorik ergänzen und wechselseitig überlagern. Zentral ist das Spannungsfeld von christlicher und heidnischer Metaphorik, das christliche Wertvorstellungen (Verzeihen) mit heidnischen Sühne-Opfer-Bräuchen kontrastiert. Die Sühne-Opfer-Metaphorik durchzieht den gesamten Roman (z. B. Versenken der Stachelbeerschalen, Opfersteine am Herthasee). Die in der preußischen Gesellschaft praktizierte „christliche" Religion ordnet sich mit dem Ehrenkultus (Rache) heidnischen Bräuchen unter und entfernt sich so vom humanistischen Gedanken (Vergebung) des ursprünglichen Christentums.

Wesentlich sind auch die Hell-dunkel-Metaphporik und die Oben-unten-Metaphorik, in denen Licht und Schatten, Leichtigkeit und Schwere, Jenseits und Diesseits, Glück und Unglück einander gegenübergestellt werden. Das Streben nach oben wird kontrastiert mit Sinnbildern des Versenkens und des sinnlich-sexuellen Versinkens (z. B.: Schloon).

Von grundlegender Bedeutung ist zudem das metaphorische Feld, das sich zwischen den Polen (ursprünglicher, kindlicher) Natur und (gewachsener, erwachsener) Kultur bzw. Gesellschaft erstreckt. Ein Gegensatz, der für das Verständnis der Romanfiguren von herausragender Bedeutung ist (vgl. dazu Baustein 3). Teil dieser Metaphorik sind z. B. die Begriffspaare „Jungenskittel" und „Staatskleider", auch Garten und Salon des Herrenhauses in Hohen-Cremmen bewegen sich in diesem Verweisfeld.

Im Weiteren wird zunächst die richtungsweisende Metaphorik innerhalb des ersten Kapitels im Einzelnen untersucht.
Anschließend wird der Chinesenspuk als ein zentrales Element der Gesamtmetaphorik näher beleuchtet.
Der Baustein schließt mit einer kurzen, schlaglichtartigen Beleuchtung der Heliotrop-Symbolik.

Ansätze zu einer psychoanalytischen, an Freud orientierten Deutung der Metaphorik des Romans finden sich in dem als **Zusatzmaterial 7**, S. 134 abgedruckten Textauszug aus Susanne Meyers „Literarische Schwestern".

4.1 Metaphorik und Symbolik im ersten Kapitel

In Gruppen werden die Schülerinnen und Schüler aufgefordert, möglichst viele Symbole zu sammeln:

> ■ *Tragen Sie aus dem ersten Kapitel all diejenigen Gegenstände, Beschreibungen und Handlungen stichwortartig(!) zusammen, die Ihrer Meinung nach eine symbolische, sinnbildliche Bedeutung haben könnten.*

Baustein 4: Metaphorik

 Folgende Sinnbilder können hier u. a. genannt werden:
Herrenhaus (S. 7, Z. 2), Sonne-Schatten (S. 7, Z. 4ff.), Straße-Park/Garten (S. 7, Z. 4ff.), Sonnenuhr (S. 7, Z. 9), Rhabarberstauden (S. 7, Z. 10), Efeu (S. 7, Z. 13), Kirchhofmauer (+Eisentür) (S. 7, Z. 14f.), Hufeisen (S. 7, Z. 18ff.), Teich (S. 7, Z. 20f.), Boot (S. 7, Z. 21), Schaukel (S. 7, Z. 18ff.), Platanen (S. 7, Z. 26), wilder Wein (S. 8, Z. 3f.), Altarteppich (S. 8, Z. 6ff.), Heilgymnastik (S. 8, Z. 17), Leinwandkleid (Hänger, Jungenskittel) (S. 8, Z. 29ff., S. 9, Z. 15), „Tochter der Luft" (S. 9, Z. 10), Oberst Goetzes Schoß (S. 9, Z. 15ff.), „Staatskleider" (S. 9, Z. 22), Erscheinen der drei Mädchen (S. 9, Z. 30ff.), „junge Dame" (S. 10, Z. 20), Stachelbeeren (S. 11, Z. 26ff. + Z. 31 ff.), Kreuz-Bismarck-Kaiser (S. 14, Z. 17ff.), Versenken der Stachelbeerschalen (S. 15, Z. 20ff.).

 Wählen Sie die Ihrer Ansicht nach bedeutendsten Sinnbilder aus und erläutern Sie, wofür sie stehen könnten.

 Mithilfe von **Arbeitsblatt 6**, S. 83 können sich die Schülerinnen und Schüler dem jeweiligen Symbolgehalt schrittweise annähern.
Die ausgewählten Sinnbilder lassen sich durch simples Ankreuzen einem oder mehreren der vorgegebenen sinnbildlichen Bereiche zuordnen. Alternativ kann die Zuordnung in den entsprechenden Feldern der Tabelle auch stichwortartig begründet werden.

Die oben genannten Sinnbilder aus Kapitel 1 lassen sich den in der Tabelle aufgeführten Bereichen folgendermaßen zuordnen:

- **Herrenhaus** (vgl. Baustein 1, 1.3)
  Preußische Gesellschaft
- **Sonne-Schatten** (vgl. Baustein 1, 1.3)
  Glück-Unglück. Teil der Hell-Dunkel Metaphorik
- **Straße-Park/Garten** (vgl. Baustein 1, 1.3)
  Straße: Gesellschaft. Park/Garten: Natürlichkeit, Glück, Gesellschaft. Im Park/Garten kreuzen sich Natur und Gesellschaft. Die Symbolik ist Teil der Kultur-Natur Metaphorik. Der Garten ist darüber hinaus auch ein Symbol für die menschliche Sexualität.
- **Sonnenuhr** (vgl. Baustein 1)
  Eine Sonnenuhr zählt nur die Sonnenstunden: Glück, Kindheit.
- **Rhabarberstauden**
  Effi vergleicht ihre Blätter im 2. Kapitel mit Feigenblättern (S. 18, Z. 17f.), dadurch erhalten sie eine sexuelle Konnotation. Gleichzeitig wird das Bild von Adam und Eva im Paradies sowie das Motiv des Sündenfalls aufgerufen. Die Rhabarberstauden nehmen damit bereits symbolisch Effis Vertreibung aus dem „Paradies ihrer Kindheit" vorweg. Sie repräsentieren also sowohl Glück als auch Unglück, Sexualität und den christlichen Bereich.
- **Efeu**
  Als Schlingpflanze ist Efeu prädestiniert dafür, die Verquickung von Sexualität, Tod und Gefahr zu symbolisieren; die Todessymbolik wird dadurch unterstrichen, dass der Efeu die Kirchhofmauer umrankt; die Bemerkung von Herrn von Briest in Bezug auf die anstehende Heirat zwischen Effi und Innstetten in Kapitel 3 betont die sexuelle Symbolik (S. 21, Z. 20ff.). Effis Ehe steht in diesem Symbolfeld von Beginn an unter keinem günstigen Stern. Der Efeu symbolisiert demnach: Sexualität, Tod, Gefahr. Bemerkenswert ist, dass die Gefahr durch den Verweis auf die Heirat nicht alleine von der Sexualität ausgeht, sondern ebenso von der Ehe. Die Gefahr entsteht demnach aus dem Spannungsverhältnis von Sexualität und Gesellschaft.
- **Kirchhofmauer/Eisentür** (vgl. Baustein 1, 1.4)
  Die Mauer ist Teil des hufeisenförmigen Schutzwalls, gleichzeitig aber wird der Schutz-

raum durch die Eisentür in Richtung Friedhof durchbrochen. Als Kultursymbole versinnbildlichen Tür und Mauer daher auch das Eindringen der Gesellschaft in Effis geschützten Kindheitsraum. Kirchhofmauer und Eisentür symbolisieren daher im Zusammenspiel: Tod, Gefahr und Gesellschaft.

- **Hufeisen** (vgl. Baustein 1, 1.4)
  Als Glückssymbol repräsentiert das Hufeisen Effis beschützte Kindheit; also: Kindheit und Glück.
- **Teich** (vgl. Baustein 1, 1.4)
  Das Stachelbeerversenken im Teich verweist sowohl auf ein sexuelles Versinken (Oben-unten-Metaphorik) als auch auf einen heidnischen Opferbrauch (Sühne-Opfer-Metaphorik). Der Teich symbolisiert also: Sexualität, Unglück, Gefahr, Heidentum.
- **Boot**
  Über die Kette ist das im Teich (s. h. oben!) liegende Boot mit dem vom Hufeisen geschützten Raum verbunden. Die latente Gefahr besteht darin, dass sich das Boot jederzeit losmachen, dass es kentern kann; entsprechend ist das Boot auch Ausgangspunkt des Stachelbeerschalenversenkens. Das Boot steht daher für: Sexualität, Gefahr.
- **Schaukel** (vgl. Baustein 1, 1.4)
  Kindheit, Sexualität, Leichtsinn, Freiheit, Gefahr
- **Platanen** (vgl. Baustein 1, 1.4)
  Unglück, Tod
- **Wilder Wein**
  Sexualität, Freiheit
- **Altarteppich** (vgl. Baustein 3, 3.2)
  Gesellschaft, religiöser Bereich
- **Heilgymnastik** (vgl. Baustein 3, 3.2)
  Natürlichkeit, Sexualität, weltlicher Bereich
- **Leinwandkleid, Hänger, Jungenskittel** (vgl. Baustein 3, 3.2)
  Kindheit, Freiheit, Gefahr
- **„Tochter der Luft"** (vgl. Baustein 1, 1.4; Baustein 3, 3.2)
  Kindheit, Leichtsinn, Freiheit, Gefahr
- **Oberst Goetzes Schoß** (vgl. Baustein 3, 3.2)
  Kindheit (Naivität), Sexualität, Leichtsinn
- **„Staatskleider"** (vgl. Baustein 3, 3.2)
  Preußische Gesellschaft
- **Erscheinen der drei Mädchen** (vgl. Baustein 3, 3.2)
  Die drei kommen vom Kirchhof(!), unterbrechen Frau Briest, die gerade ihren Sorgen um Effi Ausdruck verleiht. Ihr Erscheinen verweist daher auf Unglück, Gefahr.
- **„junge Dame"** (vgl. Baustein 3, 3.2)
  Gesellschaft
- **Stachelbeeren** (vgl. Baustein 3, 3.2)
  Sexualität, sinnlicher Genuss, Gefahr (Stachelbeerschalen)
- **Kreuz, Bismarck, Kaiser**
  Preußische Gesellschaft
- **Versenken der Stachelbeerschalen** (vgl. Baustein 3, 3.2)
  In seiner Anlehnung an ein heidnisches Opferritual bewegt sich das Versenken der Stachelbeerschalen im Sühne-Opfer-Metaphernfeld; durch das Versenken ist es gleichzeitig Teil der Oben-unten-Metaphorik. Insgesamt verweist es auf: Sexualität (Untreue), Tod, Heidentum und als gesellschaftliches Ritual auf die Gesellschaft.

Fasst man die in der Tabelle von Arbeitsblatt 6, S. 83 aufgeführten symbolischen Kategorien zu vier Symbolfeldern zusammen, lassen sich die Sinnbilder aus Kapitel 1 mithilfe folgender Folie systematisieren:

Symbole im ersten Kapitel

Natürlichkeit, Glück, Diesseits	Sexualität, Gefahr	Gesellschaft, Preußen	Tod, Jenseits, Gefahr
– Sonne (S. 7, Z. 4)		– Herrenhaus (S. 7, Z. 2)	
		– Schatten (S. 7, Z. 6ff.)	– Schatten (S. 7, Z. 6ff.)
		– Straße (S. 7, Z. 5)	
– Garten/Park (S. 7, Z. 5ff.)	– Garten/Park (S. 7, Z. 5ff.)	– Garten/Park (S. 7, Z. 5ff.)	
– Sonnenuhr (S. 7, Z. 9)			
– Rhabarberstauden (S. 7, Z. 10)	– Rhabarberstauden (S. 7, Z. 10)		
	– Efeu (S. 7, Z. 13)		– Efeu (S. 7, Z. 13)
		– Kirchhofmauer/Tür (S. 7, Z. 14f.)	– Kirchhofmauer/Tür (S. 7, Z. 14f.)
– Hufeisen (S. 7, Z. 18ff.)			
	– Teich (S. 7, Z. 20f.)		– Teich (S. 7, Z. 20f.)
	– Boot (S. 7, Z. 21)		
– Schaukel (S. 7, Z. 18ff.)	– Schaukel (S. 7, Z. 18ff.)		
– Wilder Wein (S. 8, Z. 3f.)	– Wilder Wein (S. 8, Z. 3f.)		– Platanen (S. 7, Z. 26)
		– Altarteppich (S. 8, Z. 6ff.)	– Altarteppich (S. 8, Z. 6ff.)
– Heilgymnastik (S. 8, Z. 17)	– Heilgymnastik (S. 8, Z. 17)		
– Jungenskittel (S. 8, Z. 29ff.; S. 9, Z. 15)			
– Tochter der Luft (S. 9, Z. 10)	– Tochter der Luft (S. 9, Z. 10)		
	– Oberst Goetze (S. 9, Z. 15ff.)		
		– Staatskleider (S. 9, Z. 22)	
			– drei Mädchen (S. 9, Z. 30ff.)
		– junge Dame (S. 10, Z. 20)	
	– Stachelbeeren (S. 11, Z. 26ff.)		
		– Bismarck, Kaiser (S. 14, Z. 17ff.)	
	– Versenken der Stachelbeerschalen (S. 15, Z. 20ff.)	– Versenken der Stachelbeerschalen (S. 15, Z. 20ff.)	– Versenken der Stachelbeerschalen (S. 15, Z. 20ff.)

Anmerkung: der „Schatten" ist ein Gesellschaftssymbol, da er vom „Seitenflügel" des Herrenhauses verursacht wird (S. 7, Z. 5ff.).

Die Foliendarstellung verdeutlicht die Mehrdeutigkeit der einzelnen Symbole, die gleichzeitig auf mehrere Symbolfelder verweisen. Die Trennlinien zwischen den jeweiligen Symbolfeldern lassen sich nicht klar ziehen. Vielmehr scheinen sie sich wechselseitig zu durchdringen und zu bedingen.

Worin diese Wechselwirkung besteht, lässt sich anhand der Metaphorik des Stachelbeerschalenversenkens beispielhaft darstellen.

> ■ Erläutern Sie, inwiefern sich das „Versenken der Stachelbeerschalen" als Teil der Sühne-Opfer-Metaphorik im symbolischen Spannungsfeld von Sexualität und Tod einerseits sowie Natürlichkeit/Unschuld und Gesellschaft/Schuld andererseits bewegt.
> Präsentieren Sie Ihre Erläuterungen in geeigneter grafischer Form (Folie, Plakat, Tafelbild ...).

Dies kann zu folgendem Tafelbild führen:

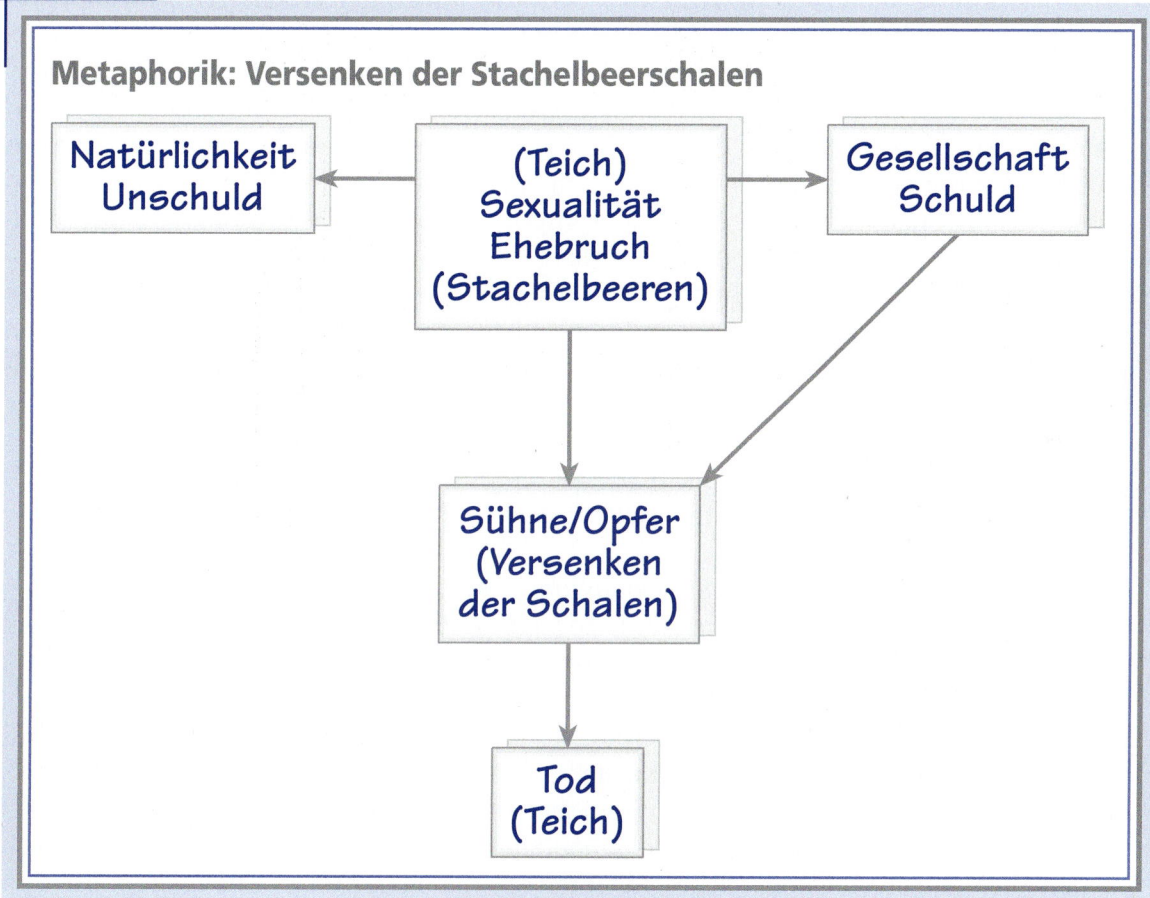

„Natürlichkeit" und „Gesellschaft" sind zwei entgegengesetzte metaphorische Felder, die innerhalb des Romans „Unschuld" und „Schuld" repräsentieren. Der Übergang vom Feld der „Natürlichkeit" ins Feld der „Gesellschaft" erfolgt in „Effi Briest" durch die Ehe. Im Spannungsfeld von natürlicher Sinnlichkeit und Ehe vollziehen sich zwischenmenschliche Nähe und Sexualität im Roman.
Die „Sexualität" bildet ein drittes metaphorisches Feld, an dem sich der Konflikt zwischen Natürlichkeit und Gesellschaft in Form des Ehebruches entzündet. Der gesellschaftliche Treueanspruch und Effis menschliches Bedürfnis nach Zärtlichkeit erweisen sich als unvereinbar.

Der Ehebruch führt im Verbund mit den gesellschaftlichen Gerechtigkeits- und Ehrbegriffen zur Forderung nach Sühne der „Schuld" (Stachelbeerschalen) und damit – innerhalb des Romans – zum metaphorischen Feld heidnischer „Sühne/Opfer" Rituale.
Die Folge von Sühne und Opfer ist der Tod von Crampas und Effi. „Sühne/Opfer"-Metaphorik und Todesmetaphorik sind daher eng aneinandergekoppelt.
Die „Teich"-Symbolik verdeutlicht, dass Effis Sexualität unter den – innerhalb des Romans – gegebenen gesellschaftlichen Rahmenbedingungen geradewegs in den Tod führen muss. Sexualität und Tod werden symbolisch miteinander verschmolzen.

4.2 Der Chinesenspuk

Der Chinesenspuk ist Teil der Gesamtmetaphorik von Fontanes Roman. Grawe spricht vom Spuk als einer „dynamisch-schillernden Chiffre" und verweist auf die „Vieldeutigkeit dieses Symbols", das Effis psychische Befindlichkeit, ihre Situation in der Ehe, ihre geheimen (sexuellen) Wünsche, ihr Schuldbewusstsein, den von Innstetten errichteten Angstapparat oder auch den Ehebruch selbst repräsentieren kann.[1]
Shieh stellt den Spuk in Zusammenhang mit Fontanes „Hausmetaphorik"[2]. Die Heirat erforderte von Effi das Verlassen ihres bisherigen „Zuhauses" und die Gründung eines neuen „Hausstandes" (mit Innstetten). Ihre Hoffnungen auf ein „vornehmes Haus" zerschlagen sich beim Anblick der Kessiner „Wohnung". Das Gefühl des „Un-heimlichen" wird zur Metapher des Nicht-heimisch-Seins. Der Chinesenspuk verwandelt das „vornehme Haus" endgültig in ein „Spukhaus". Der Spuk symbolisiert Effis Verunsicherung in ihrer Rolle als Ehefrau. Das „es", das spukt, entspricht in seiner Unbestimmtheit dem ungreifbaren tyrannischen „Gesellschafts-Etwas". In einem Brief an Joseph Viktor Widmann bezeichnete Fontane den Spuk als „Drehpunkt" der Geschichte. Vgl. hierzu **Zusatzmaterial 5**, S. 132. (Zum Chinesenspuk vgl. auch **Zusatzmaterial 2**, S. 124.)

Als Grundlage für den Einstieg in die Textarbeit empfiehlt sich die Romanstelle, an der Effi auf dem Weg nach Kessin zum ersten Mal mit dem Chinesen konfrontiert wird:

■ *Lesen Sie folgenden Romanauszug: S. 49, Z. 30 – S. 52, Z. 34.*
Markieren Sie die Textstellen, die für die Deutung des Chinesenmotivs von besonderem Belang sind. Was repräsentiert der Chinese für Effi?

Der Chinese repräsentiert für Effi die Fremde, konkret also: das fremde Kessin. Die Ambivalenz des Fremdheitsbildes, das Effi mit Kessin verbindet, wird im Laufe des Gesprächs deutlich. Zunächst dominiert der Reiz des Fremden: der Chinese steht für Exotik, Abenteuer (S. 52, Z. 1ff.). Dies ändert sich durch die schauderliche Grabbeschreibung Innstettens, welche dem Fremden etwas Unheimliches, Furchterregendes verleiht. Der Chinese repräsentiert also gleichzeitig Effis Neugier und Furcht. Beides erscheint als zwei Seiten derselben Medaille und steht im Kontrast zum „Nest" (S. 52, Z. 2) Kessin, welches ebenfalls eine positive und eine negative Seite hat: Geborgenheit und Langeweile. Vom „Nest" wird Effi später nur die Langeweile bleiben, die Furcht wird ihr gleichsam aufgedrängt. Fast zwangsläufig flüchtet sie sich daher in das einzige für sie erreichbare Positive: das Abenteuer mit Crampas.

---

[1] Vgl. Grawe, Theodor Fontane – Effi Briest, S. 111ff.
[2] Vgl. Shieh, Jhy-Wey: Liebe, Ehe, Hausstand – Die sprachliche und bildliche Darstellung des „Frauenzimmers im Herrenhaus" in Fontanes Gesellschaftsroman „Effi Briest". Reihe „Bochumer Schriften zur deutschen Literatur", herausgegeben von Paul Gerhard Klussmann. Band 3. Frankfurt/Main: Verlag Peter Lang 1987, S. 89ff.

Dass mit der Vorstellung von „Heimat" für Effi auch schon in Hohen-Cremmen nicht nur Geborgenheit, sondern auch eine gewisse Langeweile verbunden war, verdeutlicht ein Gespräch zwischen Effi und ihrer Mutter, in dem Effi über ihre Erwartungen an die Ehe mit Innstetten spricht.

■ *Lesen Sie folgenden Textauszug S. 36, Z. 25 – Z. 38.*
Unterstreichen Sie die Stellen, an denen Effis Heimat Hohen-Cremmen charakterisiert wird bzw. Effi ihren Erwartungen an Kessin Ausdruck verleiht.

Die Schlagworte sind für Hohen-Cremmen „Langeweile" (Z. 29) und „glücklich" (Z. 38), für Kessin „Liebe" (Z. 25) und „Glanz", „Ehre", „Zerstreuung" (Z. 26f.).

Effi räumt an dieser Stelle also durchaus ein, dass sie sich in ihrem Zuhause in Hohen-Cremmen bisweilen langweilte. Dieses Gefühl der provinziellen, verwandtschaftlichen Enge wurde aber durch die familiäre Geborgenheit mehr als wettgemacht. In Kessin schlägt die Waage dann genau zur anderen Seite aus: Dort dominiert die Langeweile, und die Geborgenheit wird verdrängt vom Gefühl der Angst.

In Hohen-Cremmen dominierte für Effi das Glück über die Langeweile, in Kessin erhofft sie sich erneutes Glück in Form der „Liebe" und statt Langeweile Ruhm und Zerstreuung.

■ *Erstellen Sie ein Schaubild, in dem Sie Effis Hoffnungen und Befürchtungen in Bezug auf Kessin dem Spannungsfeld von Fremde (symbolisiert durch den Chinesen) und neuer Heimat (metaphorisiert durch den Begriff „Nest") zuordnen.*

Daraus ergibt sich etwa folgendes Tafelbild:

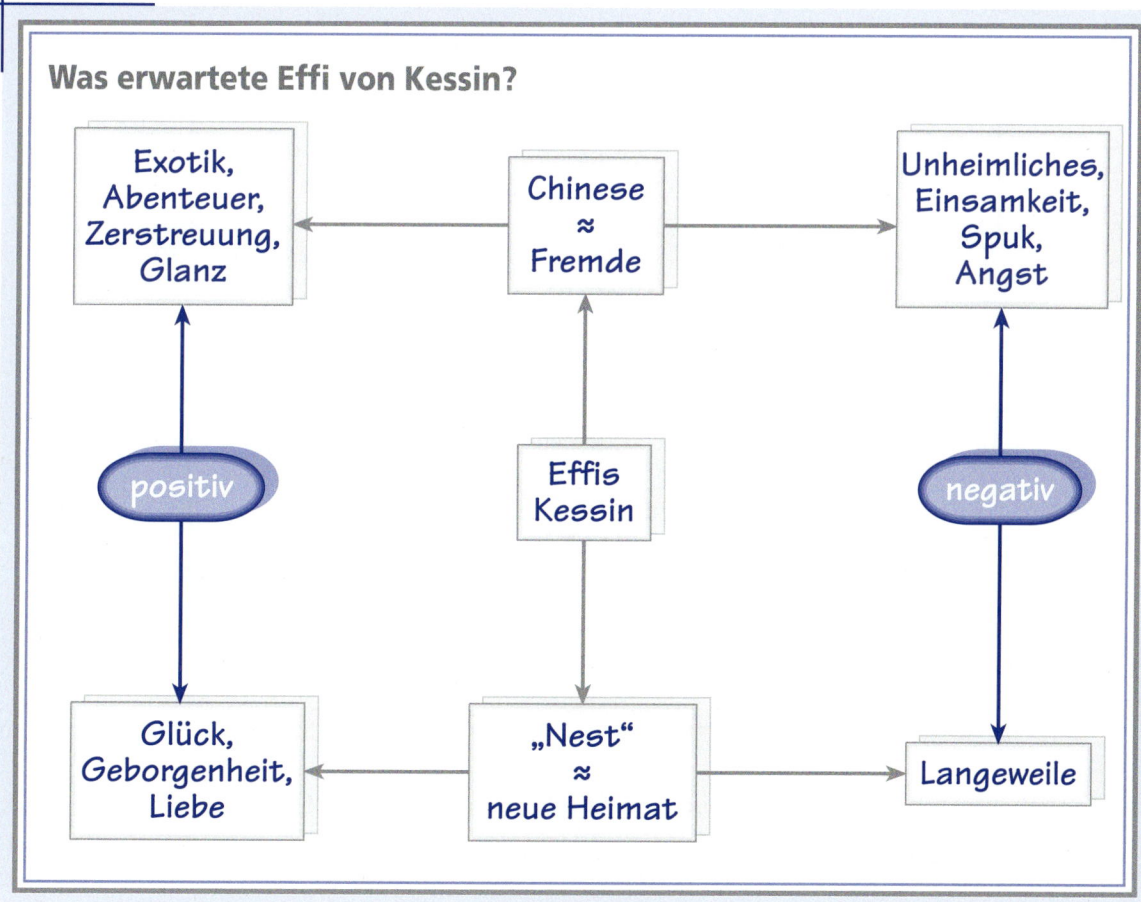

Baustein 4: Metaphorik

- Lesen Sie zusätzlich zur Stelle von Effis Anreise nach Kessin (S. 49, Z. 30 – S. 52, Z. 34) folgende Romanstellen:
  - S. 57, Z. 5 – S. 58, Z. 7
  - S. 78, Z. 16 – Z. 21
  - S. 79, Z. 26 – S. 80, Z. 29
  - S. 113, Z. 30 – S. 114, Z. 7
  - S. 129, Z. 9 – S. 131, Z. 20
  - S. 136, Z. 6 – Z. 15

  Analysieren Sie die Romanstellen daraufhin, was Effi von Kessin erwartet und was sie dort antrifft. Welche Gefühle bestimmen Effi jeweils, inwiefern sind diese Gefühle an bestimmte Figuren (Innstetten, Crampas, Roswitha/Rollo) gebunden?

- Veranschaulichen Sie in dem von Ihnen erstellten Schaubild, inwieweit sich Effis Erwartungen und Befürchtungen in Bezug auf Kessin (sowie den Chinesen) erfüllen und welchen Einfluss einzelne Figuren (Innstetten, Crampas, Roswitha/Rollo) darauf ausüben, was Kessin (sowie der Chinese) für Effi repräsentiert.

Als Tafelbild lässt sich diese Konstellation so darstellen:

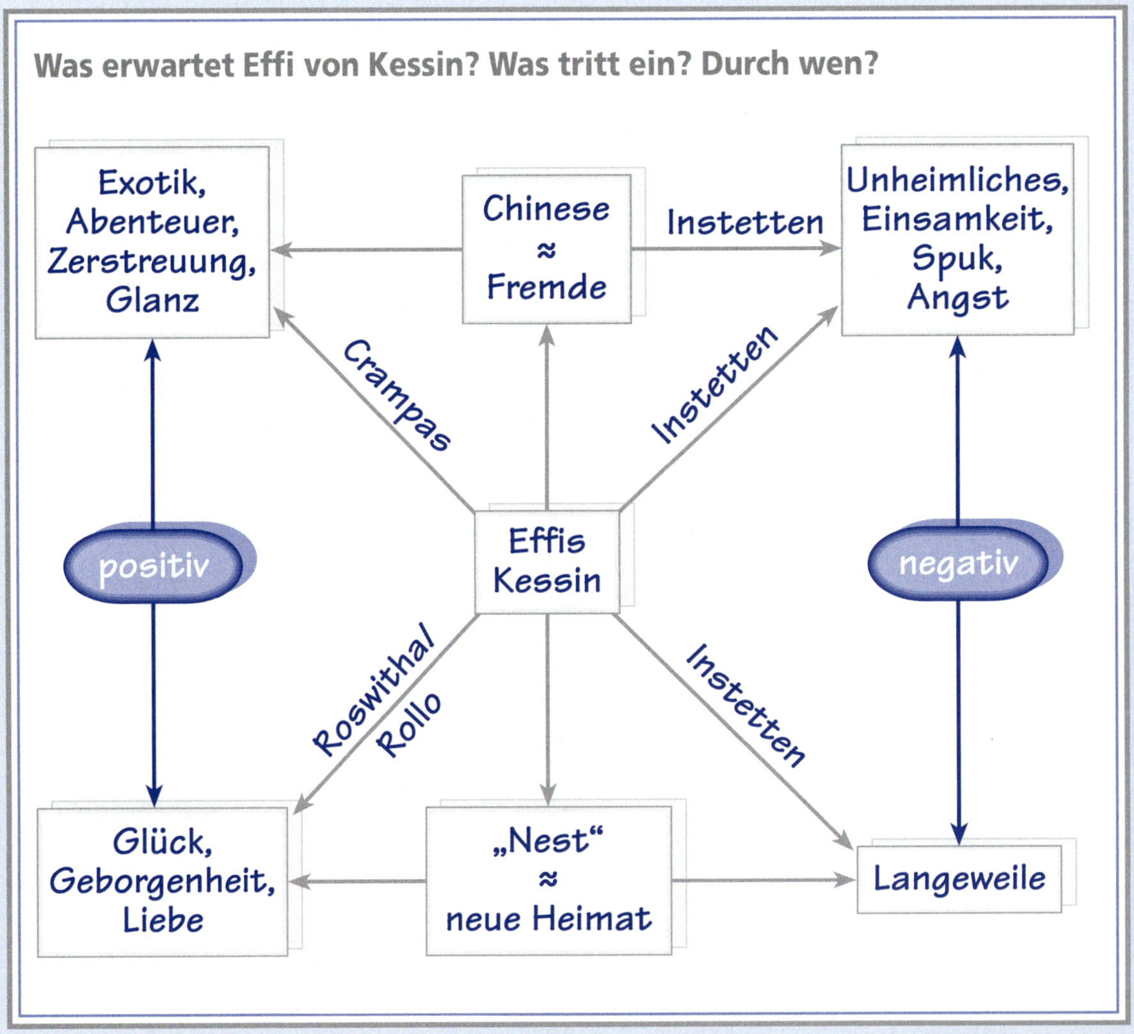

Was erwartet Effi von Kessin? Was tritt ein? Durch wen?

- Exotik, Abenteuer, Zerstreuung, Glanz — *positiv* (Crampas)
- Chinese ≈ Fremde
- Unheimliches, Einsamkeit, Spuk, Angst — *negativ* (Innstetten)
- Effis Kessin (Zentrum)
- Glück, Geborgenheit, Liebe (Roswitha/Rollo)
- „Nest" ≈ neue Heimat
- Langeweile (Innstetten)

Auf Seiten Innstettens ließe sich auch noch Johanna (S. 83, Z. 26 – S. 88, Z. 37) nennen, ebenso könnte Gieshübler (S. 74, Z. 6 – Z. 20) zu Roswitha und Rollo hinzugefügt werden. Effis anfänglich ambivalentes Chinesenbild erfährt durch Innstetten eine einseitige negative Ausprägung.

Um die „erzieherische" Funktion des Chinesenspuks zu untersuchen, bietet es sich an, die Schülerinnen und Schüler zunächst mit Crampas' Äußerungen darüber vertraut zu machen.

> *Lesen Sie die folgende Romanauszüge: S. 151, Z. 12 – S. 155, Z. 16 und S. 170, Z. 1 – Z. 18. Markieren Sie die Stellen, die Rückschlüsse auf eine mögliche Deutung des Chinesenspuks erlauben. Welche Funktionen erfüllt der Spuk – laut Crampas – für Innstetten?*

Hingewiesen werden sollte auf die Doppelfunktion: einerseits als karrierefördernde Besonderheit, andererseits als „Erziehungsmittel" bzw. „Angstapparat", um Effis eheliche Treue während seiner Abwesenheit zu sichern.

Einschränkend sei hier jedoch darauf hingewiesen, dass Crampas' Einschätzung keine objektive sein kann, da ihm als Galan Effis daran liegt, Innstetten in ein schlechtes Licht zu rücken. Auch legt Innstettens Verhalten bei seiner Rückkehr nach Kessin nahe, dass er sich seiner „erzieherischen Maßnahmen" keineswegs bewusst war („Und das Gefühl des Unheimlichen, das Innstetten an Effi so oft bekämpft oder wohl belächelt hatte, jetzt überkam es ihn selbst [...].", S. 275, Z. 19ff.). Der Chinesenspuk ist möglicherweise also nicht bloß eine Erfindung Innstettens, sondern kann zugleich auch als schicksalhaftes böses Omen oder als Zeichen von Effis (vorweggenommenem) Schuldbewusstsein verstanden werden.

> *Erläutern Sie ausgehend von den beiden Textauszügen (S. 151, Z. 12 – S. 155, Z. 16; S. 170, Z. 1 – Z. 18), wie sich Effis Einschätzung des Chinesenspuks durch das Gespräch mit Crampas verändert?*

Effi beginnt, den Spuk umzudeuten. Anstatt ihn als unheimliches Ereignis wahrzunehmen, erscheint er ihr nun als Produkt Innstettens. Zunächst weigert sie sich zwar noch, den Spuk als „Angstapparat" Innstettens zu bewerten, hält es aber für möglich, dass ihr Mann sich den „Spuk parat hält, um ein nicht ganz gewöhnliches Haus zu bewohnen" (S. 154, Z. 21ff.). Bereits dadurch rückt der Spuk aus der Sphäre des Übernatürlichen, Dämonischen in den Bereich des Natürlichen, wodurch er an Kraft und Macht über Effi verliert.

Besonders deutlich wird dies, als Innstetten im Zusammenhang mit dem Spuk davon spricht, man müsse „nur in Ordnung sein und sich nicht zu fürchten brauchen" (S. 170, Z. 14f.), dann könne einem der Spuk auch nichts anhaben. Effi reagiert darauf nicht ängstlich oder eingeschüchtert, sondern erinnert sich daran, was „Crampas über ihren Mann als ‚Erzieher' gesagt hatte" (S. 170, Z. 16ff.). Mittlerweile also hält sie es sehr wohl für möglich, dass Innstetten den Spuk als Angstapparat gegen sie einsetzt.

> *Erläutern Sie ausgehend von den beiden Textauszügen, welche Auswirkungen das Gespräch mit Crampas auf den weiteren Romanverlauf hat? Inwiefern ist es eine Voraussetzung für die Affäre zwischen Crampas und Effi?*

Das Gefühl, den Spuk – und mit ihm ihren Mann – zu durchschauen, befreit Effi ein Stück weit von der Angst. Erst dadurch, dass der Spuk an Macht über Effi einbüßt, wird die Affäre mit Crampas möglich. Während die Angst vor dem Spuk Effis Treue garantiert, führt der Verlust dieser Angst, die durch Wut auf den Erzieher Innstetten ersetzt wird, (ganz im Sinne – und möglicherweise auch nach dem Kalkül – von Crampas) zur Untreue.

> *Erstellen Sie ein Schaubild, aus dem die Funktion des Chinesenspuks als „Angstapparat" im Dreiecksverhältnis Innstetten-Effi-Crampas hervorgeht.*

Denkbar ist etwa folgende Darstellung:

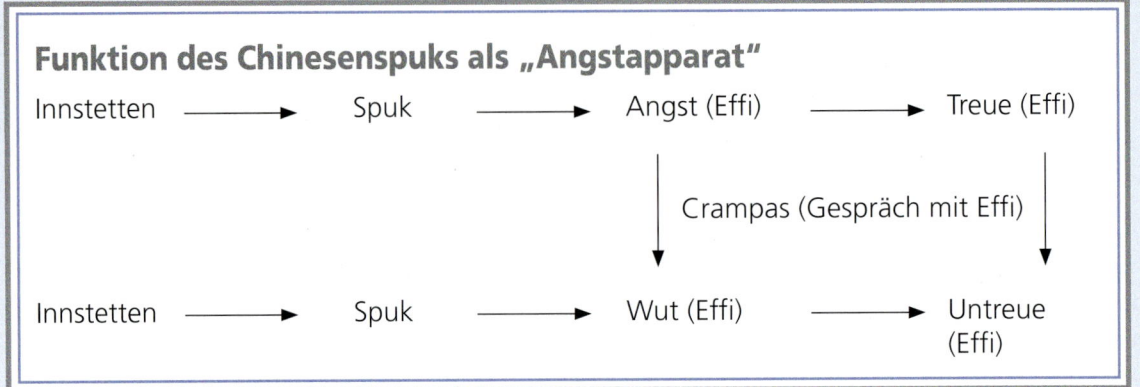

- Listen Sie mögliche weitere Ursachen und Funktionen des Spuks stichwortartig in einer Tabelle auf.

Im Tafelbild lässt sich dies so darstellen:

Spuk: Ursache	Funktion
Erfindung Innstettens	Angstapparat zur Kontrolle Effis
Effis Einsamkeit	Effis Angst entlädt sich
Effis (sexuelle) Sehnsüchte	Effis unbewusste Schuldgefühle entladen sich
Effis Angst vor Innstetten / ihre Situation in der Ehe	Effi überträgt ihre Angst vor Innstetten auf das Haus
Erfindung Innstettens	Innstetten möchte sich mit dem „Spukhaus" interessant machen
Tatsächlicher Spuk (ausgelöst vom Ehebruch und Tod des Chinesen)	Warnung an Effi
Tatsächlicher Spuk	Effis Schicksal (Ehebruch, Tod) wird vorweggenommen

Eine weitergehende Textarbeit wird mit folgendem Auftrag eingefordert:

- Lesen Sie – verteilt auf mehrere Gruppen – folgende Romanauszüge:
  - S. 52, Z. 1 – Z. 34
  - S. 56, Z. 29 – Z. 33
  - S. 61, Z. 16 – S. 62, Z. 17
  - S. 66, Z. 19 – S. 68, Z. 11
  - S. 70, Z. 1 – Z. 15
  - S. 91, Z. 18 – S. 93, Z. 8
  - S. 96, Z. 10 – S. 98, Z. 33
  - S. 198, Z. 5 – Z. 23
  - S. 237, Z. 5 – Z. 32

Baustein 4: Metaphorik

Markieren Sie in den vorliegenden Textauszügen die Stellen, an denen Innstetten Effis Spukangst weckt bzw. schürt. Begründen Sie Ihre Auswahl.

Diskutieren Sie in Gruppen darüber, weshalb Innstetten an den jeweiligen Stellen Effi ängstigt. Welche Funktion erfüllt der Spuk an diesen Stellen?

Folgende Stellen belegen, dass Innstetten Effis Angst offensichtlich bewusst nicht entkräftet bzw. sogar fördert:

- Nachdem Effi mit einem Chinesen anfangs noch einen exotischen Reiz verbindet, schlägt Innstetten bei der Anreise nach Kessin sofort die Brücke zum Tod. Die Tatsache, dass der Chinese kein christliches Begräbnis erhielt, sowie die Beschreibung seiner Grabstätte verleihen ihm bereits etwas Unheimliches. („jedenfalls haben wir einen gehabt; jetzt ist er tot und auf einem kleinen eingegitterten Stück Erde begraben, dicht neben dem Kirchhof", S. 52, Z. 10ff.)

- Innstetten bietet Effi an, ihr das Grab des Chinesen zu zeigen, wenn sie „nicht furchtsam" ist. Mit dieser Formulierung („Wenn du nicht furchtsam bist [...]", S. 52, Z. 13f.) suggeriert Innstetten indirekt, dass es einen Grund geben könnte, sich zu fürchten.

- Seine Schilderung vom Grab des Chinesen lässt Innstetten möglichst „schauerlich" klingen. („Es ist sehr schön und sehr schauerlich", S. 52, Z. 17f.)

- Als Effi halb scherzhaft äußert, sie wolle nachts keinen Chinesen an ihr Bett treten sehen, entgegnet Innstetten ernsthaft: „Das wird er auch nicht." (S. 52, Z. 24) Woraufhin Effi zu Recht bemerkt: „Das wird er auch nicht. Höre, das klingt ja sonderbar, als ob es möglich wäre." (S. 52, Z. 25f.)

- Versteht man den Spuk als Kontrollapparat Innstettens auf der Basis von Angst, so zeigt sich Innstetten bemüht, den Kontrollbereich über den Haushalt hinaus auf ganz Kessin auszudehnen: „Die ganze Stadt besteht aus solchen Fremden." (S. 52, Z. 29f.)

- Mit dem Hinweis auf Frau Kruses „schwarzes Huhn" deutet Innstetten abermals etwas Geheimnisvolles an, ohne es näher auszuführen. Effi bleibt dadurch im Ungewissen. („[...] mit Ausnahme der Frau Kruse, die sich – ich vermute sie wieder bei ihrem unvermeidlichen schwarzen Huhn – nicht gerne sehen lässt", S. 56, Z. 31f.)

- Als Effi Innstetten gegenüber das erste Mal den Saal erwähnt, reagiert er auf eine Weise, die bei Effi den Eindruck erwecken muss, sie könne etwas wissen, das sie besser nicht wissen sollte. Der Saal wird dadurch in ein geheimnisvolles Licht gerückt. („Aber was weißt du denn von dem Saal, Effi?", S. 67, Z. 1)

- Häufig sind es Innstettens Reaktionen, die Effi in ihrem Spukglauben bestärken. Auf Effis nüchternen, praktischen Vorschlag, die Gardinen zu kürzen, reagierte Innstetten mit einem merkwürdigen, geheimniskrämerischen Schweigen. („Innstetten sah in einer kleinen Verlegenheit vor sich hin und schien schwankend, ob er auf all das antworten solle. Schließlich entschied er sich für Schweigen.", S. 67, Z. 13ff.)

- Während Johanna Effi mit den zu langen Gardinen eine rationale Erklärung für den vermeintlichen Spuk anbietet, relativiert Innstetten diese wieder: „wir wollen die langen Gardinen oben kürzer machen. Aber es eilt nicht damit, umso weniger, als es nicht sicher ist, ob es hilft. Es kann auch was anderes sein [...]". (S. 67, Z. 16ff.)

- Zudem unternimmt er nichts gegen diese mögliche Ursache von Effis Furcht: „[...] es wird aber wohl am besten sein, wir lassen es beim Alten". (S. 68, Z. 10f.)

- Zusätzlich zu Innstettens eigenen Formulierungen deutet auch der Erzähler an, dass Innstetten Effi gegenüber nicht aufrichtig ist. Als Innstetten im Saal das an einen Stuhl angeklebte Chinesenbildchen entdeckt, reagiert er „überrascht". Dadurch, dass der Erzähler jedoch bemerkt, Innstetten „schien [...] überrascht", anstatt eindeutig festzustellen, Innstetten war überrascht, deutet der Erzähler an, dass Innstetten seine Überraschung möglicherweise nur spielt und in Wirklichkeit mehr weiß, als er zu wissen vorgibt. („,Was soll der Chinese?' Innstetten selber schien von dem Bildchen überrascht und versicherte, dass er es nicht wisse [...]", S. 70, Z. 9ff.)

- Erst die Ernsthaftigkeit, mit der Innstetten Effi gegenüber die Herkunft des Bildchens ableitet, verunsichert Effi. („,Das hat Christel angeklebt oder Johanna. Spielerei. Du kannst sehen, es ist aus einer Fibel herausgeschnitten.' Effi fand es auch und war nur verwundert, dass Innstetten alles so ernsthaft nahm, als ob es doch etwas sei.", S. 70, Z. 11ff.)

- Nachdem Effi Innstetten von ihrem nächtlichen Spukerlebnis berichtet hat, scheint dieser sie zunächst beruhigen zu wollen. Gleichzeitig streut er jedoch die nächste beunruhigende Andeutung ein: „Nun siehst du, Traum, Sinnestäuschungen. Und dann wird dir Johanna wohl gestern Abend was erzählt haben, von der Hochzeit hier oben [...]" „Nein." „Desto besser." (S. 91, Z. 29ff.)

- Als Innstetten mit Effi an der Grabstätte des Chinesen vorüberfährt, weckt er mit neuen Andeutungen Effis Neugier, auf deren anschließendes Bitten hin er ihr dann die Geschichte vom geheimnisvollen Tod des Chinesen erzählt. („Alles natürlich vor meiner Zeit. Aber es wird noch immer davon gesprochen.", S. 96, Z. 29f.)

- In seiner Erzählung betont Innstetten den Zusammenhang zwischen der mysteriösen Vergangenheit und der Gegenwart, womit er Effi ängstigt. („Und außer der Enkelin oder Nichte war da auch noch ein Chinese, derselbe, der da zwischen den Dünen liegt und an dessen Grab wir eben vorübergekommen sind." „Gut, gut.", S. 98, Z. 10ff.)

- Die Geschichte vom Chinesen, die Innstetten erzählt, ist nicht nur geheimnisvoll und unheimlich, sondern offensichtlich auch die Geschichte einer unglücklichen Liebesaffäre (vgl. auch die Bemerkung Roswithas). Dadurch wird die in Effi geweckte Furcht kanalisiert: Die Gefahr, vor der sie sich hüten muss, ist eine Liebesaffäre. (S. 98, Z. 15ff.)

- Bevor er seine Frau erneut für ein paar Tage alleine lässt, erinnert er sie an den Chinesen, gerade so, als wolle er damit dessen abschreckende, einschüchternde Kontrollwirkung auffrischen. Frei nach dem Motto: verhalte dich anständig, sonst kommt der Chinese. Sein Wunsch „und ängstige dich nicht" wäre demnach ein heuchlerischer, der genau das Gegenteil bezweckt: ängstige dich! („Und ängstige dich nicht [...] es wird ja wohl nicht wiederkommen [...] Du weißt schon, das da oben [...] Und wenn doch, du hast ja Rollo und Roswitha.", S. 198, Z. 11ff.)

- Eingeleitet von der Bemerkung, dass er an Spuk glaube, erinnert Innstetten Effi in der neuen Berliner Wohnung an den Chinesen und teilt ihr – wie nebenbei – mit, dass dieser nach Berlin mit umgezogen sei. Effis Hoffnungen auf einen Neuanfang werden so symbolisch zunichte gemacht. („Hat dir denn Johanna schon ihren Chinesen gezeigt?", S. 237, Z. 23f.)

Nach einer ersten Analyse können einzelne der hier aufgeführten Textstellen als Ausgangspunkt für ein szenisches Spiel ausgewählt werden:

■ *Wählen Sie eine Dialogstelle aus, in der Innstetten Effis Furcht vor dem Chinesen fördert, und spielen Sie diese in verteilten Rollen nach. Schreiben Sie den Dialog zunächst auf.*

■ *Spielen Sie dieselbe Szene anschließend noch einmal, aber so, dass Innstetten Effis Angst ernst nimmt und aufrichtig versucht, ihr diese zu nehmen.*

Das szenische Spiel hilft zu verdeutlichen, dass Innstettens Verhalten keineswegs zwangsläufig ist, sondern er auch anders auf Effis Ängste reagieren könnte, was – wie das gespielte Gespräch fühlbar machen kann – auch zu einer positiv veränderten Beziehung zwischen Effi und Innstetten führen würde: Nähe und Verständnis rückten an die Stelle von Distanz und Kontrolle.

Ergänzend oder alternativ zu den oben ausgewählten Textstellen eignet sich, nach einer entsprechenden Aufarbeitung, auch der Dialog zwischen Effi und Innstetten bei Effis Anreise (S. 49, Z. 30 – S. 52, Z. 34) als Vorlage für ein szenisches Spiel.

> ■ *Lesen Sie noch einmal den Dialog zwischen Effi und Innstetten bei Effis Anreise nach Kessin (S. 49, Z. 30 – S. 52, Z. 34). Geben Sie den Verlauf des Gesprächs wieder. Wie und wodurch verändern sich Effis Stimmung und ihre Erwartungshaltung im Laufe der Unterhaltung. Unterstreichen und erläutern Sie die Aussagen Innstettens, die Effis Erwartungen jeweils beeinflussen.*

Wurde dieser Textauszug in Bezug auf das Chinesenbild, das Innstetten gegenüber Effi entwirft, bereits behandelt, genügt es, die Schülerinnen und Schüler den Dialog bis zu der Stelle analysieren zu lassen, an der das erste Mal vom Chinesen die Rede ist.

Zunächst ist Effi vor allem neugierig, fasziniert, voller Abenteuerlust: „[...] durch alles, was sie sah, aufs Höchste interessiert und bei bester Laune" (S. 50, Z. 13ff.). In bester Stimmung fragt sie nach einem Mann in Pelz, der sie an einen Starosten erinnert. (S. 50, Z. 10ff.) Innstetten versucht, Effis Abenteuerlust einzudämmen, indem er auf ihre Bemerkung, noch nie einen Starosten gesehen zu haben, mit den Worten reagiert: „Was auch nicht schadet, Effi." (S. 50, Z. 18) Anschließend beschreibt er den Mann im Pelz als eine zwielichtige Person („unsicherer Passagier", S. 50, Z. 22f.), die auch Bismarck „widerlich" (S. 50, Z. 28) sei. Offensichtlich versucht er, Effi zu ernüchtern.
Darum lässt er auch ihren Einwand „Er sah aber gut aus" (S. 51, Z. 1), aus dem erneut Effis Lust am Exotischen, Fremden spricht, nicht gelten. Stattdessen verweist er gleich auf die Gefahr, die angeblich hinter diesem schönen Schein droht: „Hier ist alles unsicher." (S. 51, Z. 8). Nicht gerade eine Bemerkung, die man von einem Ehemann erwartet, der möchte, dass sich seine Ehefrau in ihrer neuen Heimat zu Hause fühlt. Entsprechend irritiert zeigt sich Effi: „Warum sagst du mir das? Ich muss nun doch hier mit ihnen leben." (S. 51, Z. 9f.) Innstetten begegnet dieser Frage, indem er zwischen der unsicheren Landbevölkerung und den „guten Kessinern" (S. 51, Z. 15) in der Stadt unterscheidet. Kessin erscheint als eine Art von Gefahren umgebene Festung. Das impliziert bereits, dass Effi nur dann sicher ist, wenn sie sich nicht über bestimmte Grenzen hinauswagt. Möglicherweise unbewusst versucht Innstetten hier bereits Effis Aktionsradius einzuschränken, indem er suggeriert: Du bist nur sicher, solange du unter meiner Kontrolle bist.
Nachdem er den Starosten als Projektionsfläche für Effis Abenteuerlust entkräftet hat, bietet er ihr sogleich Ersatz an. Er preist Kessin als regen Handelsort an, einen Ort, an dem sich „Menschen aus aller Welt Ecken und Enden" (S. 51, Z. 36) tummeln. Seine lapidar angehängte Bemerkung, Kessin sei dennoch eigentlich „nur ein Nest" (S. 51, Z. 37), wirkt dann eher rhetorisch.
Entsprechend reagiert Effi entzückt, erhofft sich „allerlei Exotisches" (S. 52, Z. 3), was Innstetten mit einem Nicken (S. 52, Z. 5) bekräftigt.
Erfolgreich hat er Effis Begeisterung entfacht. Der Chinese ist für Effi in diesem Moment die Krönung alles Exotischen: „vielleicht sogar einen Chinesen" (S. 52, Z. 7f.).

Hier erfolgt nun abermals eine Wende im Gespräch, da Innstetten den Chinesen sofort mit dem Tod in Verbindung bringt. Exotik und Tod werden von Innstetten miteinander verknüpft: „Es ist sehr schön und sehr schauerlich." (S. 52, Z. 17f.)

Der weitere Verlauf des Gesprächs wurde anhand der oben ausgewählten Textstellen, an denen Innstetten Effi mit dem Chinesen ängstigt, bereits aufgearbeitet.

- *Spielen Sie das Gespräch zwischen Effi und Innstetten (S. 49, Z. 30 – S. 52, Z 34) mit verteilten Rollen nach. Versuchen Sie, dabei besonders den dynamischen Verlauf des Gesprächs wiederzugeben, durch den sich Effis Bild von Kessin mehrfach wandelt.*

Aus dem Rollenspiel sollte vor allem der emotionale Subtext des Gesprächs hervorgehen: Innstetten lenkt den Dialog unauffällig und möglicherweise unbewusst. Zuerst weckt er Effis Neugierde, dann ihre Abenteuerlust, um ihr schließlich Angst einzujagen.

- *Versetzen Sie sich in Effis Lage und fassen Sie Ihre Eindrücke von der Ankunft in Kessin (S. 49, Z. 30 – S. 52, Z. 34) in einem Tagebucheintrag zusammen.*

Besonders Effis Reaktionen auf die Schilderungen Innstettens sollten aus einem solchen Eintrag hervorgehen: Verunsicherung (als Reaktion auf Innstettens Bemerkung: „Hier ist alles unsicher", S. 51, Z. 8ff.), Neugier (S. 51, Z. 15ff.), Freude über den exotischen Reiz (S. 52, Z. 1ff.), Furcht (S. 52, Z. 19ff.).

Die Textstelle für den Tagebucheintrag lässt sich wahlweise auch auf das gesamte sechste Kapitel (S. 48 – 59) erweitern.

- *Erläutern Sie anhand der folgenden Textauszüge, wie sich Effis Chinesenbild und ihre Wahrnehmung von Kessin im Verlauf des Romans verändern:*
  - *S. 52, Z. 6 – Z. 34*
  - *S. 60, Z. 14 – Z. 18*
  - *S. 80, Z. 13 – Z. 29*
  - *S. 87, Z. 4 – S. 88, Z. 17*
  - *S. 151, Z. 16 – S. 154, Z. 31*
  - *S. 170, Z. 7 – Z. 18*
  - *S. 237, Z. 16 – S. 238, Z. 4*

Effi wohnt in Kessin zum ersten Mal in ihrem Leben außerhalb ihres Elternhauses. Entsprechend begegnet sie der Fremde mit einer Mischung aus Neugierde und Furcht. Bei der Anreise hofft sie, dass Kessin aufregend, exotisch ist. Der Chinese – gegen Ende des 19. Jahrhunderts ein weit verbreitetes Sinnbild für Exotik – repräsentiert diese Hoffnung. („[...] eine ganz neue Welt hier. Allerlei Exotisches. [...] vielleicht sogar einen Chinesen", S. 52, Z. 6ff.). Dadurch aber, dass der Chinese (von Innstetten) mit Tod, Spuk und einer unglücklichen Liebesgeschichte verknüpft wird, weicht der Reiz des Exotischen bald der Furcht. Effi fühlt sich in Kessin einsam, alleine gelassen („Aber wo war Innstetten?", S. 60, Z. 14; „Das war die erste lange Trennung, fast auf zwölf Stunden. Arme Effi.", S. 80, Z. 13f.). Sie weiß mit ihrer Zeit nichts anzufangen („Wie sollte sie den Abend verbringen?", S. 80, Z. 14), langweilt, ängstigt sich und sehnt sich schließlich zurück ins heimatliche Hohen-Cremmen („Aber so weit von Hause [...] Ach, von Hause [...]", S. 88, Z. 16f.). Erst als Crampas ihr gegenüber den Spuk als eine erzieherische Maßnahme Innstettens beschreibt, beginnt sie sich aus dessen Bann zu lösen (S. 151ff. u. S. 170). Dennoch bleibt es für sie ein böses Omen, als das Chinesenbild auch in ihrer Berliner Wohnung wieder auftaucht (S. 237f.).

- *Lesen Sie folgende Romanauszüge:*
  - *S. 52, Z. 1 – Z. 34*
  - *S. 56, Z. 6 – S. 58, Z. 7*

– S. 66, Z. 19 – Z. 34
– S. 88, Z. 9 – Z. 17
– S. 91, Z. 13 – S. 93, Z. 8
– S. 237, Z. 21 – Z. 32

An welchen Textstellen wird bereits anhand der sprachlichen Formulierungen (Metaphern, Vergleiche etc.) deutlich, dass der Chinesenspuk verhindert, dass die „Fremde" (Kessin) für Effi zur Heimat wird?

Es sind dies vor allem die Stellen, die sich im Bereich der von Shieh (s. h. oben) erarbeiteten „Hausmetaphorik" bewegen:

Kessin ist kein „Nest" (S. 52, Z. 2) – also einerseits nicht langweilig, andererseits aber auch kein Ort der Geborgenheit –, sondern hat allerlei „Exotisches" (S. 52, Z. 3) zu bieten, unter anderem einen Chinesen. Es ist eine Stadt der „Fremden" (S. 52, Z. 29f.).
Die Hoffnung auf ein prunkvolles Zuhause kann Innstettens „Privatwohnung" (S. 56, Z. 7) nicht erfüllen. Das „altmodische Fachwerkhaus" (S. 56, Z. 6) wirkt wenig einladend, umso mehr, da im Flur ein Haifisch und ein Krokodil an der Decke hängen, kein Ort zum Heimischwerden.
Auf Effi wirkt alles „fremdländisch" (S. 56, Z. 28), „orientalisch" (S. 56, Z. 33), und Innstetten erscheint ihr wie ein „indischer Fürst" (S. 56, Z. 34). Hier klingt noch einmal das Motiv der Exotik an: eine Mischung aus Reiz und Furcht. (Bedenkt man, dass der Chinesenspuk nach Crampas' Deutung von Innstetten u. a. dazu eingesetzt wird, Effis Treue zu garantieren, so kann diese Exotik auch als Sinnbild für Erotik verstanden werden. Effis Sehnsucht nach Erotik kann dann unbewusste Schuldgefühle und damit den „Spuk" ausgelöst haben.)
Nach dem nächtlichen Spukerlebnis dominieren Einsamkeit („so weit von Hause […] Ach, von Hause …", S. 88, Z. 16f.) und Furcht. Das Haus, das ihr ein Heim hätte werden sollen, erscheint Effi nun „verwunschen" (S. 91, Z. 19), es ist nicht ihr Zuhause, sondern „dies Haus mit dem … […] … Chinesen […]" (S. 91, Z. 19f.). Alles kommt ihr „so unheimlich" (S. 91, Z. 36), also auch unheimisch, vor. Auf Innstettens Bemerkung, dass ihr die Wohnung am Anfang „märchenhaft" (S. 91, Z. 38) erschienen sei, entgegnet Effi nur: „Ja, damals …" (S. 92, Z. 1).
Über den Spuk beginnt sich das Ehepaar zu entzweien: Während Innstetten Spuk als „Vorzug" (S. 92, Z. 24) einer Familie bezeichnet, der sie von einem gewöhnlichen „Bürgerhause" (S. 92, Z. 23) sondert, ist Effi, die ja jetzt Innstetten heißt, froh, dass „wir Briests" (S. 93, Z. 6f.) keinen Spuk haben.
Als Effi in Berlin in einem neuen gemeinsamen Zuhause („unserm Hause" S. 237, Z. 32) von vorne beginnen möchte, verhindert der aus dem „alte[n] Haus" (S. 237, Z. 26) mitgebrachte Chinese den Neuanfang.
Der Chinese wird so zur Chiffre für Effis Einsamkeit, ihre Verlorenheit in der Fremde, ihr Unglück und ihre ungestillten Sehnsüchte nach Geborgenheit und Erotik.

Effis enttäuschte Erwartungen, ihr Heimweh, ihre Einsamkeit und ihre Furcht können von den Schülerinnen und Schülern mithilfe von produktionsorientierten Aufträgen auf vielfältige Weise veranschaulicht werden.

Hier einige Vorschläge:

- *Verfassen Sie für den Zeitraum von Effis Anreise nach Kessin bis zum Tage nach dem Chinesenspuk eine Folge von Tagebucheinträgen, in denen Effi ihre jeweilige Gefühlslage kurz schildert.*
- *Schildern Sie im Stile einer Reportage Effis Eindrücke beim Betreten der (bzw. bei ihrem ersten Rundgang durch die) Kessiner Wohnung.*

Baustein 4: Metaphorik

■ *Schreiben Sie einen Albtraum auf, in dem Effi ihre Erlebnisse in Kessin verarbeitet.*

■ *Spielen Sie mit verteilten Rollen den Streit zwischen Effi und Instetten (S. 90ff.) nach. Lassen Sie ihn anders als im Roman in eine offene Aussprache münden, in der sowohl Effi als auch Innstetten ihre jeweiligen Positionen deutlich machen und offensiv vertreten.*

4.3 Der Heliotrop

Eine ausführliche Darstellung der Metaphorik des „Heliotrops" (S. 33, Z. 7 und Z. 13; S. 85, Z. 34; S. 322, Z. 27; S. 336, Z. 25) liefert der als **Zusatzmaterial 6**, S. 133 abgedruckte Text von Peter-Klaus Schuster.

Bevor sie sich mit dem Sekundärtext auseinandersetzen, sollten die Schülerinnen und Schüler Gelegenheit erhalten, ausgehend vom Romantext einen eigenen Standpunkt zu erschließen.

■ *Lesen Sie folgende Romanstellen:*
  – S. 33, Z. 4 – Z. 30
  – S. 320, Z. 30 – S. 322, Z. 29
  – S. 336, Z. 9 – Z. 27

Markieren Sie im Text die Stellen, die Aufschluss über die symbolische Bedeutung des Heliotrops geben.
Ordnen Sie die jeweiligen Auszüge in den Romanzusammenhang ein und erläutern Sie, was der Heliotrop an den jeweiligen Stellen in Bezug auf Effi symbolisiert.

Im ersten Textauszug (S. 33, Z. 4 – Z. 30) steht der Heliotrop um die Sonnenuhr herum (Z. 7). Die Sonnenuhr, welche nur die Sonnenstunden zählt, wurde bereits an anderer Stelle (4.1, S. 66) als Symbol für Effis Sehnsucht nach ewigem Kindheitsglück identifiziert. Der Heliotrop korrespondiert mit diesem Glücksverlangen. Er repräsentiert hier das unbeschwerte Kindheitsglück Effis in Hohen-Cremmen. Dadurch, dass Effi den Heliotrop dem Himmel gegenüberstellt, fungiert er an dieser Stelle als Symbol irdischen Glücks. Für Effi ist Hohen-Cremmen nichts weniger als der Himmel auf Erden und noch mehr. Für diese blasphemische Sichtweise wird sie von ihrer Mutter gescholten. Der Zeitpunkt, an dem Effi dieses Kindheitsglück betont, ist charakteristisch: kurz vor der Hochzeit, die sie von Hohen-Cremmen und damit dem Heliotropen wegführen wird. Effis Kindheitsglück ist in Gefahr. Indem Effi es beschwört, äußert sie indirekt den Wunsch, dass es ewig währen möge. Im zweiten Textauszug ist Effi bereits zurück in Hohen-Cremmen und todkrank. Sie fragt Pastor Niemeyer, ob sie in den Himmel kommen wird, was dieser bejaht (S. 320, Z. 31 – S. 321, Z. 3). Zur Heilung schlägt der Doktor einen Italienurlaub vor, den Effi mit den Worten ablehnt: „Ich mag nicht mehr weg von Hohen-Cremmen, hier ist meine Stelle. Der Heliotrop unten auf dem Rondell, um die Sonnenuhr herum, ist mir lieber als Mentone." (S. 322, Z. 26ff.) Effi will bleiben, nicht etwa, weil sie sich Heilung erhofft, sondern weil sie sich längst mit dem Gedanken ans Sterben, an den Himmel angefreundet hat: Sie mag „nicht mehr"(!) weg. Das Glück ihrer Kindheit kann sie durch ihre Rückkehr nach Hohen-Cremmen nicht wiedererlangen. Effis irdische Glückssehnsucht hat sich in eine jenseitige verwandelt. Entsprechend repräsentiert der Heliotrop jetzt auch nicht mehr irdisches, sondern himmlisches Glück.

Besonders deutlich wird dies, wenn man den dritten Textauszug hinzuzieht. Die Stelle, die Effi im zweiten Textauszug als „meine Stelle" (S. 322, Z. 27) benennt, ist jetzt die Stelle, auf der ihr Grabstein steht (S. 336, Z. 14ff.). Das irdische Glückssymbol (die Sonnenuhr) ist dem himmlischen (weiße Marmorplatte) gewichen. Der Austausch des Gegenstandes, den der Heliotrop umrankt (S. 336, Z. 25f.) geht einher mit einem Austausch bzw. Wechsel seines symbolischen Inhalts: himmlisches Glück statt irdischem.

Ausgehend von Schusters Text lässt sich die Frage nach der Symbolik des Heliotrops dann wie folgt konkretisieren:

- *Welche Eigenschaften des Heliotrops sind laut Schuster charakteristisch für Effis Wesen?*

Eine Antwort auf diese Frage liefert folgendes Tafelbild:

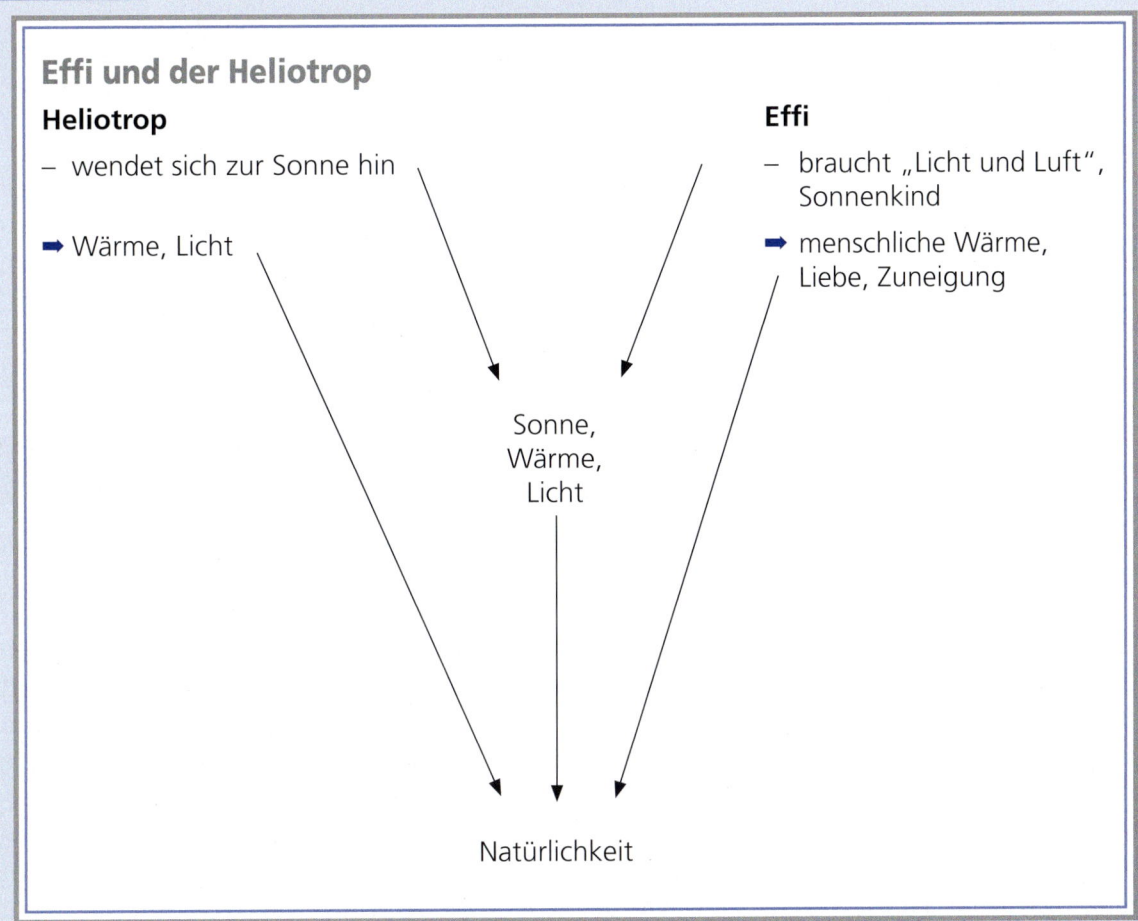

- *Welche symbolische Funktion erfüllt der Heliotrop in Bezug auf den Gegensatz von Natur und Gesellschaft?*

Auch als Antwort auf diese Frage eignet sich das oben abgedruckte Tafelbild. Der Heliotrop repräsentiert für Schuster „den natürlichen Menschen", die „Naturgesetzlichkeit", dem das menschliche Handeln unterstellt ist und nach dem sich auch eine „nach christlichen Rollen orientierte Gesellschaft" (Z. 64/65) ausrichten sollte.

- *Welche Funktion erfüllt der Heliotrop als Teil der Hell-dunkel-Metaphorik des Romans?*

Im Tafelbild lässt sich das so darstellen:

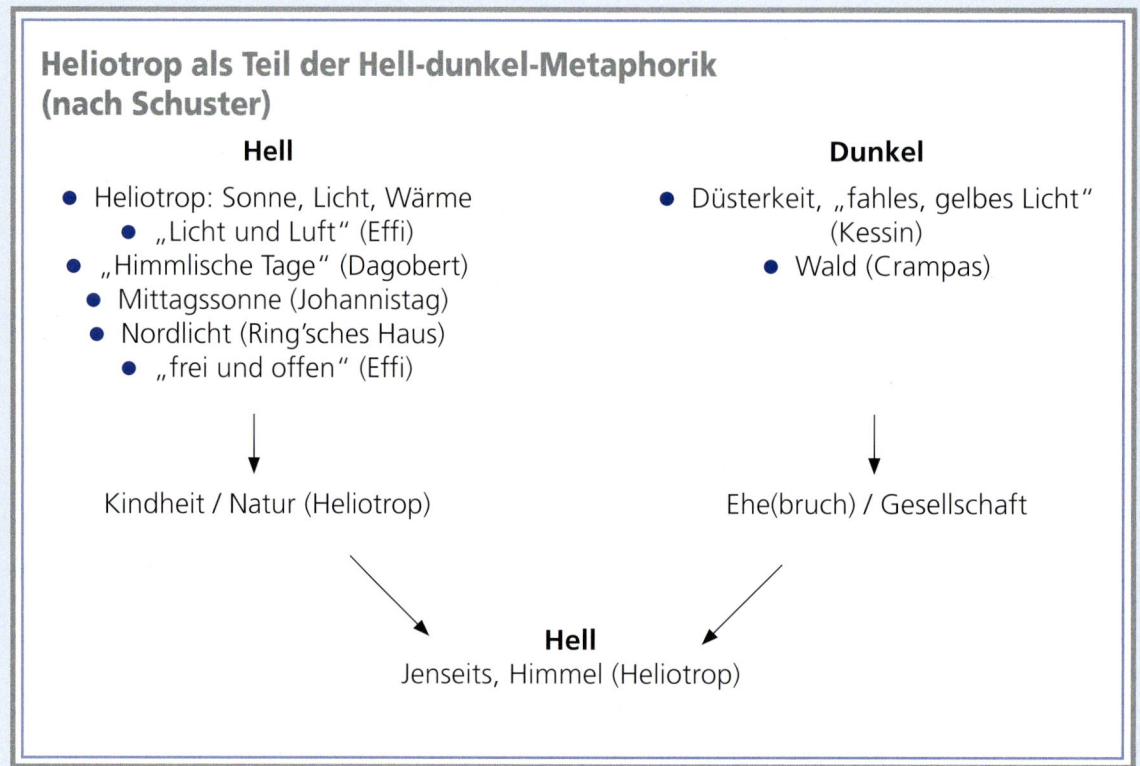

Durch den Verweis auf das Jenseits, den Himmel, nach dem der Heliotrop strebt, beantwortet das Tafelbild zugleich auch folgende Frage:

> *Inwiefern lässt sich der Heliotrop ausgehend von den oben ausgewählten Textstellen – über die Interpretation Schusters hinaus – möglicherweise auch als ein Todessymbol deuten, das Effis Schicksal vorwegnimmt?*

Liest man den Heliotrop wie Schuster als ein Symbol „für das Streben des Menschen nach Gott", erhält die von Schuster zitierte Bemerkung Effis „[...] ich kann mir den Himmel nicht schöner denken. Und am Ende, wer weiß, ob sie im Himmel so wundervollen Heliotrop haben" (S. 33, Z. 11ff.) eine besondere Bedeutung. Indem sie das aufs Jenseits gerichtete Heilsversprechen des Heliotrops im Diesseits einzulösen versucht, ist Effi zum Scheitern verurteilt. In einer dialektischen Bewegung verlässt Effi mit ihrem Eintritt in die Gesellschaft den durch Licht und Luft gekennzeichneten Schutzraum ihrer Kindheit, eine Rückkehr ist nicht mehr möglich. Erst im Jenseits kann Effis Sehnsucht wieder erfüllt werden. Effis Sehnsucht nach Licht wird so zu einer Himmels- bzw. Todessehnsucht.

> *Als Teil der Oben-unten-Metaphorik des Romans verweist der Heliotrop laut Schuster auf Gott bzw. das Jenseits. Was meint Schuster damit, wenn er schreibt, dass der Erzähler hier ein „traditionelles Sinnbild in der spöttischen Verkehrung seiner ursprünglichen religiösen Bedeutung durch Effi" einführt?*

Gemeint ist damit, dass Effi das eigentlich religiöse Sinnbild „Heliotrop" bewusst weltlich liest. Das, was der Heliotrop fürs Jenseits verspricht, möchte Effi bereits im Diesseits einlösen. In ihrem jugendlichen Übermut interessiert sie sich wenig für transzendentale Perspektiven, sie sucht nichts weniger als den „Himmel auf Erden", muss dann aber feststellen, dass es den nicht gibt.

Metaphorik im ersten Kapitel

Sinnbilder (Symbol, Metaphern …)	(Preußische) Gesellschaft	Natürlichkeit/ Kindheit/ Menschlichkeit/Glück	Sexualität	Unglück/Tod	Leichtsinn/ Freiheit/ Gefahr	Religiöser Bereich	Weltlicher Bereich/ Heidentum

■ *Tragen Sie die wichtigsten Sinnbilder des ersten Kapitels in die linke Spalte ein und ordnen Sie diese – mit einer kurzen stichwortartigen Begründung – jeweils einem oder mehreren der in den weiteren Spalten aufgeführten Inhalte zu.*

Baustein 5
Individuum und Gesellschaft (Schicksal und Schuld)

Das Verhältnis zwischen Individuum und Gesellschaft bildet einen zentralen Konflikt des Romans. Fontane beschreibt eine Gesellschaft im Wandel, in der zwar noch der traditionelle preußische Ehrenkodex gilt, dieser von den Einzelnen aber nicht mehr als moralisch richtig empfunden wird. Die individuelle Vorstellung vom Glück gerät so mit dem „tyrannisierende[n] Gesellschafts-Etwas" (S. 270, Z. 10f.) in Widerspruch. Dieser Konflikt spiegelt sich in Fontanes Figurengestaltung. Gleichzeitig aber vollzieht er sich im Inneren der Hauptfiguren, da diese die Gesellschaft – trotz ihrer teilweise kritischen Distanz – zu einem gewissen Grade auch verinnerlicht haben. Sie sind Teil der Gesellschaft. Ihr persönliches Glück ist an ihr gesellschaftliches Glück (sozialer Status, Anerkennung, Erfolg) gebunden. Wie sich die Figuren im Einzelnen und in ihrer Gesamtheit im Spannungsfeld von Individualität und Gesellschaft bewegen, wurde bereits im Baustein 3 ausführlich dargelegt.

In diesem Baustein soll stattdessen das Wesen des Konfliktes zwischen Individuum und Gesellschaft herausgearbeitet werden.

Der erste Teil des Bausteins widmet sich der thematischen Schlüsselszene des Romans, dem Gespräch zwischen Innstetten und Wüllersdorf.

Im zweiten Teil wird die Frage erörtert, inwiefern Fontane den Konflikt zwischen Individuum und Gesellschaft sowie seine Folgen als unausweichlich darstellt. Fontanes Andeutungsstil und die damit verbundene Schicksalhaftigkeit des Geschehens geraten hierbei in den Blickpunkt.

Der dritte Teil widmet sich dem historischen, gesellschaftlichen Hintergrund, vor dem sich Fontanes Roman entfaltet, und versucht, eine Brücke zur Gegenwart zu schlagen.

Der vierte Teil schließlich untersucht, wie Fontane mit der Schuldfrage umgeht, und lässt auch kritische Stimmen zu Wort kommen.

5.1 Das Gespräch Innstetten – Wüllersdorf

Das Gespräch zwischen Innstetten und Wüllersdorf (S. 266, Z. 35 – S. 272, Z. 2) bildet vor allem aus zwei Gründen die zentrale Szene des Romans.

Zum einen wird innerhalb des Gesprächs das Spannungsfeld „Individuum und Gesellschaft", das den thematischen Schwerpunkt des Romans bildet, ausführlich erörtert. Der für Effi tragisch endende Konflikt zwischen den menschlich-emotionalen Bedürfnissen des Einzelnen und den Ansprüchen der Gesellschaft wird argumentativ von unterschiedlichen Seiten beleuchtet. Die Argumente sind jedoch nicht die des Erzählers, sondern sie werden gefiltert durch die subjektive Perspektive der Protagonisten, Innstetten und Wüllersdorf (zu Fontanes Gesprächsstil vgl. Baustein 7). Das Ergebnis, zu dem die beiden in ihrer Diskussion kommen, muss also nicht der Ansicht des Erzählers entsprechen. Vielmehr überlässt es der

Erzähler dem Leser, die Argumente seiner Figuren hinsichtlich ihrer Schlüssigkeit und Wahrhaftigkeit zu bewerten.

Aus dieser indirekten Erzählweise durch den Figurendialog, die Fontanes Roman grundsätzlich kennzeichnet, leitet sich der zweite Gesichtspunkt ab, unter dem das Gespräch zwischen Innstetten und Wüllersdorf als charakteristisch für die Kernaussage(n) des Romans gelten kann. Zwar mag Innstetten die Entscheidung zum Duell bereits getroffen haben, als er Wüllersdorf darum bittet, ihm zu sekundieren (während des Gesprächs rechtfertigt er diese Entscheidung dann gegen Wüllersdorfs Einwände). Allerdings scheint das Gespräch den inneren Entscheidungsfindungsprozess Innstettens – gleichsam nach außen verlagert – wiederzugeben. Innstetten äußert, sich die Sache „hin und her" überlegt zu haben (S. 269, Z. 24), was darauf schließen lässt, dass er analog zum Gespräch mit Wüllersdorf Argumente und Gegenargumente gegeneinander abgewogen hat. Im Gespräch vertritt Innstetten dann ausschließlich die Position der Gesellschaft, wohingegen Wüllersdorf für das Individuum argumentiert. Die persönliche Entscheidung Innstettens ist also eine, die aus einem Gespräch, einem Diskurs herausfällt, indem der Einzelne seine Bedürfnisse in einen gesellschaftlichen Rahmen setzt. Sie ist also Resultat eines gesellschaftlichen Diskurses, den das Gespräch Innstetten-Wüllersdorf exemplarisch abbildet.

Vor diesem Hintergrund erscheint es wenig glaubhaft, wenn Innstetten behauptet, er hätte eventuell anders entscheiden können, wenn er nicht – aus einem spontanen Affekt heraus (S. 270, Z. 23ff.) – Wüllersdorf zu seinem „Mitwisser" (S. 270, Z. 32) gemacht hätte. Tatsächlich scheint dieser „Mitwisser" als Symbol des gesellschaftlichen Anspruchs auch unabhängig von Wüllersdorf sich in Innstetten eingeschrieben zu haben; er hat die geltenden gesellschaftlichen Normen internalisiert. Sie sind ein Teil von ihm geworden (Freud würde hier vom „Über-Ich" sprechen). „Mitwisser" (heidnischer Ehrenkultus) und (christliches) Gewissen stehen sich als gegenläufige Bestandteile von Innstettens Persönlichkeit gegenüber (zur Heidentum-Christentum-Metaphorik vgl. Baustein 4).

Mithilfe der Tabelle von **Arbeitsblatt 7**, S. 103 können die Schülerinnen und Schüler die Argumente Innstettens und Wüllersdorfs für und gegen ein Duell den Bereichen „Individuum" bzw. „Gesellschaft" zuordnen:

> ■ *Tragen Sie die im Gespräch zwischen Innstetten und Wüllersdorf (S. 266, Z. 35 – S. 272, Z. 2) geäußerten Argumente stichwortartig in die Tabelle (Arbeitsblatt 7) ein. Vermerken Sie sowohl Seiten- und Zeilenangaben als auch, wer das Argument äußert.*
>
> ■ *Vergleichen Sie Ihre Tabellen in Gruppen und interpretieren Sie diese.*
>
> ■ *Ordnen Sie die einzelnen Argumente dem Gegensatzpaar Individuum-Gesellschaft zu und begründen Sie Ihre Wahl.*

Baustein 5: Individuum und Gesellschaft (Schicksal und Schuld)

Argumente für ein Duell	Argumente gegen ein Duell
• Rücksicht auf „das Ganze", Urteil der anderen, „Paragraphen" der Gesellschaft, „tyrannisierendes Gesellschafts-Etwas" (*Innstetten*, S. 269, Z. 24 – S. 270, Z. 1 + S. 270, Z. 10ff.)	• Verjährung (*Wüllersdorf*, S. 261, Z. 34 – S. 268, Z. 12)
• Gesellschaftliche Ächtung führt zu Selbstverachtung (*Innstetten*, S. 270, Z. 1ff.)	• kein Hass, kein Rachegefühl (*Innstetten*, S. 269, Z. 3ff.)
• „Fleck auf der Ehre" (*Innstetten*, S. 270, Z. 29f.)	• „Getanes Leid" („Liebhaber totschießen") verstärkt das persönliche Unglück (*Wüllersdorf*, S. 268, Z. 21f.)
• „Mitwisser" (*Innstetten*, S. 270, Z. 26 – S. 271, Z. 21)	• Liebe (*Innstetten*, S. 269, Z. 10ff.)
↓	↓
• „wie die andern wollen", „Ehrenkultus" (*Wüllersdorf*, S. 271, Z. 26ff.)	• „wie wir wollen" (*Wüllersdorf*, S. 271, Z. 25f.)
↓	↓
Gesellschaft Gesellschaftlicher Status Mitwisser Ehre, Achtung	**Individuum** Glück des Einzelnen Gewissen Liebe, Verzeihen, Verjährung

Die in der linken Spalte aufgeführten Argumente für ein Duell sind nicht immer klar voneinander zu trennen. Im Grunde könnte links mit „Gesellschafts-Etwas" auch nur ein Argument stehen. Um der Struktur dieses Gesellschafts-Etwas aber ein wenig mehr auf die Spur zu kommen, lohnt es sich, die Schülerinnen und Schüler dazu aufzufordern, die verschiedenen Aspekte des gesellschaftlichen Drucks weiter aufzuschlüsseln.

Analysiert man die Tabelle, zeigt sich, dass die Argumente für ein Duell stets aufs Ganze bzw. die Einbindung des Einzelnen ins Ganze, in die Gesellschaft abzielen. Die Pro-Argumente fallen zudem allgemeingültig und abstrakt aus. Die Contra-Argumente hingegen orientieren sich stärker am konkreten Einzelfall. Das Glück des Einzelnen wird gegen seinen gesellschaftlichen Status abgewogen. Innstetten kommt zu dem Schluss, dass der gesellschaftliche Status Vorbedingung für das Glück des Einzelnen ist und deshalb Vorrang haben muss.

Die Argumente für das Duell werden fast ausschließlich von Innstetten geäußert, erst als er sich überzeugt zeigt, liefert auch Wüllersdorf ein Argument für das Duell. Bis dahin gibt er den Advocatus Diaboli und bezieht ausschließlich gegen das Duell Position. Innstetten nennt zwar auch Argumente gegen das Duell, diese fallen jedoch rein theoretisch aus: Er nennt sie ausschließlich, um sie – und damit die Argumentationslinie Wüllersdorfs – sogleich wieder zu entkräften.

■ *Beziehen Sie zu den im Gespräch geäußerten Argumenten Position.*

Um die Meinung der Schülerinnen und Schüler zu den von Innstetten und Wüllersdorf vorgetragenen Argumenten einzuholen, können sie über Arbeitsblatt 7 hinaus aufgefordert werden, einen fiktiven Brief an Innstetten zu richten:

- *Schreiben Sie einen fiktiven Brief an Innstetten, in dem Sie Ihre begründete Meinung zu den im Gespräch mit Wüllersdorf ausgetauschten Argumenten formulieren.*

5.2 Fontanes Andeutungsstil und die Schicksalhaftigkeit des Geschehens

Neben den in Baustein 2 aufgearbeiteten Elementen zählt auch der Andeutungsstil zu den charakteristischen Elementen von Fontanes Erzählstil. Von Beginn an nimmt der Erzähler mit mannigfaltigen, meist symbolischen Andeutungen Effis späteres Schicksal vorweg. Häufig geschieht dies in Form der stets wiederkehrenden Sühne-Opfer-Metaphorik (vgl. Baustein 4).

Der symmetrisch geschlossene Romanaufbau bestätigt die anfänglichen Vorahnungen und unterstreicht die scheinbare innere Notwendigkeit des Geschehens. Effi kehrt nach Hohen-Cremmen zurück; ihre Rückkehr wird eingeleitet von der Aufforderung „Effi komm" (S. 316, Z: 21f.), die den Zuruf zu Beginn des Romans (S. 20, Z. 16) wieder aufgreift; ebenso werden markante Symbole vom Romananfang am Ende wiederholt: die Sonnenuhr (S. 7, Z. 9 und S. 336, Z. 14), das Kittelkleid (S. 8, Z. 29f. und S. 317, Z. 31ff.) etc. (vgl. dazu auch: 1.4 „Der Romananfang als Bild und im Vergleich zum Ende").

In Verbindung mit Fontanes Verzicht auf die Ausgestaltung handlungsintensiver Szenen (Hochzeit, Ehebruch ..., vgl. dazu Baustein 2) lenken die zahlreichen Voraus- und Andeutungen das Interesse von Leserin und Leser weg davon, „was" geschieht, und darauf, „wie" es geschieht. Hierbei wird der Eindruck einer geradezu schicksalhaften Zwangsläufigkeit erweckt.

- *Lesen Sie die folgenden Romanstellen:*
  - *S. 19, Z. 28 – S. 20, Z. 20*
  - *S. 22, Z. 34 – S. 23, Z. 32*
  - *S. 315, Z. 29 – S. 316, Z. 31*
  Ordnen Sie die Textstellen jeweils in den Romanzusammenhang ein.

- *Welche Funktion erfüllt der Ruf „Effi komm" (S. 20, Z. 16 und S. 316, Z. 21) jeweils für den weiteren Handlungsverlauf?*

- *Wie verhält sich Effi jeweils zu dem Ruf (folgt sie ihm)?*
  Inwiefern legt die zweite Textstelle (S. 22, Z. 34 – S. 23, Z. 32) eine symbolische Deutung des Rufes nahe?
  Wie lässt sich der Ruf symbolisch deuten: a) vom Romanende ausgehend, b) in Bezug auf die Ehe zwischen Effi und Innstetten?

- *Stellen Sie die dramaturgische und symbolische Funktion des doppelten Rufes „Effi komm" (S. 20, Z. 16 und S. 316, Z. 21) in Form eines Schaubildes dar. Verdeutlichen Sie darin auch, wohin der Ruf „Effi komm" jeweils führt.*

Mit dem Ruf „Effi komm", Fontanes Andeutungsstil und der dadurch suggerierten Schicksalhaftigkeit des Geschehens setzt sich auch Dieter Webers Artikel „Effi Briest" – „Auch wie ein Schicksal" auseinander, der als **Zusatzmaterial 8**, S. 135 in Auszügen abgedruckt ist.

Baustein 5: Individuum und Gesellschaft (Schicksal und Schuld)

Die dramaturgische und symbolische Funktion des Rufes „Effi komm" kann in einem Tafelbild veranschaulicht werden:

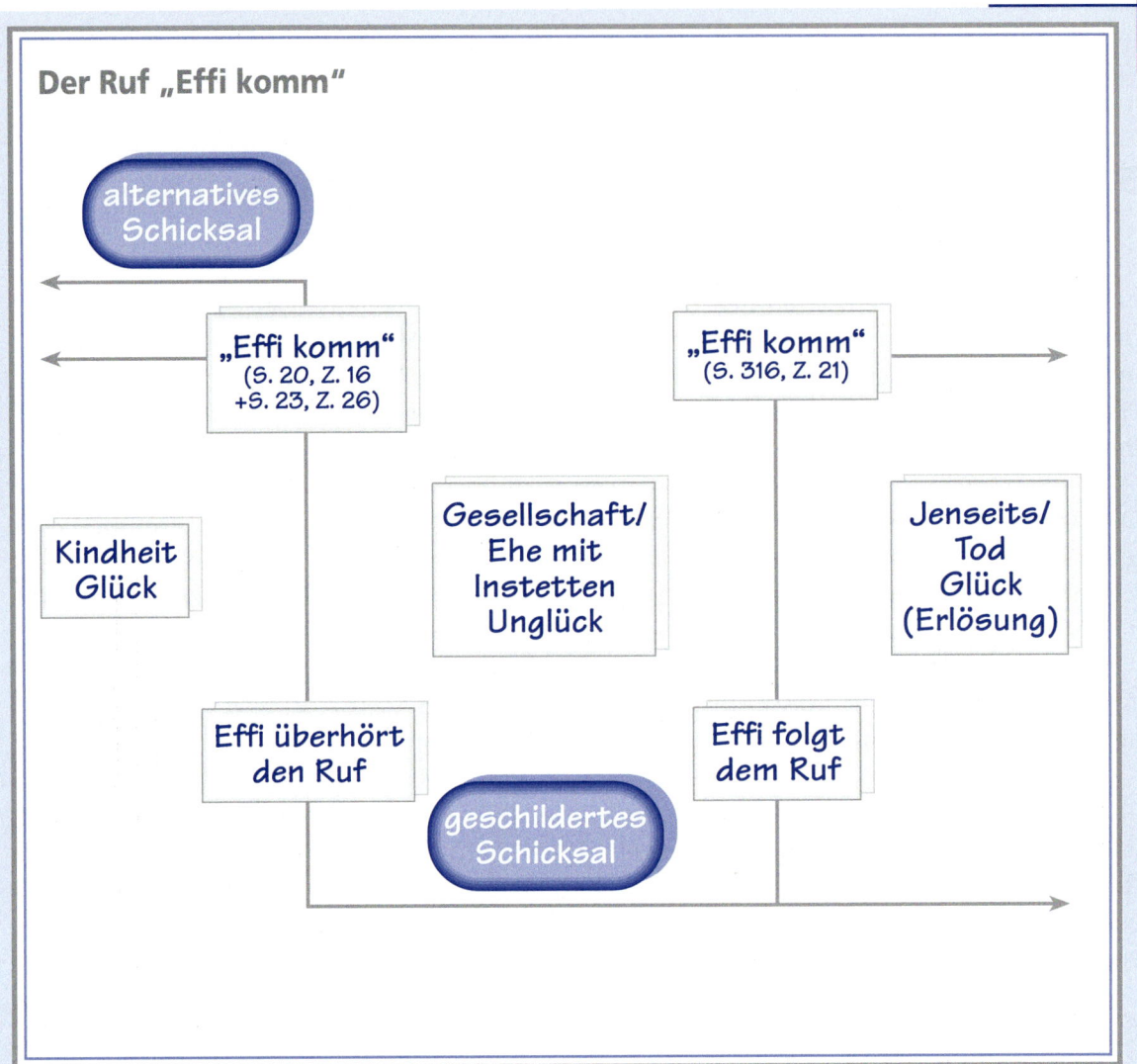

Das Tafelbild zeigt, dass „Effi komm" als Warn- bzw. Lockruf jeweils von der Ehe mit Innstetten wegführt. Dadurch, dass Effi die Warnung anfangs ignoriert, ist ihr weiteres Schicksal besiegelt. Mit dem Eintritt in Ehe und Gesellschaft ist für Effi das irdische Unglück unwiderruflich verbunden. Erst im Jenseits kann sie Erlösung finden. Mit ihrer Rückkehr nach Hohen-Cremmen folgt Effi nicht nur der elterlichen Aufforderung „Effi komm". Vielmehr symbolisieren diese beiden Worte hier auch den Lockruf des Todes, dem die (seelen)kranke Effi nachgibt.

- Erläutern Sie, inwiefern die beiden Rufe „Effi komm" (S. 20, Z. 16 und S. 316, Z. 21) jeweils Wendepunkte in Effis Leben markieren. Beschreiben Sie stichwortartig Effis Situation vor und nach den Rufen.
- Wie verändert sich Effis Bezug zu „Heimat" und „Glück" nach den beiden „Effi komm"-Rufen?

Fontane entfaltet Effis Schicksal in einem dialektischen Dreischritt, der in einem Tafelbild verdeutlicht werden kann.

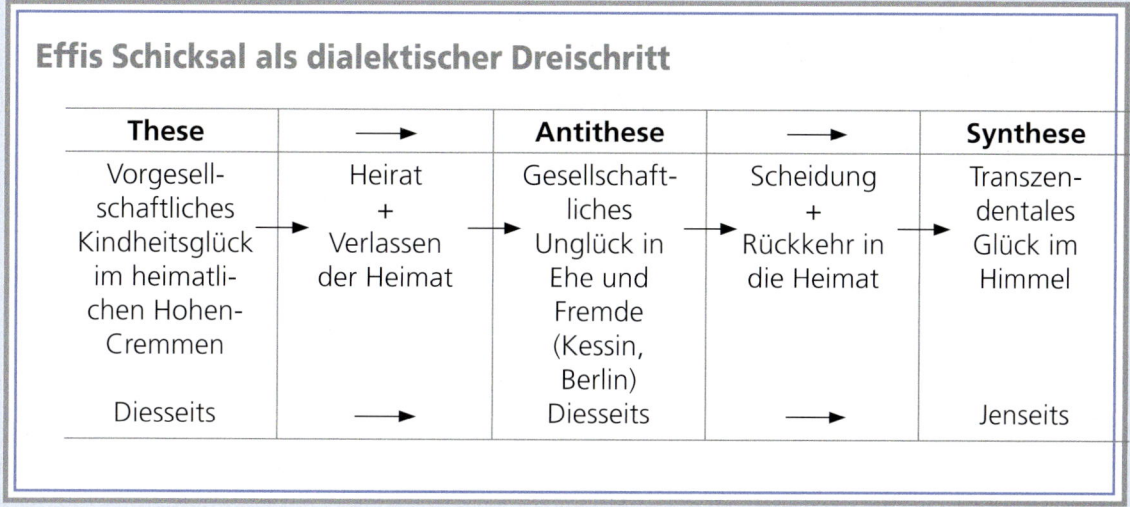

Ist der vorgesellschaftliche Schutzraum der Kindheit erst einmal verlassen, ist der Point of no Return überschritten. Mit dem Eintritt in die Gesellschaft gibt es kein Zurück mehr. Effis weiteres Schicksal erscheint – unter den gegebenen Voraussetzungen (Ehe mit Innstetten) – durch die zahlreichen Vorausdeutungen von nun an unaufhaltsam, zwangsläufig. Auf Erden verwehrt die Gesellschaft der erwachsenen, unglücklich verheirateten Effi das Glück. Erst mit dem Tod, im Jenseits, kann Effi schließlich das Glück ihrer Kindheit zurückgewinnen, und diesmal ist es nicht etwa zeitlich und räumlich begrenzt, sondern ewig und vollkommen.

Wenn Fontane Effis irdisches Unglück also als unvermeidliche Folge ihres Eintritts in die Gesellschaft bzw. konkret ihrer Ehe mit Innstetten darstellt, wirft das die Frage auf, womit er diese Zwangsläufigkeit begründet.

■ *Weshalb ist Effis Schicksal unvermeidlich?*

Grundsätzlich lässt sich die Unvermeidbarkeit von Effis Schicksal auf zweierlei Weise erklären: als transzendentale, göttliche Fügung oder als zwangsläufiges Resultat eines unlösbaren Konfliktes zwischen Individuum und Gesellschaft.

In „Effi Briest" werden beide Erklärungsansätze miteinander verschränkt. Vor allem die Spukmetaphorik verleiht Effis Schicksal eine übernatürliche, transzendentale Dimension. Gleichzeitig wird diese jedoch wieder in Frage gestellt: Der Spuk ist möglicherweise von Innstetten gemacht. Fontane öffnet beide Möglichkeiten, ohne sich eindeutig festzulegen (vgl. hierzu Baustein 4 „Metaphorik"). Wenn nicht unbedingt ausschließlich, so ist das „Es", das spukt, doch immer auch das „Gesellschafts-Etwas" (S. 270, Z. 10f.). Durchgehend setzt sich Fontanes Gesellschaftsroman mit den gesellschaftlichen Bedingungen auseinander, denen seine Figuren ausgesetzt sind, und auch deren Gespräche – allen voran das Innstetten-Wüllersdorf-Gespräch – kreisen immer wieder um soziale Gegebenheiten.

Effis Schicksal wird also als unvermeidliche Konsequenz herrschender gesellschaftlicher Rahmenbedingungen geschildert: In der Gesellschaft des späten 19. Jahrhunderts musste Effis Ehe mit Innstetten ins Unglück führen.

Dies besagt jedoch nicht, dass die gesellschaftlichen Konventionen alleine Effis Unglück herbeiführen. Vielmehr ist es die Gemengelage Effi+Innstetten+Gesellschaft, die Effis Schicksal negativ bestimmt. Die Gesellschaft fungiert dabei keineswegs als bloße Kulisse, sondern hat sich unauflöslich auch in die Charaktere Effis und vor allem Innstettens eingeschrieben (vgl. dazu auch Baustein 3 „Figuren").

■ *Lesen Sie folgenden Textauszug: S. 42, Z. 10–Z. 35. Markieren Sie darin die Stellen, die Effi und Innstetten charakterisieren. Erläutern Sie ausgehend von dem Textauszug, welche grundsätzlichen und im Roman als unüberwindbar entfalteten Gegensätze Effi und Innstetten repräsentieren?*

Im Tafelbild lässt sich das wie folgt schematisieren:

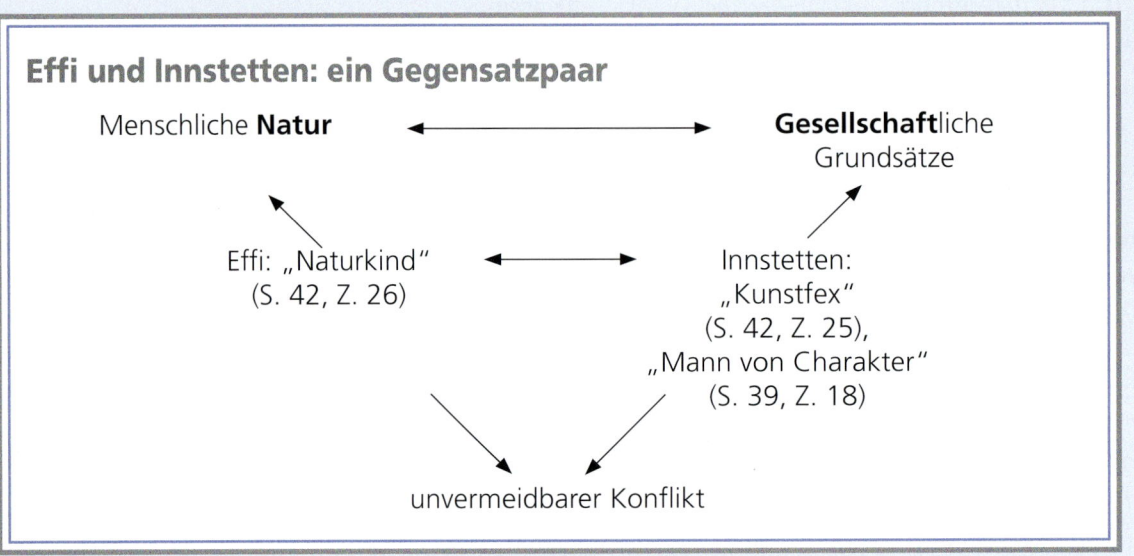

Unlösbar wird der Konflikt, da sich die drei Faktoren, die ihn auslösen (Effi, Innstetten, Gesellschaft), als kaum veränderungsfähig bzw. -willig erweisen: Effi kann nicht wider ihre Natur, Innstetten kann/will nicht gegen seinen Charakter handeln, und die Gesellschaft verändert sich zu langsam.

Ergänzend zu dieser abstrakten Betrachtungsweise, können die Schülerinnen und Schüler aufgefordert werden, in Gruppen zu erörtern, woran Effis Ehe im Einzelnen scheitert. Hierbei gilt es, mit Kessin und Berlin zwei Ehestationen zu unterscheiden.
In Berlin drückt sich das Scheitern der Ehe vor allem darin aus, dass ein echter Neuanfang nicht gelingt. Innstetten macht Effi darauf aufmerksam, dass das Chinesenbild mit umgezogen ist (S. 237, Z. 23ff.), Effi bewahrt Crampas' Liebesbriefe auf (S. 262, Z. 24f.), und Innstetten kann den schon Jahre zurückliegenden Ehebruch nicht auf sich beruhen lassen (S. 268ff.). Über das alltägliche Zusammenleben während der Berliner Jahre erfährt der Leser jedoch kaum etwas. Effi und Innstetten scheinen sich mehr oder weniger arrangiert und damit abgefunden zu haben, dass ihrer Ehe das rechte Glück verwehrt bleibt. Der Keim des Scheiterns der Ehe ist also in Kessin zu suchen.

■ *Lesen Sie – aufgeteilt in Gruppen – folgende Romanauszüge:*
  – S. 9, Z. 5–Z. 26
  – S. 12, Z. 28–S. 13, Z. 37
  – S. 38, Z. 17–S. 39, Z. 26
  – S. 42, Z. 10–Z. 35
  – S. 63, Z. 31–S. 64, Z. 26
  – S. 67, Z. 1–S. 68, Z. 11
  – S. 78, Z. 8–S. 80, Z. 29

- S. 88, Z. 1 – Z. 24
- S. 91, Z. 1 – S. 93, Z. 8
- S. 149, Z. 30 – Z. 36
- S. 246, Z. 25 – S. 247, Z. 23

Listen Sie die Faktoren auf, die für Effi im täglichen Zusammenleben mit Innstetten zum Scheitern der Ehe und zum Ehebruch führen. Begründen Sie Ihre Auswahl anhand des Romantextes und entwickeln Sie zu jedem einzelnen Faktor eine eigene, kreative Präsentationsform (Zeichnung, szenisches Spiel, Lied, Gedicht, Vortrag ...).

Vereinfacht lassen sich folgende Gründe für das Scheitern von Effis Ehe aufführen:

Woran scheitert Effis Ehe im Einzelnen?

Gründe	Textbelege
Effis Heimweh/Einsamkeit/Langeweile Innstettens Karriere	– „Das war die erste lange Trennung [...]. Arme Effi" (S. 80, Z. 13f.) – „Und ich so allein, [...] so weit von Hause ... Ach, von Hause ..." (S. 88, Z. 15ff.) – Innstetten: "Wahlkampagne" statt „Ausflüge" (S. 149, Z.30ff.)
Innstettens Gefühlskälte	– „[...] frostig wie ein Schneemann [...]" (S. 78, Z. 18ff.)
Effis Angst vor Innstetten Innstettens Macht und Effis Ohnmacht	– „[...] ich fürchte mich vor ihm." (S. 39, Z. 26) – „indischer Fürst" (S. 64, Z. 8ff.) – „wir lassen es beim Alten." (S. 68, Z. 9ff.) – „Lass uns die Wohnung wechseln [...]" [...] „Ich kann hier in der Stadt die Leute nicht sagen lassen [...]" (S. 91, Z. 1 – S. 93, Z. 8)
Gestörtes eheliches Sexualleben	– „Und fremd war er auch in seiner Zärtlichkeit." (S. 246, Z. 32ff.)
Altersunterschied	– „Er ist geradeso als wie Mama [...]" (S. 13, Z. 3ff.)
Unterschiedliche Persönlichkeiten	– „Naturkind" (S. 42, Z. 26), „Tochter der Luft" (S. 9, Z. 10) „Kunstfex" (S. 42, Z. 25), „Mann von Charakter" (S. 39, Z. 18)

Die einzelnen Gründe sind nicht immer klar abzugrenzen, sondern bedingen sich oft wechselseitig. So resultiert Effis Angst vor Innstetten sowohl aus den unterschiedlichen Persönlichkeiten der beiden Eheleute, dem Altersunterschied, der ungleichen Machtverteilung innerhalb der Ehe und möglicherweise auch aus einer sexuell gestörten Beziehung.

Außerdem lassen sich einzelne Faktoren – wie z. B. Effis gesellschaftliche Isolation in Kessin oder ihr ungestillter Hang zum Luxus – unter „Einsamkeit" und „Langeweile" subsumieren oder aber als weiterer, zusätzlicher Grund auflisten.

Die obere Tabelle gibt nur eine ungefähre Richtung vor. Entscheidend ist, dass die genannten Gründe allesamt negativer Art sind. Effis Ehe scheitert nicht, weil sie einer positiven Attraktion – also etwa dem Charme Crampas' – erliegt, sondern weil es ihr in der Ehe an Wesentlichem mangelt. Ihr fehlt es sowohl an einer Aufgabe (alle häuslichen und später auch mütterlichen Tätigkeiten übernehmen Dienerinnen und Amme) als auch an einem Zeitvertreib; ihrer kindlichen Freiheit ist sie beraubt und ihre elementaren Bedürfnisse nach Liebe, Geborgenheit, Zärtlichkeit, Abwechslung, „Apartem" werden nicht befriedigt, so-

Baustein 5: Individuum und Gesellschaft (Schicksal und Schuld)

dass ihr Ehebruch als Ersatzhandlung verstanden werden kann, mit der sie die Leere ihres ehelichen Lebens auszugleichen versucht.

Insbesondere mit der gestörten ehelichen Sexualität und Effis verfehlten romantischen Erwartungen setzt sich Dirk Mende im folgenden Auszug aus seinem Artikel „Und immer nur die Zigarre"[1] auseinander:

> Dirk Mende: „Und immer nur die Zigarre"
>
> Zwischengeschlechtliche Beziehungen, eheliche wie voreheliche, scheitern in diesem Roman Fontanes in allen Schichten, auf allen Ebenen: bei den Ehelosen, den Junggesellen und Jungfern (z. B. Roswitha, Johanna, Sidonie von Grasenabb), den Verwitweten (die Zwicker u. a.), den Verheirateten (die Briests, die Innstettens, die Crampas', die Kruses u. a.) sowie den halbdutzend Verhältnissen, die beiläufig erwähnt werden.
>
> Solche Beziehungen scheitern immer dann, wenn Sexualität zum Problem wird. Beziehungen sind nur dort intakt, wo der Sexualität Schranken gesetzt sind: in der Liebe zu den Eltern, in Effis Freundschaften zu den vielen alten Herren – Gieshübler, Rummschüttel, Niemeyer, dem alten Malprofessor – wie in ihrer Beziehung zu Roswitha.
>
> Effis illusorische wie irreale Vorstellung von der Ehe werden durch die Erfahrung zurechtgestutzt. Ihr Anspruch „Liebe kommt zuerst" bleibt unerfüllt. „Ein Liebhaber war er nicht", so klagt Effi über den eisigen Innstetten, nicht mal ein Kuss, „frostig wie ein Schneemann. Und immer nur die Zigarre", müde Zärtlichkeiten allenfalls, Tristesse des Ehealltags wie auch der Nächte. „Und fremd war er auch in seiner Zärtlichkeit. Ja, dann am meisten" – sofern es zu Zärtlichkeiten überhaupt reicht.

■ *Erläutern Sie, welche These Mende in diesem Textauszug vertritt, und nehmen Sie begründet dazu Stellung.*

5.3 Der historische Hintergrund des Romans

Da es sich bei Fontanes „Effi Briest" um einen Gesellschaftsroman handelt, lässt sich das Scheitern der Ehe nicht auf persönliche, private Gründe reduzieren. Hinter diesen scheinbar privaten Gründen verbirgt sich die Gesellschaft. Innstettens Handeln wird wesentlich von gesellschaftlichen Norm- und Wertevorstellungen bestimmt. Effi hingegen fühlt sich in der ihr aufgezwungenen gesellschaftlichen Rolle der Ehefrau unwohl, verloren und überfordert. Der Konflikt zwischen Effi und Innstetten kann daher nicht losgelöst vom historischen, gesellschaftlichen Hintergrund betrachtet werden, vor dem Fontane seinen Roman schrieb und seine Geschichte ansiedelte.

Eine historische Annäherung an das ausgehende 19. Jahrhundert erfolgt sinnvollerweise entlang der drei für „Effi Briest" zentralen Themenkomplexe „Frau und Gesellschaft", „Ehe" sowie „Ehre/Duell".

Zunächst lesen die Schülerinnen und Schüler gemeinsam den im Anhang der Textausgabe abgedruckten kurzen historischen Abriss über „Die Frauenfrage im 19. Jahrhundert"

---

[1] Dirk Mende: Frauenleben – Bemerkungen zu Fontanes „L'Adultera" nebst Exkursen zu „Cécile" und „Effi Briest". In: Hugo Aust (Hrsg.): Fontane aus heutiger Sicht – Analysen und Interpretationen seines Werkes. München: Nymphenburger Verlagshandlung, 1980, S. 200

(S. 402f.). Anschließend empfiehlt es sich, offene Fragen oder Unklarheiten im Klassenverbund zu klären.

Danach wird die Klasse in Gruppen eingeteilt, die sich gleichmäßig auf folgende drei Themengebiete verteilen:
a) Gegner der Frauenbewegung
b) Bürgerliche Frauenbewegung
c) Sozialistische Frauenbewegung

Die A-Gruppen lesen die Texte von Arthur Schopenhauer „Über die Weiber" (Anhang Textausgabe, S. 403f.) und Paul J. Möbius „Über den physiologischen Schwachsinn des Weibes" (S. 412f.).
Die B-Gruppen beschäftigen sich mit den Textauszügen aus Louise Ottos „Frauenleben im Deutschen Reich" (S. 405ff.) und Helene Langes „Handbuch der Frauenbewegung" (S. 413f.).
Die C-Gruppen erhalten Auszüge aus Friedrich Engels „Ursprung der Familie" (S. 409f.), Clara Zetkins Aufruf zur „Befreiung der Frau!" (S. 410f.) und der Abhandlung über die „wirtschaftliche Seite [...] der Frauenfrage" von Lily Braun, die sich inhaltlich zwischen bürgerlichem und sozialistischem Lager bewegt (S. 414f.).

> Lesen Sie die Ihren Gruppen zugeordneten Texte und arbeiten Sie deren zentrale Inhalte, Thesen und Forderungen gemeinsam heraus.

Zunächst können die Schülerinnen und Schüler ihre Texte als Kurzreferat, Plakat, Folienbild präsentieren.

Schopenhauer und Möbius vertreten die These der Minderwertigkeit der Frau. Sie ist dem Mann körperlich und geistig unterlegen. Für beide stellt die Frau eine Art „Mittelding" (S. 412, Z. 2ff.) zwischen Kind und Mann, „welcher der eigentliche Mensch ist", dar (S. 404, Z. 9ff.). Während der Mann vernunftbegabt ist, handelt die Frau triebgesteuert, instinktiv, „tierähnlich" (S. 412; Z. 14). Natürliche Aufgabe der Frau ist es daher, dem Mann zu dienen, ihm Kinder zu gebären und diese groß zu ziehen. Ihre Aufgaben haben sich auf den mütterlichen, häuslichen Bereich zu beschränken. Schopenhauer und Möbius sind entschiedene Gegner der Frauenbewegung. Gleichberechtigung lehnen sie ab, da es ihrer Ansicht nach der Frau an Vernunft fehlt, diese Rechte sinnvoll wahrzunehmen (S. 405, Z. 5ff.), und sie außerdem „streng konservativ" (S. 412, Z. 20) dem Fortschritt abgewandt und leicht beeinflussbar (S. 412, Z. 27ff.) ist.

Otto und Lange stellen in den hier abgedruckten Textauszügen nicht die Frage nach der Berechtigung einer Frauenbewegung, sondern betrachten diese als notwendige Reaktion auf veränderte ökonomische, technische und soziale Rahmenbedingungen.
Dabei gehen sie implizit jedoch von einem grundlegend anderen Weltbild aus als Schopenhauer und Möbius. Sie vertreten die These der Gleichwertigkeit der Frau, aus der sie die Forderung nach Gleichberechtigung ableiten.
Die Frauenfrage resultiert für Otto daraus, dass die bürgerliche Frau durch Dienstmädchen und Kindermädchen und aufgrund des technischen Fortschrittes (Nähmaschine ...) von ihren häuslichen und mütterlichen Aufgaben weitgehend entbunden ist. Die Bereiche, die Schopenhauer und Möbius der Frau zuweisen, bleiben ihr also versperrt.
Otto sieht die bürgerliche Frau nicht als Dienerin, sondern als „Gefährtin" und „Gehilfin" des Mannes (S. 406, Z. 5f.). Da sie als Hausfrau aber praktisch arbeitslos geworden ist, muss sie sich ein neues Betätigungsfeld suchen: das Berufsleben.
Für den Beruf ist die Frau nach Otto von Natur aus ebenso geeignet wie der Mann. Unterschiede sind Resultat ungleicher Voraussetzungen: falscher, einseitiger Erziehung (Puppe)

und fehlender Bildungsmöglichkeiten. Otto fordert entsprechend das Recht auf Bildung, gleichen Lohn für gleiche Arbeit und eine Erziehung zur Selbstständigkeit.

Engels, Zetkin und Braun gehen ebenso von der Gleichwertigkeit der Frau aus. Sie sehen die Frau als Opfer sozialer Missstände und einer ungerechten Machtverteilung. Die Frau wird unberechtigterweise vom Mann unterdrückt. Die Frau wird so zur „Sklavin" des Mannes (S. 409, letzte Zeile). Die Unterdrückung basiert jedoch auf den ökonomischen Rahmenbedingungen, dem Kapitalismus. Die Frauenfrage kann daher nicht losgelöst von der „sozialen Frage" beantwortet werden. Die Unterdrückung der Arbeiter und die Unterdrückung der Frauen sind zwei Seiten derselben Medaille und bedingen sich gegenseitig (S. 410, Z. 24 – S. 411, Z. 4).

Engels, Zetkin und Braun fordern daher die Emanzipation der Frau. Die Berufstätigkeit der Frau, welche ein Hauptziel der bürgerlichen Frauenbewegung darstellt (vgl. Otto und Lange) ist für Zetkin und Braun dabei nur ein erster, unvollkommener Schritt. Wirkliche Emanzipation kann ihrer Ansicht nach nur durch einen grundlegenden sozialen Wandel erreicht werden. (S. 410, Z. 20ff. – S. 411, Z. 10; S. 414, Z. 25ff. – S. 415)

Stichwortartig können die Texte folgendermaßen skizziert werden.

Die Frauenfrage im 19. Jahrhundert

	Gruppe A	Gruppe B	Gruppe C
Ausgangsthesen	– Minderwertigkeit der Frau – Frauenfrage stellt sich nicht	– Gleichwertigkeit der Frau – Frauenfrage als zentrale Frage	– Gleichwertigkeit der Frau – Frauenfrage als Teil der sozialen Frage
Forderungen	Frau als Dienerin des Mannes, Hausfrau und Mutter (konservativ, reaktionär)	Gleiche Bildungs- und Berufschancen (fortschrittlich)	Emanzipation durch sozialen Wandel (fortschrittlich, revolutionär)

In einer gruppenübergreifenden „Podiumsdiskussion" können die Schülerinnen und Schüler die Thesen und Forderungen „ihrer" Gruppe im Rollenspiel vertreten:

■ *Bestimmen Sie jeweils eine Vertreterin/ einen Vertreter Ihrer Gruppe, der an einer Podiumsdiskussion zum Thema „Frauenfrage im 19. Jahrhundert" teilnimmt. Während der Podiumsdiskussion vertreten sowohl die Podiumsteilnehmer als auch die Zuhörer die Positionen, die den Texten der jeweiligen Gruppen zugrunde liegen.*

Die Podiumsdiskussion entspricht insofern einem Rollenspiel, da die Schülerinnen und Schüler, unabhängig von ihrer persönlichen Meinung, die ihren Gruppen zugeordneten Argumente engagiert vertreten sollen. Die Diskussion findet gegen Ende des 19. Jahrhunderts statt. Die Schülerinnen und Schüler werden entsprechend angehalten, sich in die damalige Zeit hineinzuversetzen. Auch die Zuhörer sollen sich aktiv (Applaus, Buh-Rufe, Zwischenrufe ...) und analog zu ihren Gruppen an der Diskussion beteiligen. Geleitet wird die Diskussion vom Lehrer/der Lehrerin oder einer/einem ausgewählten, „neutralen" Schüler/in.

Baustein 5: Individuum und Gesellschaft (Schicksal und Schuld)

Die Gruppen können zufällig oder auch gezielt untypisch (die männlichen Schüler vertreten feministische Argumente, die Gegner der Frauenbewegung werden von Schülerinnen gespielt ...) zusammengesetzt werden.

Im Anschluss an die Diskussion werden die wichtigsten Argumente pro und contra „Frauenbewegung" gesammelt und aus heutiger Sicht bewertet.

Danach kann mit den Schülerinnen und Schülern darüber diskutiert werden, wie sich die gesellschaftliche Lage der Frau bis heute verändert hat.

> ■ *Inwieweit schlägt sich die historische Lage der Frau in der Gesellschaft in Fontanes Roman nieder?*

Bereits hier – oder wahlweise erst, nachdem auch auf die Themen „Ehe" und „Ehre" eingegangen wurde – kann eine Brücke zu „Effi Briest" geschlagen werden, indem die historische Situation, wie sie sich aus den vorgelegten Texten rekonstruieren lässt, mit dem Schicksal Effis verglichen wird.

Dabei fällt zum einen auf, dass Effi sehr wohl eine typische Vertreterin ihrer Zeit ist – z.B. wird sie, wie von Louise Otto beschrieben, von allen häuslichen und mütterlichen Aufgaben entbunden und weiß schließlich mit sich selbst und ihrer Zeit nichts anzufangen (S. 406, Z. 10ff.) – es aber andererseits bereits eine Frauenbewegung gab, also auch Frauen, die – anders als Effi – aktiv und selbstbewusst für ihre Rechte kämpften.

Eine besondere Bedeutung für Fontanes „Effi Briest" hat die historische Auseinandersetzung mit der Ehe.

Zunächst lesen die Schülerinnen und Schüler den im Anhang der Textausgabe abgedruckten kurzen historischen Abriss „Ehe und Scheidung" (S. 415). Offene Fragen oder Unklarheiten werden dann gemeinsam besprochen.

Um das Thema weiter zu vertiefen, wird die Klasse in Gruppen eingeteilt, von denen sich die eine Hälfte (Gruppen A) mit den Textauszügen aus Dirk Blasius' „Ehescheidung in Deutschland" (Anhang Textausgabe, S. 415f.) und August Bebels Abhandlung über die „moderne Ehe" (S. 416f.) beschäftigt, während sich die andere Hälfte (B-Gruppen) den Textauszügen aus dem 1904 erschienenen christlichen Ehe-Ratgeber „Die Ehe" (S. 417ff.) widmet.

> ■ *Lesen Sie die Texte Ihrer Gruppen sorgfältig durch, arbeiten Sie die zentralen Inhalte und Thesen gemeinsam heraus und präsentieren Sie diese in einem kurzen, mündlichen Vortrag (wahlweise mithilfe eines Schaubildes).*

Anschließend kann erneut die Brücke zu Fontanes Roman geschlagen werden:

> ■ *Inwiefern spiegelt sich die historische Ehe-Situation in „Effi Briest" wider?*

In der Ehe zwischen dem Staatsmann Baron von Innstetten und dem „Naturkind" Effi kehren die Konflikte zwischen Gesellschaft und Individuum, Gesellschaftsnorm und Natürlichkeit wieder (vgl 5.2).
Die Ehe bildet eine Art Mikrokosmos der Gesellschaft, in dem Menschlichkeit und Effis individuelles Glück auf der Strecke bleiben.
Eine konkrete Ursache dafür ist zunächst der große Altersunterschied zwischen Effi und Innstetten, den Fontane – abweichend von seiner Vorlage, der Ardenne-Affäre (s.u.) – hinzuer-

95

funden hat. Innstetten wird so zum Vertreter der überkommenen Traditionen, die den Fortschritt auf- und Effi gefangen halten.

Ausdrücklich geißelt auch der christliche Ratgeber „Die Ehe" den Umstand, dass junge Mädchen um die Jahrhundertwende häufig sowohl zu früh als auch an zu alte Männer verheiratet wurden (S. 419, Z. 6ff.).

Doch nicht nur Alter und Jugend kollidieren, sondern vor allem auch Mann und Frau. In der Ehe zwischen Innstetten und Effi spiegelt sich die Rollenverteilung zwischen Mann und Frau in einer patriarchalen Gesellschaft wider (vgl. dazu v.a. die Ausführungen August Bebels, S. 416f.).

Effi ist Innstetten untergeordnet und von ihm abhängig. Er ist der „Erzieher", er legt die Regeln des Zusammenlebens fest, denen sie zu folgen hat, wie sie ihm nach Kessin zu folgen hatte. Soziale Anerkennung erlangt sie nicht selbst, sondern nur in Abhängigkeit von der Stellung ihres Mannes. Innstetten erfüllt seine berufliche Aufgabe, während sie zu Hause sitzt, sich langweilt und fürchtet.

Die Ehe als gesellschaftliche Institution, in der das Verhältnis der Ehegatten – auch im Bereich der Sexualität – dem zwischen Herr und Dienerin ähnelt, steht im krassen Widerspruch zu Effis ursprünglich romantischen Vorstellungen von der Ehe als eines Bundes zweier Liebender (vgl. 5.2).

Dirk Blasius verweist in dem kurzen Textauszug „Ehescheidung in Deutschland" (S. 415f.) auf die existenzielle Bedeutung, die eine Scheidung für Frauen dann haben konnte, wenn sie unschuldig geschieden wurden. Dies trifft auf Effi jedoch nicht zu. Als schuldig geschiedener und sozial entsprechend geächteter Frau bleiben ihr nicht nur die „ableitbaren und einklagbaren Rechtsansprüche" (S. 416), sondern auch die Möglichkeit einer neuen, standesgemäßen Heirat weitgehend verwehrt.

Dennoch, das zeigt der Fall Ardenne, der die reale Vorlage für Fontanes Roman lieferte (s.u.), konnte es auch einer schuldig geschiedenen Frau gelingen, sich mit ihrem Schicksal zu arrangieren, ein neues Betätigungsfeld für sich zu finden und so noch ein langes Leben zu führen.

Das dritte Themengebiet, das es lohnt, aus historischer Sicht etwas näher zu beleuchten, ist der Komplex „Ehre und Duell".

Analog zum Thema „Ehe" können auch hier die Schülerinnen und Schüler in Gruppen die entsprechenden Texte aus dem Anhang der Textausgabe erarbeiten. Die Gruppen A referieren über Helga Schmiedels historischen Abriss zum „Duell im 18. und 19. Jahrhundert" (S. 421f.); die Gruppen B erläutern die Argumentationen der zeitgenössischen Duellgegner Alfonso von Bourbon (S. 424) und Dr. Karl Binding (S. 424f.):

■ *Lesen Sie die Texte Ihrer Gruppen sorgfältig durch, arbeiten Sie die zentralen Inhalte und Thesen gemeinsam heraus und präsentieren Sie diese in einem kurzen mündlichen Vortrag (wahlweise mithilfe eines Schaubildes).*

Im Tafelbild lassen sich die zentralen Thesen so skizzieren:

Die Duellfrage

Pro	Contra
• im 18. Jahrhundert: sozialer Duellzwang zur Wahrung der Standesehre (Schmiedel) • im 19. Jahrhundert: milde Strafen, Gnadenakte, da Duell noch immer von vielen als legitimes Mittel zur Wahrung der Ehre angesehen wurde (Schmiedel)	• im 19. Jahrhundert: vermehrte Stimmen: Duell ist Mord (Schmiedel) • Duell ist unmenschlich (von Bourbon) • wer sich gegen eigene Überzeugung dem Druck der öffentlichen Meinung beugt, ist feige (von Bourbon) • Ehre ist ein individueller Menschenwert → sie kann von einem Dritten weder gestohlen noch verletzt werden. Beleidiger verletzt seine eigene Ehre, nicht die des Beleidigten (Binding) • Angst um Ehre zeugt von mangelndem Selbstbewusstsein (Binding)

Ähnlich wie zum Thema „Frauenfrage" lässt sich zudem eine Podiumsdiskussion zwischen Duell-Befürwortern und -gegnern inszenieren.

Vor dem skizzierten historischen Hintergrund können die Schülerinnen und Schüler nun jeweils mit der Frage konfrontiert werden, ob Effis Schicksal unter den gegebenen historischen Voraussetzungen tatsächlich unvermeidbar war.

■ *War Effis Schicksal unter den historischen Rahmenbedingungen des späten 19. Jahrhunderts unvermeidbar?*

■ *Wie wäre Effis Leben verlaufen, wenn sie dem Warnruf ihrer Freundinnen gefolgt wäre und Innstetten nicht geheiratet hätte? Verfassen Sie in Stichworten einen alternativen Lebenslauf.*

■ *Schreiben Sie einen autobiografischen Artikel, in dem Effi sich als alte Frau an ihr Leben zurückerinnert.*

■ *Inszenieren Sie ein Rollenspiel, in dem Effi ihren Enkelkindern von ihrer Begegnung mit Innstetten und ihrem weiteren Lebensweg erzählt.*

Es liegt nahe, dass die von den Schülerinnen und Schülern alternativ entwickelten Lebensläufe positiver ausfallen als das in Fontanes Roman geschilderte Schicksal. Dennoch sollte in diesem Zusammenhang darauf hingewiesen werden, dass Effi auch ohne die Ehe mit Innstetten keineswegs ein glückliches Leben garantiert gewesen wäre. Hätte Effi den Antrag Innstettens abgelehnt, hätte das zum Bruch mit den Eltern und abermaliger gesellschaftlicher Isolation führen können. Effi hätte als einsame alte Jungfer enden können. Zudem hätte auch eine Ehe mit einem jüngeren und weniger karrierefixierten Mann scheitern können.

■ *Wenn Effis trauriges Schicksal – ohne die Ehe mit Innstetten – vermeidbar gewesen wäre, war es dann mit der Heirat unwiderruflich besiegelt?*

■ *Welche alternativen Lebensläufe wären – vor dem historischen Hintergrund des ausgehenden 19. Jahrhunderts – denkbar gewesen?*

Baustein 5: Individuum und Gesellschaft (Schicksal und Schuld)

In diesem Zusammenhang sollte darauf hingewiesen werden, dass die Quellenlage weder Innstettens Duell mit Crampas noch den frühen Tod Effis zwingend erscheinen lässt.

An dieser Stelle liegt es nahe, auf die „Ardenne-Affäre", welche die reale stoffliche Vorlage für Fontanes Roman lieferte, näher einzugehen. Eine aufschlussreiche Zusammenfassung der „Ardenne-Affäre" und ihrer Folgen findet sich im Anhang der Textausgabe, S. 349ff.

Nachdem die Schülerinnen und Schüler den Text von Hans Werner Seiffert gelesen haben, empfiehlt es sich, den realen Fall mit Fontanes Bearbeitung zu vergleichen:

- *Worin unterscheidet sich Elisabeth von Ardennes Schicksal von demjenigen Effis?*
- *Erörtern Sie in Gruppen, in welchen Punkten Fontanes Roman von seiner realen Vorlage (der Ardenne-Affäre) abweicht. Diskutieren Sie die möglichen Beweggründe Fontanes für diese Veränderungen und präsentieren Sie Ihre Ergebnisse in geeigneter Weise.*

Folgendes Tafelbild ist möglich:

Roman und Realität

„Ardenne-Affäre"	Roman „Effi Briest"
Altersunterschied: 5 Jahre (17 und 22)	Altersunterschied: 21 Jahre (17 und 38)
Affäre nicht beendet, als Ehemann davon erfährt	Affäre liegt über sechs Jahre zurück
Ehemann schöpft Verdacht	Affäre wird zufällig entdeckt
Geliebter stirbt im Duell	Geliebter stirbt im Duell
Scheidung, Trennung von Kindern	Scheidung, Trennung von Tochter
Elisabeth stirbt 1952 (fast hundertjährig, über 50 Jahre nach der Affäre)	Effi geht an der Scheidung zugrunde

Fontane verschärft: Ungleichheit der Eheleute und Effis Schicksal
Fontane vergrößert: zeitliche Distanz zwischen Ehebruch und Entdeckung

↓

Effis Verhalten nachvollziehbarer
Innstettens Reaktion weniger nachvollziehbar
(nicht emotional, sondern sozial bestimmt)

↓

Effis Tod erhält tragische Züge

Dadurch, dass Fontane die Affäre und ihre Entdeckung zeitlich voneinander trennt, führt er die Möglichkeit einer „Verjährung" in die Diskussion ein. Innstetten reagiert nicht mehr spontan und emotional, aus Rache, sondern wägt seine Bereitschaft, zu verzeihen und die Affäre als verjährt zu betrachten, sorgfältig gegen den Anspruch der Gesellschaft ab, die – wie er glaubt – von ihm verlangt, seine Ehre durch ein Duell wieder herzustellen.
Ungeklärt bleibt jedoch, ob Innstetten nicht vielleicht doch in seinem Innersten nach Rache sinnt, diese irrationale Reaktion aber – um vor der Gesellschaft und sich selbst die Fassade

eines Vernunftmenschen zu wahren – hinter dem Anspruch der Gesellschaft verbirgt. Handelt Innstetten aber tatsächlich gegen seine innere Überzeugung, wenn er Effi verstößt, so erhält Effis Schicksal tragische Züge: Gefühl und Verstand bzw. Menschlichkeit und Gesellschaft bilden hier die Werte, die miteinander kollidieren; den Gesellschaftsnormen werden Mitgefühl, Menschlichkeit, Effi und Crampas geopfert. Unsinnig erscheint das Opfer, da die Gesellschaftsnormen zwar faktisch noch gelten, aber nicht mehr moralisch legitimiert sind.

5.4 Der tragische Konflikt

Die Gesellschaft befindet sich im Wandel, und es ist nur eine Frage der Zeit, bis sich die Normen den veränderten Moralvorstellungen anpassen werden, aber die Einzelnen müssen sich den Normen unterwerfen, „solange der Götze gilt" (S. 271, Z. 30). Dadurch wird Effis Schicksal unabwendbar. Effi befindet sich als Individuum, das einem unaufhaltsamen Schicksal ausgeliefert ist, in einer tragischen Situation. Die zahlreichen Vorausdeutungen auf ihren Tod verleihen dem Roman Züge einer Schicksalstragödie.

> ■ *Lesen Sie folgende Romanstelle: S. 271, Z. 21–30.*
> *Ordnen Sie die Stelle in den Textzusammenhang ein.*
> *Erläutern Sie den tragischen Wertekonflikt, den Wüllersdorf hier formuliert, und skizzieren Sie ihn in einem Schaubild. Skizzieren Sie darin ebenfalls, wie der Konflikt gelöst wird und welche Rolle Effi dabei spielt.*

Vereinfacht lassen sich die tragischen Konflikte in „Effi Briest" wie folgt schematisieren:

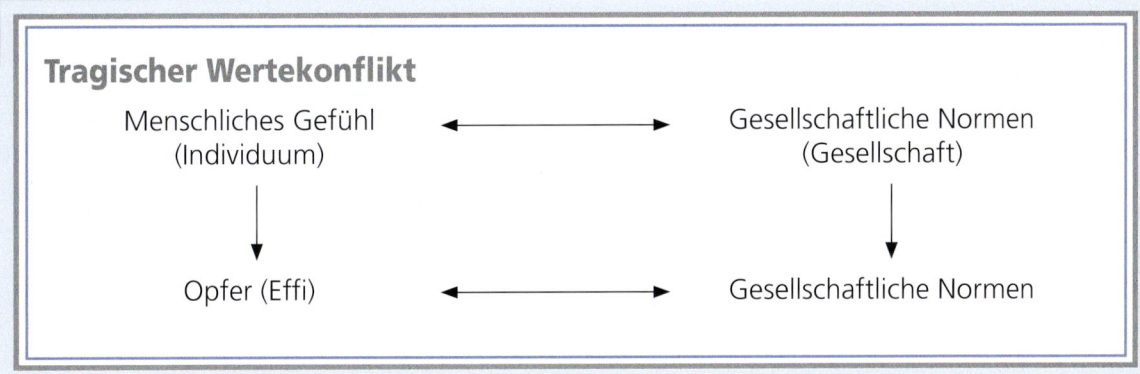

> ■ *Lesen Sie folgende Romanstelle: S. 266, Z. 21–Z. 27.*
> *Bringen Sie die Aussage „Alles ist Schicksal" (Z. 25) in Zusammenhang mit dem Geschehen, das der Textstelle vorausgeht, und dem Geschehen, das auf sie folgt.*

In diesem Zusammenhang erscheinen sowohl das „zufällige" Auffinden der Briefe als auch die „zwangsläufigen" Konsequenzen, die Innstetten daraus zieht, schicksalhaft.

> ■ *Lesen Sie folgenden Romanauszug: S. 11, Z. 25–S. 12, Z. 5.*
> *Erläutern Sie ausgehend von dieser Textstelle, wie sich Effi ihrem Schicksal gegenüber verhält. Wie entwickelt sich das Spannungsfeld Effi – Schicksal im weiteren Verlauf des Romans? Welche Rolle spielen die Vorausdeutungen dabei? Worin besteht Effis Schicksal? Präsentieren Sie Ihre Antworten in geeigneter Form (Vortrag, Skizze ...).*

Folgende Skizze ist möglich:

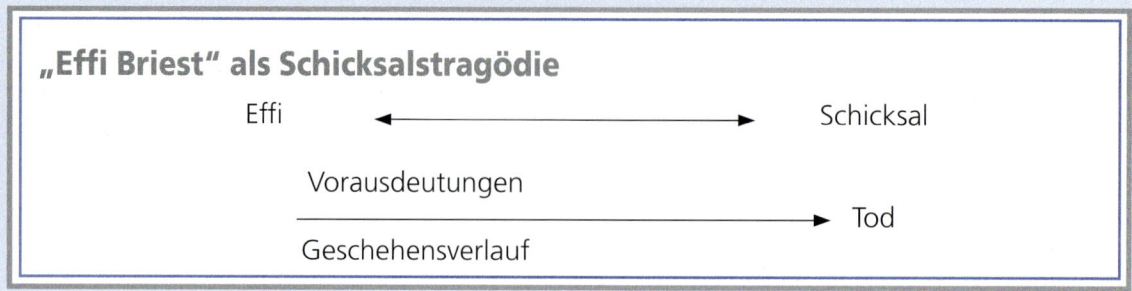

Wenn aber, wie bis hierhin dargelegt, die gesellschaftlichen Rahmenbedingungen Effis Schicksal wesentlich bestimmen, wirft das die Frage auf, ob „Effi Briest" heutzutage nur noch historisch gelesen werden kann. Dies ist zu verneinen, da der Roman überzeitliche Grundkonflikte entfaltet: Individuum vs. Gesellschaft, Individuum vs. Schicksal, Geschlechterkonflikt, Gefühl vs. Vernunft etc.

Mithilfe gezielter Aufgabenstellungen lässt sich eine Brücke in die Gegenwart schlagen und ein aktueller thematischer Bezug herstellen. So kann den Schülerinnen und Schülern vermittelt werden, dass es sich bei „Effi Briest" keineswegs um eine verstaubte, veraltete Lektüre handelt, sondern dass sich die darin behandelten Konflikte auch in der heutigen Zeit wiederfinden lassen.

- *Versetzen Sie sich in die Lage eines Teams von Drehbuchautoren und schreiben Sie in Gruppen ein kurzes Treatment (knappe Schilderung des Handlungsablaufes, der Schauplätze und Charaktere) für einen Film, der auf Fontanes Roman „Effi Briest" basiert, aber in der heutigen Zeit spielt.*

- *Erstellen Sie in Gruppen eine Liste zentraler Handlungselemente des Romans „Effi Briest", die heute veraltet wirken. Ersetzen Sie diese Handlungselemente durch neue zeitgemäße Handlungselemente, die den alten dem Sinn nach entsprechen. Begründen Sie Ihre Vorgehensweise und erarbeiten Sie eine geeignete Präsentationsform für Ihre Ergebnisse.*

5.5 Die Schuldfrage

„ [...] das ist ein zu weites Feld" (S. 337, Z. 27), entgegnet der alte Briest im letzten Satz des Romans auf die Frage seiner Frau, ob nicht vielleicht doch die elterliche Erziehung schuld an Effis Schicksal sei. Rollo schüttelt bei dieser Frage den Kopf, als wolle er die Schuld oder die Frage nach der Schuld grundsätzlich verneinen.

- *Lesen Sie den Schlussdialog des Romans (S. 336, Z. 32 – S. 337, Z. 27). Welche möglichen Antworten auf die von ihr aufgeworfene Schuldfrage präsentiert Frau von Briest? Wie sind in diesem Zusammenhang Rollos Kopfschütteln und Briests letzter Satz zu bewerten?*

- *Wer hat Schuld an Effis Unglück? Beantworten Sie ausgehend von diesem Textauszug die Schuldfrage im Kontext des Gesamtromans und begründen Sie Ihre Meinung.*

Tatsächlich lässt die innerhalb des Romans suggerierte, historisch bedingte Schicksalhaftigkeit (vgl. 5.2 und 5.3) nur einen geringen Spielraum für individuelle Schuld. Mögliche Ansatzpunkte bieten, worauf am Ende des Romans auch Frau von Briest hinweist, die Erziehung Effis („Ob wir sie nicht anders in Zucht hätten nehmen müssen.", S. 337, Z. 19f.) und die Heirat („[...] ob sie nicht doch vielleicht zu jung war?", S. 337, Z. 23f.). Denn möglicherweise hätte Effis unglückliches Schicksal vermieden werden können, wenn sie von ihren Eltern besser auf die Gesellschaft vorbereitet worden wäre (Erziehung) oder die Ehe mit dem deutlich älteren und Effi wesensfremden Innstetten vermieden worden wäre (Heirat). Schuld an Effis Unglück wären dann vor allem ihre Eltern.

Doch auch nach der Hochzeit schließt der Roman individuelle Schuld nicht völlig aus. Innstettens mögliche Schuld besteht darin, seine Frau vernachlässigt, eingeschüchtert, unterdrückt und damit in die Arme eines anderen getrieben zu haben. Angesichts von Crampas' Leichtsinn und Effis Abenteuerlust hingegen fällt es schwerer, von Schuld zu sprechen, da diese Charaktereigenschaften im Wesen der beiden, ihrer Natur, so tief verankert sind, dass sie gar nicht anders können. Innstetten hingegen handelt zunächst nicht trieb- und gefühlsgesteuert, sondern meist bedacht und vernunftorientiert. Sein Handeln ist das Resultat sorgsamen Abwägens, weshalb er für sein Tun am ehesten verantwortlich gemacht werden kann. Innstetten, so scheint es, tut nicht das, was er tun muss, weil seine innere Natur es ihm vorschreibt, sondern das, was er für das Beste hält. So entscheidet er sich für das Duell mit Crampas und die Scheidung von Effi, um gesellschaftliche Nachteile für sich zu vermeiden. Innstettens Handeln orientiert sich an den Vorgaben seiner Karriere und der Gesellschaft, die diese möglich macht. So gesehen tut Innstetten nicht das, was die innere Natur ihm vorschreibt, sondern das, was die Gesellschaft verlangt. Da aber genau dieses gesellschaftsorientierte Denken seinen Charakter, sein Wesen oder eben seine „Natur" ausmacht, kann auch er letztlich kaum anders handeln.

In erster Linie also sind die gesellschaftlichen Rahmenbedingungen schuld an Effis Schicksal. Diese Rahmenbedingungen entwickeln bei Fontane ein Eigenleben: Die Figuren charakterisiert er als Opfer der Gesellschaft, weniger als deren Urheber. Daraus ergibt sich die tragische Diskrepanz in „Effi Briest": Die Figuren leben in einer Gesellschaft, deren Normen von ihren Vorfahren geprägt wurden, ihnen selbst nicht mehr entsprechen, aber noch immer gültig sind. Die vorväterlichen Zeiten des alten Briest sind vorbei, für Effi ist die Gesellschaft noch nicht bereit. Die Gesellschaft, die Fontane zeichnet, ist eine Gesellschaft der Angepassten, Entsagenden, derjenigen, die ihre innere Natur den gesellschaftlichen Forderungen unterstellen (Frau von Briest, Innstetten). Die Figuren in Fontanes Roman – allen voran Effi – sind daher Opfer einer Gesellschaft im Umbruch (als Adelige repräsentiert Effi auch einen Stand, der sich historisch überlebt hat: das „von" ist aus ihrem Namen bereits getilgt).

Doch, um einem Missverständnis vorzubeugen, dass Fontane sich mit Schuldzuweisungen zurückhält, bedeutet im Umkehrschluss nicht, dass er das Verhalten z. B. Innstettens oder Frau von Briests im Einzelnen (Heirat, Duell ...) gutheißt. Vielmehr legt der Roman dadurch, dass er Effi als herausragende Empathie- und Sympathieträgerin entwickelt, nahe, das Verhalten Innstettens moralisch zu verurteilen. Ein anderes Verhalten erscheint sehr wohl als erstrebenswert. Indem er die bestehende Gesellschaft als unmenschlich kritisiert, macht Fontane sich gleichzeitig für eine menschlichere Gesellschaft stark. Er verurteilt die Handlungsträger und äußert doch im selben Zuge menschliches Verständnis für sie. Die Ursache der herrschenden Unmenschlichkeit sucht er weniger bei einzelnen Handlungsträgern als vielmehr bei den eher abstrakten, allgemeinen Umständen der Zeit.

In der Rezeption „Effi Briests" führte die von Fontane weitgehend offengelassene Schuldfrage zu kontroversen Urteilen. Als „Resignation", „Skepsis", „Ironie" oder „menschliches, humanes Verständnis" wurde Fontanes Haltung wahlweise gelobt oder kritisiert (vgl. dazu

Baustein 5: Individuum und Gesellschaft (Schicksal und Schuld)

Baustein 6 sowie Kapitel 8 im Anhang der Textausgabe, „Zur Rezeptions- und Wirkungsgeschichte", S. 383ff.).

Als Beispieltexte für eine positive Bewertung von Fontanes Haltung in der Schuldfrage eignen sich Felix Poppenbergs 1895 in „Die Nation" erschienene Rezension (Textausgabe, Anhang, S. 380f.) sowie der als **Zusatzmaterial 9**, S. 136 abgedruckte Textauszug aus Walter Müller-Seidels „Gesellschaft und Menschlichkeit".

Folgt man der Deutung Müller-Seidels, erscheint der Konflikt in „Effi Briest" als ein besonders markantes Beispiel eines im Grunde überzeitlichen, tragischen Grundkonfliktes zwischen Individuum und Gesellschaft (egal welcher Prägung), der daraus resultiert, dass gesellschaftliche Ansprüche und individuelle Wünsche nie vollkommen in Einklang zu bringen sind.

Ein vergleichsweise kritisches Urteil über Fontanes „passive, skeptisch-pessimistische" Haltung fällt hingegen Georg Lukács in seinem Aufsatz „Der alte Fontane" (Textausgabe, S. 386ff.).

In Gruppen können die unterschiedlichen Bewertungen miteinander verglichen und schließlich gemeinsam diskutiert werden.

■ *Lesen Sie die Texte von Poppenberg, Müller-Seidel und Lukács sorgfältig durch. Fassen Sie kurz zusammen, wie Fontanes Haltung zur Schuldfrage darin jeweils beurteilt wird, und diskutieren Sie darüber. Referieren Sie die unterschiedlichen Urteile der Autoren und nehmen Sie begründet dazu Stellung.*

Abstrahiert man die Frage nach der Schuld von den konkreten Romanumständen, führt dies zu philosophischen, ethischen Fragestellungen, die abschließend gemeinsam diskutiert werden können:

■ *Handelt der Mensch nach einem eigenen, freien Willen oder ist sein Handeln durch äußere Faktoren, die auf ihn einwirken, vorbestimmt?*

■ *Was bestimmt den Charakter eines Menschen?*
Kann man einen Menschen für seinen Charakter verantwortlich machen?

■ *Was bedeutet „Schuld"? Welche Voraussetzungen müssen erfüllt sein, damit ein Mensch Schuld auf sich laden kann?*

■ *Kann ein Mensch mit einer Tat Schuld auf sich laden und ein anderer – der das Gleiche tut – unschuldig bleiben?*

Notizen

___
___
___
___
___
___

Das Gespräch Innstetten – Wüllersdorf

Argumente für ein Duell	Argumente gegen ein Duell

- *Tragen Sie die im Gespräch zwischen Innstetten und Wüllersdorf (S. 266, Z. 35 – S. 272, Z. 2) geäußerten Argumente für und gegen ein Duell stichwortartig in die Tabelle ein. Vermerken Sie dabei sowohl Seiten- und Zeilenangaben als auch, wer das Argument äußert.*
- *Vergleichen Sie Ihre Tabellen in Gruppen und interpretieren Sie diese.*
- *Ordnen Sie die einzelnen Argumente dem Gegensatzpaar Individuum-Gesellschaft zu und begründen Sie Ihre Wahl.*
- *Beziehen Sie zu den im Gespräch geäußerten Argumenten Position.*

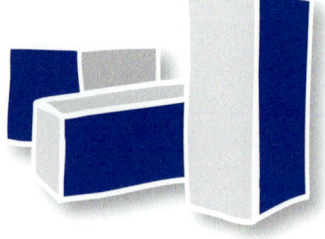

Baustein 6

Intertextualität

Richtet man den Blick über den Roman „Effi Briest" hinaus auf andere Texte bzw. Werke, die in einem Bezug zu Fontanes Roman stehen, so lässt sich in unterschiedliche Richtungen forschen. Auf drei wesentliche Bezugsfelder soll hier verwiesen werden:

- Fontanes Gesamtwerk
- Zeitgenössische Literatur
- Mediale Adaptionen: Verfilmungen

6.1 Fontanes Gesamtwerk

Zum Stellenwert „Effi Briests" in Fontanes Gesamtwerk findet sich im Anhang der Textausgabe unter Kapitel 6 („‚Effi Briest' im Kontext von Fontanes Gesamtwerk") ein ausführlicher Auszug aus einem Lexikonartikel Günter de Bruyns (S. 374ff.).

Auf der Basis dieses Artikels und der ebenfalls im Anhang der Textausgabe abgedruckten, ausführlichen Zeittafel zur Biografie Fontanes (S. 339ff.) können die Schülerinnen und Schüler in Gruppen dazu aufgefordert werden, den Roman „Effi Briest" in Fontanes Gesamtwerk einzuordnen und ihre Ergebnisse in Form eines Schaubildes oder eines Referates kurz zu präsentieren.

Herausgearbeitet werden sollte in diesem Zusammenhang, dass „Effi Briest" als Alterswerk zwar einen Höhepunkt in Fontanes Schaffen markiert, Fontane jedoch auf ein umfangreiches, vielfältiges Gesamtwerk zurückblicken kann.
De Bruyn unterteilt dieses Gesamtwerk in drei Schaffensperioden, eine frühe (1840–1855), eine mittlere (1855–1876) und eine späte (1876–1898). Marksteine der frühen Periode sind Fontanes Balladen. Aus der mittleren Periode ragen vor allem die „Wanderungen" heraus. Die späte Periode wird dann von Gesellschafts- und Eheromanen geprägt.
Erst in dieser späten Schaffensphase war Fontane „Freier Schriftsteller" (vgl. Zeittafel). Davor war er vor allem auch als Publizist und Kritiker tätig.

Fontanes literarischer Wandel geht einher mit einem politischen. Während er in jungen Jahren radikaldemokratische, liberale Ansichten vertrat, waren seine mittleren Jahre von einer konservativen Haltung geprägt, wohingegen er im Alter zu einer liberaleren Sicht zurückfand (vgl. dazu: Textausgabe, „Fontane über Politik und Preußentum", S. 365ff.).

6.2 Zeitgenössische Literatur

Als Ehe(bruch)roman knüpft „Effi Briest" jedoch nicht nur an andere Fontane-Texte („L'Adultera", 1882; „Cécile", 1886/87) an, sondern er steht auch in der literarischen Tradition so bedeutsamer Werke wie Goethes „Wahlverwandtschaften" (1809), Gustave Flauberts „Madame Bovary" (1856/57) oder Leo Tolstois „Anna Karenina" (1875–77/78).

Im Rahmen projektorientierten Arbeitens bietet es sich daher an, Fontanes Roman mit einem oder mehreren dieser Werke der Weltliteratur zu vergleichen. Mögliche Vergleichsaspekte sind dabei sowohl Inhalte (konkrete Gründe des Ehebruchs, Schicksal der Hauptfigur, Verhalten der anderen Beteiligten ...) als auch thematische Schwerpunkte (Wie wird das Verhältnis Individuum-Gesellschaft jeweils dargestellt? Wie wird die Schuldfrage beantwortet? ...).

Einen möglichen konkreten Einstieg für einen Vergleich von „Effi Briest" und „Anna Karenina" hinsichtlich der politischen Haltung des Autors bzw. der Haltung des Erzählers zur Schuldfrage bietet der im Anhang zur Textausgabe abgedruckte Auszug aus Georg Lukács „Der alte Fontane" (S. 386ff.):

> ■ *Fassen Sie kurz zusammen, wie Lukács Fontanes „Effi Briest" im Vergleich zu Tolstois „Anna Karenina" bewertet. Nehmen Sie begründet Stellung dazu.*

Der marxistische Philosoph und Literaturwissenschaftler Lukács vermisst in Fontanes Roman die soziale Utopie, die seiner Meinung nach in „Anna Karenina" deutlich wird. Fontanes Roman entwickelt laut Lukács weder eine politische Perspektive noch eine gesellschaftliche Alternative. Der Mangel an politischer und sozialer Weitsicht, so Lukács, zwinge Fontane und seine Helden zur Resignation. Vgl. dazu auch Baustein 5, 5.5: „Die Schuldfrage".

Neben diesen Werken von Weltrang gibt es mit Friedrich Spielhagens „Zum Zeitvertreib" (1896) auch eine Art Paralleltext zu Fontanes „Effi Briest". Ein Blick auf Spielhagens Roman lohnt sich vor allem deshalb, da dieser – offensichtlich unabhängig von Fontanes Roman – mit der Ardenne-Affäre denselben realen Stoff umsetzt.

Die unterschiedliche Art und Weise, wie beide Autoren denselben realen Vorfall literarisieren, verdeutlicht ihre unterschiedlichen Konzepte und Intentionen.

Nachdem die Schülerinnen und Schüler gemeinsam die im Anhang zur Textausgabe abgedruckte Inhaltsangabe zu Spielhagens Roman (S. 354f.) gelesen haben, können sie in Gruppen die ebenfalls im Anhang zur Textausgabe abgedruckten beiden Auszüge aus „Zum Zeitvertreib" (S. 358ff.) bearbeiten.

Für den ersten Textauszug (S. 358f.) sind folgende Frage- bzw. Aufgabenstellungen denkbar:

> ■ *Worunter leidet Spielhagens Heldin Klotilde von Sorbitz? Inwiefern stellt dieses Leiden die Motivation für ihren Ehebruch dar?*

> ■ *Erläutern Sie ausgehend von diesem Textauszug, worin sich die Gründe für den Ehebruch bei Spielhagen und Fontane gleichen und worin sie sich unterscheiden.*

Der Textauszug verdeutlicht, dass – was bereits der Romantitel erahnen lässt – Langeweile die Haupttriebfeder für Klotildes Ehebruch darstellt. Sie sucht einen „Zeitvertreib". Dass die Langeweile Klotildes auch soziale Wurzeln hat und auf die Rolle der (adeligen) Frau in der Gesellschaft des ausklingenden 19. Jahrhunderts zurückgeführt werden kann, deutet der Textauszug ebenso an (zum historischen Kontext vgl. Baustein 5, 5.3: „Zum historischen Hintergrund des Romans").

Langeweile spielt auch bei Effis Ehebruch eine ursächliche Rolle, ist jedoch nur ein Grund unter mehreren und keineswegs der hervorstechende. Effis Angst und Einsamkeit, der Altersunterschied zu Innstetten, die emotional und sexuell gestörte Ehe etc. fallen bei Fontane deutlich mehr ins Gewicht (vgl. Baustein 5, 5.2: „Fontanes Andeutungsstil und die Schicksalhaftigkeit des Geschehens"). Fontane verleiht dem Ehebruch einen schicksalhaften, sozialbestimmten Charakter. Die gesellschaftlichen Rahmenbedingungen drängen Effi – beinahe gegen ihre Natur – zum Ehebruch, wohingegen er Klotildes leichtlebigem Naturell zu entsprechen scheint.

Spielhagen handelt den Ehebruch entsprechend eher als individuelles Phänomen ab, die gesellschaftliche Dimension tritt in den Hintergrund.

Beispielhaft lässt sich dies auch anhand des zweiten Romanauszuges demonstrieren, in dem der betrogene Ehemann, Viktor von Sorbitz, den Legationsrat von Fernau darum bittet, ihm im Duell zu sekundieren.

Vergleichen Sie den Ablauf des Gesprächs zwischen Viktor und von Fernau (S. 359–361) mit dem Verlauf des Gesprächs zwischen Innstetten und Wüllersdorf (S. 266, Z. 35–S. 272, Z. 2). Nennen Sie die wesentlichen Unterschiede sowie Gemeinsamkeiten und bewerten Sie diese.

Beiden Gesprächen liegt dieselbe Intention zugrunde: Der betrogene Ehemann bittet einen Freund, ihm im Duell zu sekundieren. Die folgenden Abläufe weisen deutliche Parallelen auf: Von Fernau formuliert ebenso wie Wüllersdorf zunächst Einwände, um dann schließlich doch der Bitte des Ehemanns Folge zu leisten. Die dramaturgischen Grundstrukturen ähneln sich also.

Darüber hinaus aber dominieren die Unterschiede: Zwar ist auch bei Spielhagen die ehebrecherische Liaison bereits beendet, das Ende erfolgt jedoch zeitgleich mit der Entdeckung. Die Tragik besteht hier allenfalls darin, dass die Liaison zu lange andauerte, um unentdeckt zu bleiben. Der bei Fontane zentrale Aspekt der Verjährung entfällt. Möglicherweise deshalb stellt von Fernau im Gegensatz zu Wüllersdorf nie das Duell an sich in Frage. Er versucht Viktor lediglich davon zu überzeugen, dass er aufgrund seiner doppelten persönlichen Involviertheit (Abneigung gegenüber Albrecht Winter, Zuneigung zu Klotilde) als Sekundant ungeeignet ist. Der Sinn eines Duells, der „Ehrenkultus", wird – anders als bei Fontane – nicht hinterfragt.

Im Gegenteil ärgern sich Viktor und von Fernau gemeinsam darüber, dass mittlerweile auch Nicht-Adlige satisfaktionsfähig sind. Sie kritisieren die Fortschritte der Gesellschaft, worin sich ihre reaktionäre Haltung offenbart. Innstetten und Wüllersdorf bemängeln in ihrem Gespräch hingegen gerade, dass die Gesellschaft noch nicht fortschrittlich genug ist. Sie lehnen den überkommenen Duellzwang ab, fügen sich ihm aber dennoch. Ihre Gesinnung erscheint daher eher fortschrittlich, ihr Verhalten bleibt konservativ.

Die Gesellschaftskritik der Gesprächsteilnehmer deutet bei Spielhagen und Fontane daher in jeweils entgegengesetzte Richtungen. Viktor und von Fernau beklagen den Verfall gesellschaftlicher Normen, Innstetten und Wüllersdorf deren Beharren.

Im Spielhagen-Gespräch wird die Gesellschaftskritik zudem eher am Rande abgehandelt, sie dehnt sich nicht zu einem grundsätzlichen Konflikt des Individuums mit der Gesellschaft aus. Das zentrale Thema des Fontane-Gesprächs spielt bei Spielhagen keine Rolle.

Um die unterschiedlichen gesellschaftspolitischen Dimensionen der beiden Romane hervorzuheben, lohnt es sich auch, die Schülerinnen und Schüler mit dem Briefwechsel zwischen Spielhagen und Fontane (Anhang Textausgabe, S. 355ff.) vertraut zu machen. Vor allem der Brief Fontanes vom 25. August 1896 (Textausgabe S. 356ff.) ist hierfür besonders ergiebig:

> ■ *Lesen Sie Fontanes Brief an Spielhagen vom 25. August 1896 (S. 356ff.). Erläutern Sie, was Fontane an Spielhagens Roman kritisiert, und nehmen Sie begründet dazu Stellung.*

6.3 Verfilmungen

Einen Überblick über die vier bislang erfolgten Verfilmungen von Fontanes „Effi Briest" (Gustaf Gründgens: „Der Schritt vom Wege", 1939; Rudolf Jugert: „Rosen im Herbst", 1955; Wolfgang Luderer: „Effi Briest", 1969/70; Rainer Werner Fassbinder: „Fontane Effi Briest", 1972/74) kann ebenfalls dem Anhang zur Textausgabe entnommen werden (S. 391ff.).

Zur filmgeschichtlich bedeutendsten „Effi Briest"-Adaption, Fassbinders „Fontane Effi Briest", finden sich zahlreiche Analysen, Hintergrundinformationen, Arbeitsblätter und Klausurvorschläge in: Stefan Volk, Filmanalyse im Unterricht – Zur Theorie und Praxis von Literaturverfilmungen, S. 247–271.[1] Im Zentrum steht jeweils der Vergleich von Fassbinders Film mit Fontanes Roman.

Da sich Fassbinder in seinem Film intensiv und kritisch mit Fontanes Roman auseinandersetzt, kann die Beschäftigung mit der Verfilmung neue Perspektiven auf den Roman eröffnen und so zu einem besseren Verständnis von Fontanes „Effi Briest" beitragen. Besonders geeignet ist der Film, um eine Diskussion über den thematischen Kern des Romans, das Verhältnis Individuum und Gesellschaft, und die sich daraus ableitende Schuldfrage in Gang zu setzen.

Bereits der lange Untertitel des Films formuliert den zentralen Punkt der Kritik, die Fassbinder sowohl an Fontane als auch seinen Romanhelden übt: „Viele, die eine Ahnung haben von ihren Möglichkeiten und Bedürfnissen und dennoch das herrschende System in ihrem Kopf akzeptieren durch ihre Taten und es somit festigen und durchaus bestätigen."

> ■ *Inwiefern kann der Untertitel von Fassbinders „Fontane Effi Briest" als Kritik einerseits an den Helden des Romans und andererseits am Autor Fontane verstanden werden? Nehmen Sie begründet Stellung.*

Fassbinder knüpft mit seinem Film auf künstlerisch kreative Weise an die Kritik Georg Lukács' an (vgl. dazu Baustein 5, 5.5: „Die Schuldfrage"). Er bemängelt, dass der Autor Fontane durch die Augen seiner Romanfiguren hindurch zwar die moralischen Unzulänglichkeiten der Gesellschaft erkennt, aber keine Perspektive zu deren Überwindung entwickelt. Vielmehr schränkt Fontane – laut Fassbinder – den historisch vorhandenen Handlungsspielraum seiner Figuren künstlich ein, wodurch er den Anschein einer Zwangsläufigkeit erweckt.

Fassbinder betont in seinem Film statt der Schicksalhaftigkeit des Geschehens die Eigenverantwortung des Individuums. Den Begriff der „Gesellschaft" ersetzt er durch den des „Sys-

---

[1] Volk, Stefan: „Filmanalyse im Unterricht – Zur Theorie und Praxis von Literaturverfilmungen." Reihe „EinFach Deutsch". Hrsg. von Johannes Diekhans. Paderborn: Schöningh, 2004

tems", womit er suggeriert, dass die Gesellschaft kein organisches Eigenleben führt, sondern ein Produkt der Menschen ist, die in ihr leben.

Die Schuld an Effis Unglück schreibt Fassbinder entsprechend nicht einem abstrakten „Gesellschafts-Etwas" zu, sondern zum großen Teil den handelnden Figuren selbst. Vor allem Innstetten rückt Fassbinder in deutlich negativeres Licht.

Notizen

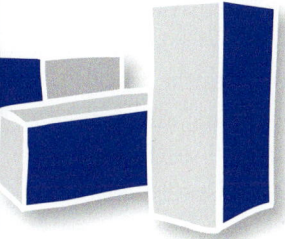

Baustein 7

Realismus

Der folgende Baustein unterteilt sich im Wesentlichen in zwei Abschnitte. Der erste Abschnitt nähert sich dem literaturhistorischen „Realismus"-Begriff sowie der Epoche des „Realismus" an, wohingegen der zweite Teil sich am Beispiel von „Effi Briest" Fontanes „realistischer" Erzähltechnik (Erzählperspektive bzw. Erzählsituation; multiperspektivisches Erzählen) widmet.

7.1 „Realismus" als literarischer Epochenbegriff

Als gesellschaftliches Phänomen ist das Zeitalter des „Realismus" eng verknüpft mit den Auswirkungen der Aufklärung, zu deren Leitbegriffen „Vernunft" und „Rationalismus" zählten und die einen grundsätzlichen Wandel in der menschlichen Wahrnehmungsperspektive forcierte; einen Wandel, der bereits durch die kopernikanische Wende eingeleitet worden war.
Moderne wissenschaftliche Methoden, Erkenntnisse und Theorien sowie die modernen Techniken und rationellen Arbeitsweisen der Industrialisierung veränderten nicht nur die Gesellschaft, sondern auch deren Wahrnehmung grundlegend.
Diese veränderte Sicht der Dinge schlug sich auch in der Kunst im Allgemeinen und der Literatur im Besonderen nieder.
Die Frage der „Mimesis", der Nachbildung von Wirklichkeit in der Kunst, beschäftigte bereits die klassischen Philosophen. Während im klassischen, antiken Sinne Kunst an Qualität gewann, je abstrakter sie war, forderte der „Realismus" eine bestimmte Wirklichkeitsnähe ein. Kunst wurde nicht mehr als ein autonomes, schöpferisches Feld unabhängig von den jeweils herrschenden, sozialen Bedingungen betrachtet, sondern suchte die Wechselwirkung mit der Gesellschaft. Kunst galt nicht länger als grundsätzlich zeitlos oder überzeitlich, sondern hatte sich mit den jeweiligen Zeitumständen auseinanderzusetzen.
Dieser Wandel im Kunstanspruch führte im Bereich der Literatur zur Aufwertung einer Gattung, die bislang eher ein Schattendasein fristete: des Romans. Nach klassischen Qualitätsmaßstäben galt die Epik im Vergleich zu Lyrik und Drama als profan. Der Roman, der sich als epische Untergattung in Deutschland erst im 16. Jahrhundert zu entwickeln begann, galt lange als bloße Unterhaltungsliteratur, da er sich – anders als etwa die Novelle – keinem klar definierten Formzwang unterstellte. Gerade durch seine freie Form und moderne Erzählweise war der Roman aber besonders offen für Einflüsse von außen und daher zur literarischen Ausdrucksform des „Realismus" prädestiniert.
Ähnlich wie bei der Industrialisierung oder anderen gesellschaftlichen Fortschritten hinkte die Entwicklung in Deutschland beim literarischen „Realismus" ein wenig hinter der gesamteuropäischen Entwicklung hinterher. Während für den „Realismus" als gemeineuropäische Literaturepoche in etwa der Zeitraum von 1830–1880 veranschlagt wird, erstreckt sich der deutsche „Realismus" ungefähr von 1850–1890.
Die Vorstellungen dessen, was unter „Realismus" zu verstehen sei, waren jedoch keineswegs einheitlich. Vielmehr variierten sie je nach sozialem, politischem Hintergrund und/oder künstlerischem Anspruch.

Unterscheiden lassen sich beispielsweise der „poetische" bzw. „bürgerliche Realismus" einerseits und der „kritische Realismus" andererseits. Der „kritische Realismus" hebt im Gegensatz zum „bürgerlichen Realismus" den sozialkritischen Ansatz besonders deutlich hervor. Eine inhaltliche Abgrenzung zwischen diesen beiden Facetten des „Realismus" erweist sich im Einzelfall als schwierig. Prototypische Vertreter des „kritischen Realismus" sind (vorwiegend russische) Autoren sozialistischer bzw. anarchistischer Prägung wie beispielsweise Leo Tolstoi.

Die Begrifflichkeiten werden in der Forschungsliteratur unterschiedlich verwendet. Teils beziehen sich die Begriffe „bürgerlicher Realismus" und „poetischer Realismus" speziell auf die deutsche Ausprägung des europäischen „Realismus", teils werden sie auf Gesamteuropa angewandt. In der nicht-marxistischen, westlichen Forschung wird der „kritische Realismus" meist dem Begriff des „Realismus" bzw. „bürgerlichen Realismus" (teilweise auch des „Naturalismus", s. u.) subsumiert.

In seinem Aufsatz „Der alte Fontane" übt der marxistische ungarische Literaturwissenschaftler Georg Lukács Kritik an Fontane und dessen Realismusverständnis.

■ *Lesen Sie den im Anhang der Textausgabe abgedruckten Auszug aus Georg Lukács „Der alte Fontane " (S. 386–389). Was kritisiert Lukács an Fontanes Figurengestaltung? Worin unterscheidet sich, laut Lukács, Fontanes „Realismus" von demjenigen Tolstois, worin ähnelt er ihm?*

Im Tafelbild lässt sich Lukács' Vergleich von Fontanes und Tolstois Realismus so zusammenfassen:

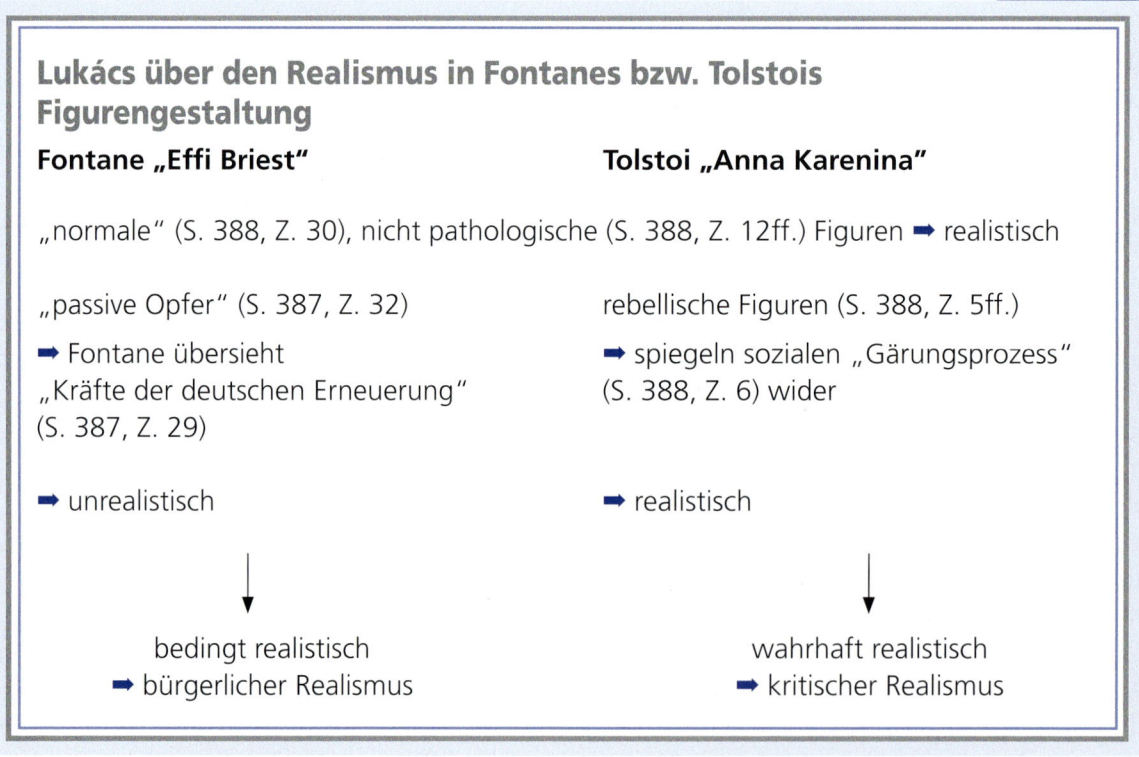

■ *Diskutieren Sie Lukács Auffassung und nehmen Sie begründet dazu Stellung.*

Bei der Auswertung der Diskussionen sollten zwei Punkte herausgearbeitet werden. Einerseits ist Lukács' Kritik bis zu einem gewissen Grade durchaus nachvollziehbar. Tatsächlich ist

Effis Schicksal ein literarisches, wie die Abweichungen vom realen Ardenne-Fall (vgl. 5.3) belegen. Und vor dem zeitgenössischen gesellschaftlichen Hintergrund (vgl. etwa die Ausführungen zur Frauenbewegung unter 5.3) hätte Fontane Effi durchaus eine aktivere Rolle zuschreiben können.
Andererseits waren im 19. Jahrhundert rebellische Frauen insgesamt in der Minderheit. Lukács fordert daher im Grunde kein realistisches Abbild der Gesellschaft ein, sondern ein zukunftsorientiertes, avantgardistisches, das von einer konkreten, politischen Utopie getragen wird.

Lukács betont, dass „innerlich gesunde", „normale" (S. 388, Z. 30) Menschen im Mittelpunkt einer realistischen Darstellung stehen sollten, weil nur das Unglück solcher gesunder, normaler Menschen als sozial bedingt begriffen werden kann. Mittels typischer Figuren soll der von Lukcás verfochtene „kritische Realismus" soziale Missstände hervorheben und gleichzeitig Lösungswege aus dieser Misere aufzeigen.

Mit dem geforderten Verzicht auf alles Pathologische wendet sich Lukács auch gegen gewisse naturalistische Tendenzen, gerade das Hässliche, Kranke in den Mittelpunkt zu stellen (s. u.).

Da der „kritische Realismus" aus der historischen Notwendigkeit geboren wurde, gesellschaftliche Mängel aufzuzeigen, verliert er theoretisch dann an Berechtigung, wenn diese Mängel behoben sind. Aus marxistisch-sozialistischer Perspektive heißt das: Der „kritische Realismus" hat sich spätestens dann überlebt, wenn die soziale Utopie, die er anstrebt, also der Sozialismus erreicht ist.

Auf dem 1. Sowjetischen Schriftstellerkongress 1934 wurde der „kritische Realismus" vom „sozialistischen Realismus" abgelöst, der von da an die einheitliche Kunst- und Literaturtheorie der sozialistisch-kommunistischen Länder bildete. Gemäß der geltenden Staatsideologie boten die kommunistisch regierten Länder einem „kritischen Realismus" keine Angriffsflächen mehr. Kritik war mit der Einführung des Sozialismus überflüssig geworden.

Der „sozialistische Realismus" hatte stattdessen folgende Forderungen zu erfüllen:
1. Lebensechtheit und „Volksverbundenheit", d. h. eine einfache, leicht verständliche Darstellungsweise,
2. Darstellung des sozialistischen Kampfes (auch in der Geschichte), Übereinstimmung mit dem Kommunismus, Parteilichkeit,
3. eine optimistische, sozialistische Perspektive aufzeigen,
4. einen positiven Helden in einer „typischen" Lebenswirklichkeit darstellen.

Mit dem Realismusverständnis des 19. Jahrhunderts hat der „sozialistische Realismus" nur noch wenig gemein.

Die Realismusdiskussionen des 19. Jahrhunderts entzündeten sich vor allem an der Frage, wie unverstellt Wirklichkeit in der Kunst, in der Literatur wiedergegeben werden darf bzw. muss.
Den Vertretern des „bürgerlichen Realismus" in Deutschland ging es nicht etwa darum, Wirklichkeit allumfassend abzubilden, sondern das aus ihr herauszufiltern, was ihrer liberalen, bürgerlichen Geisteshaltung entsprach. Die „Realität", die sie in ihren Gesellschaftsdarstellungen entwarfen, war weniger eine konkret politische als eine allgemeinmenschliche. Sie interessierten sich also weniger für die politischen Rahmenbedingungen der bestehenden Gesellschaft als für deren allgemeinmenschliche, überzeitliche Grundlagen. Grundsätzliche, ewige Daseinsfragen wie diejenige nach dem Verhältnis zwischen Individu-

um und Gesellschaft rückten in den Mittelpunkt. Der deutsche „bürgerliche Realismus" suchte hinter den konkreten, zeitgebundenen Lebensumständen nach einem philosophischen, poetischen Wesenskern, weshalb für ihn die Bezeichnung „poetischer Realismus" besonders zutreffend erscheint.

Der deutsche „poetische Realismus" stellte, nach der gescheiterten Revolution von 1848, im Vergleich zur politischen Aufbruchsstimmung, die sich in der Literatur des Vormärz widerspiegelte, einen Rückzug aus der Politik dar. Darin unterscheidet sich der „bürgerliche Realismus" in Deutschland auch vom gesamteuropäischen „Realismus", in den soziale Bedingungen und Lebensverhältnisse spürbar einflossen (z. B. Charles Dickens' „David Copperfield", 1849) oder der wie der russische „Realismus" (bzw. „kritische Realismus") eine pointiert sozialkritische Position bezog.

Die Sonderrolle des deutschen „bürgerlichen Realismus" führte auch dazu, dass in Deutschland die Trennlinie zwischen „bürgerlichem Realismus" und „Naturalismus" deutlich schärfer ausfällt als in anderen europäischen Ländern.

Ähnlich wie die Vertreter des „bürgerlichen Realismus" sahen sich auch die „Naturalisten" dem „Realismus" verpflichtet. Allerdings interpretierten sie den Realismusbegriff unmittelbarer. Der „Naturalismus" bemüht sich um eine möglichst „naturgetreue" Wiedergabe der Wirklichkeit. Die Realität soll nicht poetisch überhöht oder „verklärt" in ihrem Wesenskern dargestellt werden, sondern so abgebildet werden, wie sie die Menschen alltäglich erleben. Dies schlägt sich auch in der Sprache nieder. Die Figuren sollen möglichst wirklichkeitsnah sprechen, also auch mundartlich und je nach Bildungsgrad oder Milieu fehlerhaft oder derb.

In seinem Bemühen, die Welt möglichst authentisch wiederzugeben, wendet sich der Naturalismus besonders jenen gesellschaftlichen Bereichen bzw. Milieus zu, die bislang von der Kunst, der Literatur ausgespart wurden.

Das „Hässliche", das es laut Fontane (1875) gezielt zu vermeiden galt, wurde bewusst gesucht. Der Naturalismus thematisierte gerade das Abseitige, Niedere. Dirnen, Verbrecher, Geisteskranke, Alkoholiker, verarmte Proletarier wurden zu bevorzugten Handlungsträgern.

Als gesamteuropäische literarische Strömung umfasst der „Naturalismus" den Zeitraum von 1870–1900. Der wohl bedeutendste Vertreter des europäischen Naturalismus ist der französische Schriftsteller Emile Zola (1840–1902). Verschiedentlich werden auch Tolstoi, Dostojewski oder Ibsen den Naturalisten zugerechnet. Der deutsche „Naturalismus" beschränkt sich weitgehend auf die Dekade zwischen 1890 und 1900. Bekannteste Vertreter sind der Dichter und Dramatiker Arno Holz und Gerhart Hauptmann, der in seinem Stück „Die Weber" (1892) das soziale Elend der Weber und den daraus resultierenden Weberaufstand mit ungewissem Ausgang auf die Bühne brachte.

Fontane äußerte sich zunächst ablehnend zum „Naturalismus", der seinem Realismusverständnis grundsätzlich widersprach (vgl. Anhang Textausgabe, S. 371: „Brief an Friedrich Stephany"), zeigte sich von Hauptmanns „Weber" aber begeistert (S. 371: „Brief an Otto Brahm").

Um sich Fontanes ursprünglichem Realismusbegriff anzunähern, lohnt es sich, seine Vorstellung von „Realismus" mit derjenigen der Naturalisten zu konfrontieren.

Fontanes Realismusvorstellung kann den Schülerinnen und Schülern mithilfe von Auszügen aus entsprechenden Selbstäußerungen Fontanes und/oder aus der Sekundärliteratur näher gebracht werden.

Baustein 7: Realismus

- Lesen Sie die im Anhang der Textausgabe abgedruckten Stellungnahmen Fontanes zur Frage des Realismus in der Literatur: „Was verstehen wir unter Realismus?" (S. 369f.), „Was soll ein Roman?" (S. 370), Brief an Friedrich Stephany (S. 371).

- Lesen Sie außerdem (oder wahlweise) den ebenfalls im Anhang der Textausgabe abgedruckten Auszug aus der literaturwissenschaftlichen Arbeit Wolfgang Preisendanz' über Fontanes „poetischen Realismus" (S. 400).

- Erörtern Sie in Gruppen, welche Form des literarischen „Realismus" Fontane befürwortet und welche er ablehnt. Was zeichnet gelungenen literarischen „Realismus" für Fontane aus? Präsentieren Sie Ihre Antworten in geeigneter Form (Kurzreferat, Folie, Tafelbild ...).

Als Tafelbild kann Fontanes Realismusauffassung so skizziert werden:

Fontanes Vorstellungen von „Realismus"

Realismus soll:
- gestaltende Kunst sein: verklären
- das „Wahre" aus dem Leben filtern
- glaubhaft sein
- eine Fiktion als wirklich empfinden lassen
- fördern, klären, belehren
- einen humorvollen Blick auf das Leben einnehmen

↓

Wirklichkeit vortäuschen und literarisch überhöhen

Realismus soll nicht:
- alltägliches Leben unverändert wiedergeben
- Elend, Misere, Hässliches darstellen
- übertreiben

↓

Wirklichkeit abbilden

Deutlich betont Fontane den fiktiven Charakter des Realismus, der für ihn Kunst und Wirklichkeit voneinander unterscheidet. Die künstlerische „Verklärung" erfordert eine Distanz zum Wirklichen, um darin das „Wahre" zu entdecken. Aufgabe realistischer Kunst ist es demnach, überzeitliche, allgemeinmenschliche Wahrheiten aus den gegebenen Wirklichkeitsumständen herauszuschälen und diese Wahrheiten literarisch zu präsentieren. Fontanes Mittel der Wahl, um diese Distanz zu erzielen, ist der Humor bzw. die Ironie.

Den Wesenskern der Kunst- bzw. Literaturauffassung des Naturalismus können sich die Schülerinnen und Schüler mithilfe der in **Zusatzmaterial 10** („Naturalismus", S. 137) abgedruckten programmatischen Textauszüge aneignen.

Analog zu Fontanes Realismuskonzept kann die naturalistische Realismusauffassung im Tafelbild umrissen werden:

> **Die Realismusvorstellung des „Naturalismus"**
>
> **Realismus soll:**
> - vorbehaltlos erkennen und kritisieren
> - frei und mutig sein
> - Wirklichkeit wahrheitsgetreu und ungeschönt wiedergeben
> - gegenwärtig sein
>
> ↓
>
> Wirklichkeit zeigen, wie sie (in Wahrheit) ist
>
> **Realismus soll nicht:**
> - schöngeistig, „weibisch" sein
> - Rücksicht nehmen
> - romantisieren, fantasieren, moralisieren, idealisieren
> - sich in Vergangenheit flüchten
>
> ↓
>
> Wirklichkeit verfälschen

Der Leitspruch des Naturalismus ist „Wahrheit". Deutlich wird anhand der beiden Textauszüge jedoch, dass die Naturalisten nicht nur unter „Realismus" etwas anderes verstehen als Fontane, sondern auch unter „Wahrheit". Während Fontane das poetisch Wahrhaftige sucht, das sich hinter dem ersten Anschein versteckt, interessieren sich die Naturalisten für die nackte Wahrheit jenseits jeder poetischen Verklärung.

Der naturalistische Wahrheitsanspruch stößt zwangsläufig dann an seine Grenzen, wenn er Natur oder Gesellschaft gleichsam 1:1 in Kunst, Literatur umsetzen möchte. Selbstidentisch ist Natur nur mit sich selbst, jede Darstellung in Kunst und Literatur erfordert gestalterische Eingriffe.

Das Realismusverständnis des „Naturalismus" wurde sowohl von Zeitgenossen als auch später (u. a. während der „Realismusdebatte" der 1930er-Jahre) mehrfach kritisiert.

Georg Lukács, der übrigens auch den „sozialistischen Realismus" ablehnte und am Budapester Aufstand 1956 beteiligt war, warf den Naturalisten vor, sich auf dekadente Weise am exotischen Reiz des Unglücks der unterdrückten Klasse zu laben, ohne Auswege daraus oder politische Perspektiven aufzuzeigen.

Auch für Bertolt Brecht greift der Naturalismus zu kurz, indem er zwar die Wirklichkeit abbildet, wie sie ist, es aber versäumt, darzulegen, weshalb sie so geworden ist und wie sie sich positiv verändern lässt. Für Brechts Auffassung von „Realismus" sind Erklärung (der Kausalität), Kritik und Veränderung wesentliche Elemente. Brechts „Realismus" will die gesellschaftlichen Verhältnisse so darstellen, wie sie sind, sie gleichzeitig aber auch kritisieren und erklären, wie sie historisch entstanden sind, und aufzeigen, wie sie sich perspektivisch verändern lassen. Brechts Realismusverständnis steht in der Tradition des „kritischen Realismus".

Schematisch hat Brecht die wesentlichen Unterschiede zwischen „Naturalismus" und seinem „Realismus" (in Bezug auf Dramen) folgendermaßen dargestellt:[1]

---

[1] Zitiert nach: Wolfgang Beutin (Hrg.): Deutsche Literaturgeschichte – von den Anfängen bis zur Gegenwart. Stuttgart, Weimar: Metzler 1994, S. 316f.

naturalismus	realismus
die gesellschaft betrachtet als ein stück natur	die gesellschaft geschichtlich betrachtet
ausschnitte aus der gesellschaft (familie, schule, militärische einheit usw.) sind kleine welten für sich	die kleinen welten sind frontabschnitte der großen kämpfe
das milieu	das system
reaktion der individuen	gesellschaftliche kausalität
atmosphäre	soziale spannungen
mitgefühl	kritik
die vorgänge sollen für sich selbst sprechen	es wird ihnen zu verständlichkeit verholfen
das detail als zug	gesetzt gegen das gesamte
sozialer fortschritt empfohlen	gelehrt
kopien	stilisierungen
der zuschauer als mitmensch	der mitmensch als zuschauer
das publikum als einheit angesprochen	die einheit wird gesprengt
diskretion	indiskretion
menschen und welt, vom standpunkt des einzelnen	der vielen
der naturalismus ist ein realismus-ersatz.	

Die Schüler und Schülerinnen erhalten zunächst folgende Aufträge (vgl. **Arbeitsblatt 8**, S. 121):

> ■ *Erörtern Sie die schematische Gegenüberstellung Brechts in Gruppen und fassen Sie die Kernaussagen Brechts in wenigen Sätzen zusammen. (s. Arbeitsblatt 8)*
>
> ■ *Diskutieren Sie das Schema und beziehen Sie Stellung zu Brechts Kernthesen.*

Mithilfe von Arbeitsblatt 8 kann das Schema Brechts um Fontanes „poetischen Realismus" erweitert werden. Folgende Einträge sind denkbar:

naturalismus	realismus (Brecht)	„Poetischer Realismus" (in Fontanes „Effi Briest")
die gesellschaft betrachtet als ein stück natur	die gesellschaft geschichtlich betrachtet	die Gesellschaft philosophisch/religiös
ausschnitte aus der gesellschaft (familie, schule, militärische einheit usw.) sind kleine welten für sich	die kleinen welten sind frontabschnitte der großen kämpfe	die kleinen Welten spiegeln das Allgemeinmenschliche
das milieu	das system	die menschliche Natur
reaktion der individuen	gesellschaftliche kausalität	Schicksal
atmosphäre	soziale spannungen	menschliches Empfinden; innerer Widerstreit
mitgefühl	kritik	Mitgefühl, Humor

naturalismus	realismus (Brecht)	„Poetischer Realismus" (in Fontanes „Effi Briest")
die vorgänge sollen für sich selbst sprechen	es wird ihnen zu verständlichkeit verholfen	die Vorgänge werden poetisch verklärt
das detail als zug	gesetzt gegen das gesamte	als Symbol
sozialer fortschritt empfohlen	gelehrt	erwünscht
kopien	stilisierungen	Prototypen und Individuen
der zuschauer als mitmensch	der mitmensch als zuschauer	der Leser als Mitmensch
das publikum als einheit angesprochen	die einheit wird gesprengt	der Leser als Einheit
diskretion	indiskretion	Diskretion
menschen und welt, vom standpunkt des einzelnen	der vielen	des Menschen an sich

7.2 Fontanes Erzähltechnik

Die Erzählsituation in „Effi Briest" schwankt zwischen einer auktorialen und einer personalen Erzählsituation. Die Menschen treten selbst ins Zentrum der Darstellung und vermitteln so den Eindruck von unmittelbar „geschautem, gehörtem Leben".[1] Dadurch wird der Leser der „subjektiven Interpretierbarkeit scheinbar objektiver Gegebenheiten"[2] ausgesetzt. Wahrheit entsteht in der Bewegung des Gesprächs immer nur in „individueller Brechung"[3], aus der Perspektive des jeweils Sprechenden. So überträgt sich die Ungewissheit der Figuren auf den Leser. Ein klärendes Erzählerwort bleibt aus, und der Eindruck des Irrationalen, Geheimnisvollen, Undurchschaubaren entsteht. Trotz der vordergründigen Distanz, die er nur selten aufgibt (zweimal, kurz nach ihrer Ankunft in Kessin (S. 80, Z. 14) und kurz vor ihrem Tod (S. 333, Z. 18), äußert er direktes Mitleid: „arme Effi"), gelingt es dem Erzähler dennoch, menschliche Anteilnahme am Schicksal Effis zu wecken. Dadurch, dass sie dem Erzähler über weite Strecken als Reflektorfigur dient, rückt Effi in das Empathiezentrum des Romans. Und mit der sprachlichen Gestaltung konnotiert der Erzähler das Geschehen. So enthält die Subjekt-Objekt-Stellung in der Aussage „Noch am selben Tag hatte sich Baron Innstetten mit Effi Briest verlobt" einen verborgenen Erzählerkommentar. Und auch über Symbolik und Metaphorik gelingt es dem Erzähler, das Geschehen indirekt zu kommentieren.

Darüber hinaus greift er bisweilen auch klärend und explizit in das Geschehen ein; etwa wenn er die Aussage von Effis Mutter „Effi ist anspruchslos" (S. 26, Z. 16) mit den Worten kommentiert: „Ja, sie konnte verzichten, darin hatte die Mama Recht, und in diesem Verzichtenkönnen lag etwas von Anspruchslosigkeit; wenn es aber ausnahmsweise mal wirklich etwas zu besitzen galt, so musste dies immer was ganz Apartes sein. Und darin war sie anspruchsvoll" (S. 26, Z. 31 – S. 27, Z. 3). Hier lässt Fontane den Dialog nicht für sich sprechen, sondern greift klärend ein.

Auktorial kommentierende Erzähleräußerungen finden sich zudem häufig jenseits der Dialogpassagen, etwa wenn eine Figur charakterisierend eingeführt wird, z. B. Hulda Niemeyer als „langweilig und eingebildet" (S. 10, Z. 22).

---

[1] Fritz Martini: Deutsche Literatur im bürgerlichen Realismus. Stuttgart: Metzler 1981, S. 768
[2] Elsbeth Hamann: Theodor Fontane, Effi Briest. München: Oldenbourg 1988, S. 90
[3] Martini: Deutsche Literatur, S. 769

Fontanes „poetischer Realismus" schlägt sich auf mehrfache Weise in einer modernen Erzähltechnik nieder.

„Realistisch" ist Fontanes Schreibweise insofern, als sie über weite Strecken den Eindruck erweckt, als wäre die Geschichte dem Leben selbst abgelauscht. Der Erzähler tritt in den Hintergrund und lässt die Figuren zu Wort kommen. Scheinbar objektiv, (fast) ohne explizit wertende Kommentare beschreibt er das Geschehen von außen und weitgehend über Dialoge („Gesprächsstil").

„Poetisch" ist Fontanes Stil, da er anders als der „Naturalismus" seine Figuren keine wirklichkeitsgetreue Sprache sprechen lässt, sondern insgesamt eine ausgewählt kunstvolle, zum Teil humorvolle, gehobene Sprache, gleichwohl er den jeweiligen Sprechstil entlang des Bildungsgrades der Figuren variiert (Roswitha spricht umgangssprachlicher als Innstetten). Auch der hohe Symbolgehalt der Geschichte (vgl. Baustein 4) sowie der durchdachte Aufbau (vgl. Baustein 2), die zahlreichen Vorausdeutungen (vgl. Baustein 5) und das Figurenarrangement (vgl. Baustein 3) sind Teil von Fontanes „Verklärung". Implizit bezieht der Erzähler zudem durch die empathische Nähe zu Effi Position. Ein weiterer wesentlicher Aspekt der Verklärung sind Fontanes Humor und Ironie (vgl. **Zusatzmaterial 12**, S. 140). Außerdem kennzeichnet Fontanes Stil eine „poetische" Zurückhaltung bzw. Diskretion: Handlungsintensive, aber thematisch wenig relevante Geschehnisse werden ausgespart (vgl. Baustein 2).

> *Lesen Sie den im Anhang der Textausgabe abgedruckten Auszug aus Fritz Martinis Abhandlung über „Fontanes Auffassung der Kunst" (S. 400f.). Erläutern Sie in wenigen Stichworten, was, laut Martini, Fontanes Stil kennzeichnet.*

Stichwortartig lassen sich die zentralen Aussagen des Textauszuges so zusammenfassen:

Fontanes Auffassung der Kunst

- Fontane vermeidet Eindeutigkeit
- Geschehen durch Humor (ironisch) gefiltert
- multiperspektivischer Dialog als objektivierendes (intersubjektives) Gestaltungsmittel
- kontrastierende und parallele Motive bzw. Handlungen erzeugen erzählerisches Gleichgewicht
- innere Werte, menschliche Natur stehen im Zentrum

> *Lesen Sie folgende Textauszüge aus dem 36. Romankapitel: S. 333, Z. 9–Z. 24 und S. 337, Z. 11–Z. 27. Beschreiben Sie die Haltung des Erzählers. An welcher Stelle äußert er einen ausdrücklichen Erzählerkommentar? An welcher Stelle (und auf welche Weise) kommentiert er das Geschehen unausgesprochen?*

Die erste Textstelle (S. 333, Z. 9–24) ist besonders charakteristisch, da der Erzähler Effi hier direkt anspricht und sein Mitleid mit ihr bekundet: „Arme Effi, du hattest [...]" (S. 333, Z. 18). Interessanterweise wechselt der Erzähler seine Erzählhaltung bzw. wechselt der Erzählmodus hier innerhalb eines Satzes. Nachdem er sich zunächst mit einem expliziten Erzählerkommentar zu Wort meldet, seine emotionale Nähe zu Effi, sein Mitleid kundtut, tritt der Erzähler im weiteren Satzverlauf wieder hinter das Geschehen zurück. Dieser Übergang vom expliziten zum impliziten Erzähler äußert sich grammatisch im Wechsel des Pronomens: die Anrede „du" (Z. 18) geht über in die 3. Person „sie" (Z. 21).

Die Stelle ist auch deshalb so ungewöhnlich, da sie innerhalb des Romans eine einzigartige

Ausnahme bildet. Zwar taucht die Mitleidsbekundung „Arme Effi" bereits an anderer Stelle auf (S. 80, Z. 14), jedoch nicht in Verbindung mit der direkten Anrede. Im Rest des Romans hält sich der Erzähler weitgehend im Hintergrund. Es scheint fast so, als ob er an diesen beiden markanten Stellen von seiner persönlichen Anteilnahme mitgerissen wird, sodass er seine eigentlich angestrebte Objektivität nicht einhalten kann. Diese Stellen akzentuieren daher den humanistischen, verständnisvollen Blickwinkel des Erzählers und dessen Sympathie für Effi.

Die zweite Textstelle (S. 337, Z. 11–27) ist charakteristisch für Fontanes multiperspektivische Erzählweise in „Effi Briest". In Form eines Dialoges wirft er eine Frage auf und erörtert diese im Figurendialog, ohne selbst dazu Stellung zu beziehen. Eine autorisierte Antwort, eine explizite Erzählerantwort entfällt, dem Leser obliegt es, die im Dialog vorgetragenen Argumente selbst zu bewerten und seine eigenen Schlüsse daraus zu ziehen (vgl. hierzu auch das Gespräch Innstetten-Wüllersdorf, Baustein 5).

Die Frage, die hier (stellvertretend für den Erzähler) von Frau von Briest aufgeworfen wird, ist die Schuldfrage. Im Dialog bleibt sie unbeantwortet: „... das ist ein zu weites Feld" (Z. 27). Im Textauszug finden sich zwar keine direkten Erzählerkommentare, die Worte des alten Briest können hier aber durchaus auch als Erzählerworte verstanden werden; immerhin sind es die letzten Worte des Romans, geäußert von einem Sympathieträger, der hier möglicherweise als Stellvertreter des Erzählers bzw. Reflektorfigur fungiert. Und noch auf eine andere Weise meldet sich der Erzähler indirekt zu Wort: indem er das, für sich genommen, banale Kopfschütteln Rollos schildert, erhält dies eine wertende Funktion. Rollo, der das Kreatürliche, Natürliche repräsentiert, antwortet mit diesem Kopfschütteln auf die von Frau von Briest aufgeworfene Schuldfrage. Verneint er sie oder weist er sie grundsätzlich zurück? Auch hier lässt der Erzähler einen Deutungsspielraum offen. Eine Tendenz aber ist ablesbar: Einfache Schuldzuschreibungen, so der implizite Erzählerkommentar, sind lebensfern.

Ähnlich wie an dieser Stelle, an der das Kopfschütteln des Hundes vom Erzähler eingewoben und dadurch mit Bedeutung geladen wird, agiert der Erzähler im Verlauf des Romans kontinuierlich quasi „hinter den Kulissen", indem er auswählt, was er erzählt und mit welchen Worten er es schildert. Erzählaufbau, Figurenarrangement, Vorausdeutungen, Metaphorik, usw. – die komplette Erzählebene wird geprägt von – mal mehr, mal weniger – impliziten Erzählerkommentaren.

■ *Lesen Sie folgenden Textauszug aus dem 17. Kapitel: S. 156, Z. 12 – S. 159, Z. 18. Charakterisieren Sie die Erzählweise dieses Abschnittes. Inwieweit ist die Erzählweise charakteristisch für den gesamten Roman, inwiefern ist sie „realistisch", inwiefern „poetisch"?*

Nachdem der Erzähler in drei Sätzen kurz die Szenerie und das Figurenaufgebot beschrieben hat, folgt über fast drei Seiten reiner Dialog. Diese Erzählweise erinnert stark an die szenischen Darstellungen innerhalb eines Dramas: eine kurze, einleitende Regieanweisung, die den Handlungsort beschreibt und die anwesenden Figuren benennt, gefolgt von Dialog. Insofern kann Fontanes Erzählweise hier als „szenische" oder „dramatische" Erzählweise bezeichnet werden.

Mit ihrem Dialogreichtum ist sie charakteristisch für die Erzählweise des gesamten Romans. „Realistisch", da der Erzähler die Figuren (scheinbar) für sich selbst sprechen lässt und sie lediglich dabei beobachtet; „poetisch", da die Sprechweise der Figuren sowie die Themen, die sie besprechen, unverkennbar von Fontane geprägt bzw. gelenkt werden.

In dem hier zu bearbeitenden Textauszug eröffnet Fontane mit den Verweisen auf Heine oder Vitziliputzli gezielt eine zusätzliche poetische, genauer gesagt, metaphorische Erzählebene. Darin klingen drei Symbolfelder an, die das Verhältnis zwischen Crampas und Effi charakterisieren: das Romantische, das Heidnische und die Todesnähe (vgl. Baustein 4). Die

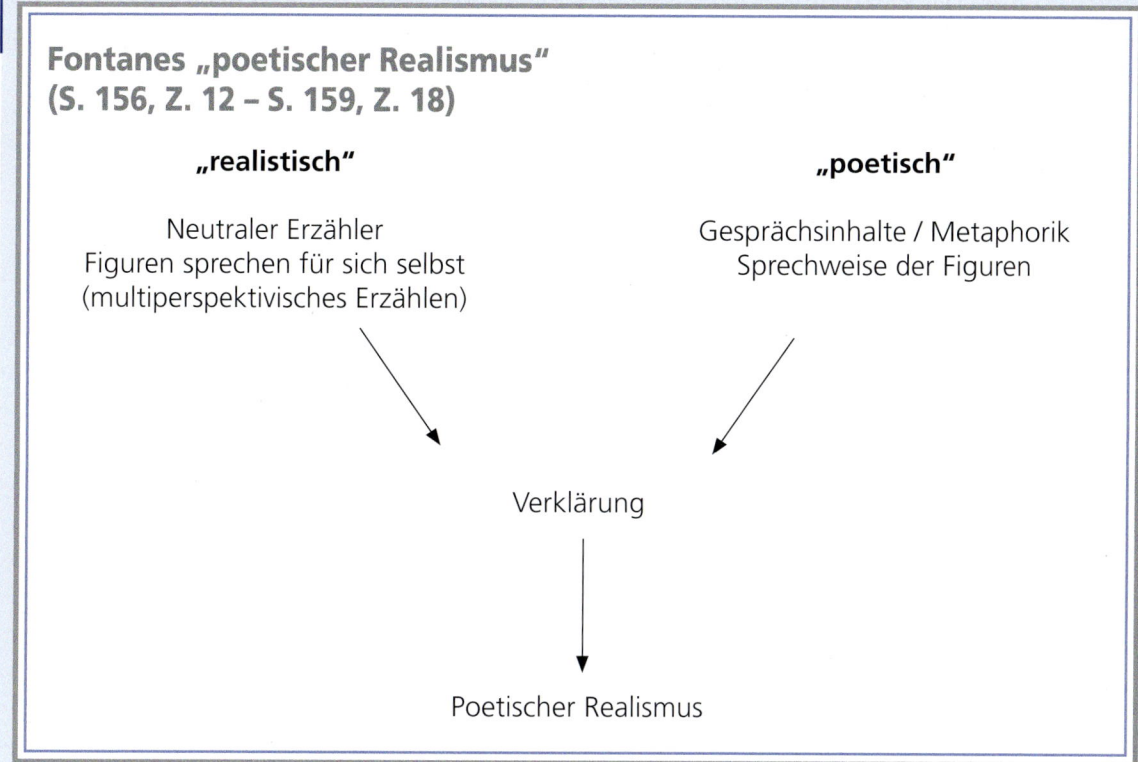

Anspielungen erfüllen damit auch die poetische Erzählfunktion einer schicksalhaften Vorausdeutung (vgl. Baustein 5).

Im Tafelbild kann Fontanes „poetisch realistische" Erzählweise bezogen auf den untersuchten Abschnitt wie folgt aufgegliedert werden:

Humor und Ironie, die in der Sekundärliteratur und auch in Selbstäußerungen Fontanes immer wieder hervorgehoben wurden, schlagen sich in „Effi Briest" vor allem innerhalb der Dialoge nieder (vgl. dazu Zusatzmaterial 12, S. 140). Außerhalb der Dialoge ist eine humorvolle oder ironische Erzählhaltung Fontanes in „Effi Briest" nur bedingt nachweisbar. Die humorvolle oder ironische Distanz des Erzählers äußert sich oft so subtil, dass sie den Schülerinnen und Schülern kaum vermittelt werden kann. Allerdings gibt es einige prägnante Stellen, an denen Fontanes Erzählerhumor besonders deutlich wird.

■ *Lesen Sie folgende Textauszüge aus dem 8. Kapitel (S. 74, Z. 6–20) und aus dem 14. Kapitel (S. 132, Z. 33–39). Beschreiben Sie die Art und Weise, in der der Erzähler Gieshübler bzw. Effi charakterisiert.*

■ *Handelt es ich dabei jeweils um eine „realistische" oder eine „poetische" Erzählhaltung? Begründen Sie Ihre Antwort.*

An beiden Stellen nimmt der Erzähler eine humorvolle Erzählhaltung ein, mit der er einerseits auf Gieshüblers fast pubertäre Empfindungen für Effi hinweist („Gieshübler hätte nun am liebsten gleich eine Liebeserklärung gemacht und gebeten, dass er als Cid oder irgend sonst ein Campeador für sie kämpfen und sterben könne", S. 74, Z. 13ff.), die so gar nicht zum Erscheinungsbild und Naturell des buckligen, verklemmten Apothekers passen wollen, und andererseits über Effis kindlich-naives, oberflächliches und in sich widersprüchliches Religionsverständnis schmunzelt („Effi war fest protestantisch erzogen und würde sehr erschrocken gewesen sein, wenn man an und in ihr was Katholisches entdeckt hätte; trotzdem glaubte sie, dass der Katholizismus uns gegen solche Dinge „wie da oben" besser schütze", S. 132, Z. 33ff.).

Erweitert man die schematische Darstellung von Fontanes „poetischem Realismus" um den Aspekt des Humors und der Ironie (vgl. Zusatzmaterial 12) sowie die in Baustein 2 näher erläuterte erzählerische Diskretion Fontanes, ergibt sich folgendes Tafelbild:

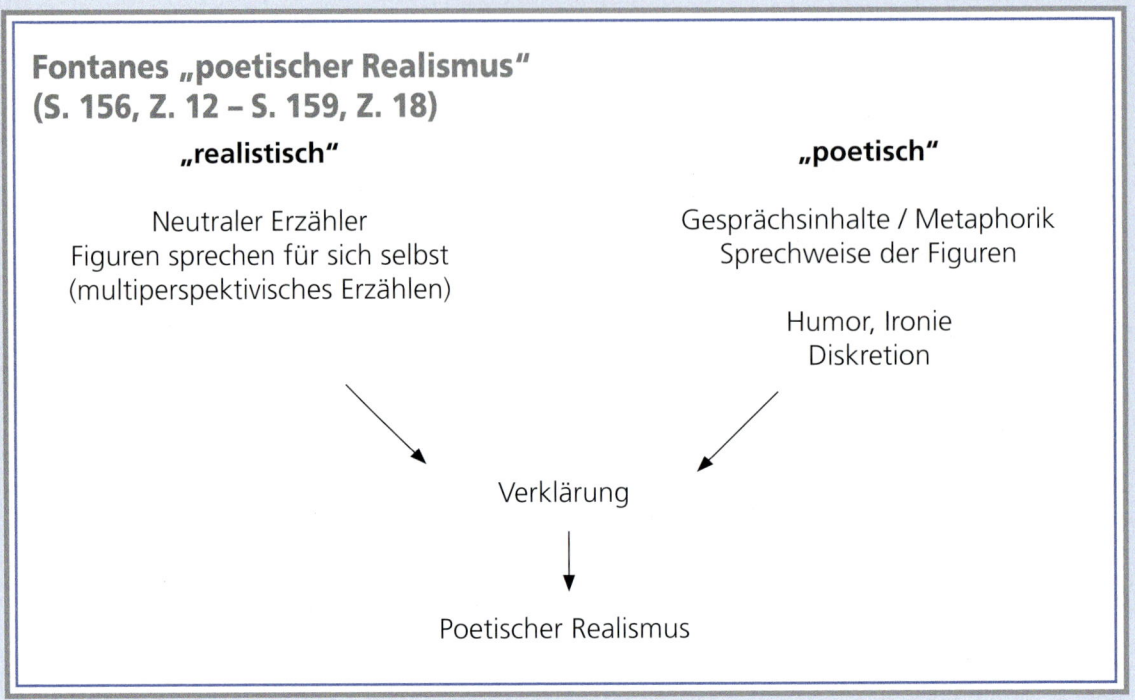

In dem als Zusatzmaterial 12 abgedruckten Textauszug verweist Elsbeth Hamann auf den Unterschied zwischen wohlwollendem Humor und der weniger versöhnlichen Ironie. Auch wenn Hamann sowohl Humor als auch Ironie in Fontanes Text ausmacht, richtet sie das Hauptaugenmerk doch auf den Humor.

Als Beispiel für Ironie verweist sie auf ein Gespräch zwischen Sidonie von Grasenabb und Pastor Lindequist (176f.), in dem der Erzähler Sidonie indirekt als snobistisch und heuchlerisch bloßstellt. Doch auch diese Ironie wird gleichsam durch ein Augenzwinkern, das „Lächeln" (177, Z. 3) des Pastors, abgefedert.

Die Grenzen zwischen Humor und Ironie sind fließende, in „Effi Briest" dominiert jedoch bei weitem der versöhnliche, humanistische Humor.

Zu Recht stellt Hamann den alten Briest als Exponenten des Humors vor. Briest, der beinahe so etwas wie Fontanes Alter Ego zu sein scheint, erlaubt es dem Erzähler, seine Sichtweise in den Roman „hineinzuschmuggeln", ohne sich dabei zu explizieren.

Der Humor findet weniger auf der Erzählebene statt als innerhalb der Dialoge. Hier erweist sich Humor tatsächlich, wie von Fontane geäußert (S. 371, Brief an Stephany, Z. 7) als Triebfeder poetischer Verklärung. Der Dialog, der ein „realistisches" Mittel scheinbar unmittelbarer Wirklichkeitswiedergabe darstellt, wird durch eine humoristische Ausgestaltung poetisch verklärt. Dialog- und Figurengestaltung sind hier untrennbar miteinander verbunden. Der Humor des alten Briest entspringt seinem Charakter bzw. seiner Haltung gegenüber der Welt und Gesellschaft.

Diese Haltung ist – ähnlich der Fontanes – geprägt von Skepsis. Skepsis vor allem auch einfachen Wahrheiten gegenüber. Mit der Redewendung vom „weiten" (S. 42, Z. 32; S. 46, Z. 11; S. 138, Z. 19) oder „zu weiten" (S. 48, Z. 16; S. 337, Z. 27) Feld entzieht sich Briest (und mit ihm Fontane) einer klaren Festlegung. Dies kann, wie Hamann andeutet, sowohl als weise Einsicht als auch als Ausflucht gedeutet werden. (Zur Kritik an Fontanes offener Haltung vgl. auch Baustein 5)

Naturalismus – Brecht – Fontane

naturalismus	realismus (Brecht)	„Poetischer Realismus" (in Fontanes „Effi Briest")
die gesellschaft betrachtet als ein stück natur	die gesellschaft geschichtlich betrachtet	
ausschnitte aus der gesellschaft (familie, schule, militärische einheit usw.) sind kleine welten für sich	die kleinen welten sind frontabschnitte der großen kämpfe	
das milieu	das system	
reaktion der individuen	gesellschaftliche kausalität	
atmosphäre	soziale spannungen	
mitgefühl	kritik	
die vorgänge sollen für sich selbst sprechen	es wird ihnen zu verständlichkeit verholfen	
das detail als zug	gesetzt gegen das gesamte	
sozialer fortschritt empfohlen	gelehrt	
kopien	stilisierungen	
der zuschauer als mitmensch	der mitmensch als zuschauer	
das publikum als einheit angesprochen	die einheit wird gesprengt	
diskretion	indiskretion	
menschen und welt, vom standpunkt des einzelnen	der vielen	

- Erörtern Sie die schematische Gegenüberstellung Brechts in Gruppen und fassen Sie die Kernaussagen Brechts in wenigen Sätzen zusammen.
- Diskutieren Sie das Schema und beziehen Sie Stellung zu Brechts Kernthesen.
- Erweitern Sie diese schematische Gegenüberstellung Bertolt Brechts von Naturalismus und dem Brecht'schen Realismusverständnis um Fontanes „Poetischen Realismus" (am Beispiel von „Effi Briest").
- Begründen Sie Ihre Einträge.

Romangliederung

Christian Grawe: „Struktur des Textes: Gliederung" (Auszug)

Fontane gliedert in einem Brief an Adolf Kröner vom 28.7.1890 *Effi Briest* nach den Handlungsorten in drei Teile:

„Es spielt im ersten Drittel auf einem havelländischen adligen Gut, im zweiten Drittel in einem kleinen pommerschen Badeort in der Nähe von Varzin und im letzten Drittel in Berlin." [...]

Schon diese Formulierung lässt vermuten, dass die Schauplätze in ihrem Bezug aufeinander verschiedene Aspekte preußischen Lebens darstellen: Hohen-Cremmen, das adlige Gut in der Mark, altpreußisches Gebiet mit einer alteingesessenen Familie von liberaler Haltung aus unbezweifelter, selbstverständlicher Tradition, Kessin, die Mischung von reaktionärer Provinzialität und internationaler Handelswelt, beides eine Effi Briest unvertraute Welt; und Berlin, die preußische Metropole und Hauptstadt des jungen, von Preußen dominierten Deutschen Reiches. Darüber hinaus bilden die Handlungsorte im Hinblick auf Effis Leben und Befinden als Heimat im Elternhaus und Fremde in der Ehe Gegenwelten, von denen Bange sagt: „Die Polarität von Kessin-Berlin und Hohen-Cremmen kann man leicht als die Polarität der objektiven Wirklichkeit und des Wünschens auffassen." [...]

Da Fontanes Bemerkungen aus der Anfangsphase der Arbeit an dem Roman stammen, können sie allerdings nicht als verbindlich gelten, und schon Wandrey hat 1919 seiner Diskussion des Buches eine weiter gehende Gliederung in fünf Teile zugrunde gelegt:

„Dem näheren Zusehen ergeben sich drei gerundete Hauptmassen von nahezu gleicher Ausdehnung (Kapitel 6–14, 15–22, 23–31), unterbaut und überdacht von einem einleitenden (Kapitel 1–5) und einem beschließenden Teil (Kapitel 32–36), die, bei ebenfalls gleicher Länge, zu den Hauptteilen im Größenverhältnis von eins zu zwei stehen." [...]

1973 hat Riechel darauf hingewiesen, dass Fontane bei seinen 36 Kapiteln von *Effi Briest* wohl die zweimal 18 Kapitel der beiden Teile des klassischen deutschen Ehebruchromans, von Goethes *Die Wahlverwandtschaften*, im Sinn gehabt habe. Riechel folgert, dass man den Roman in 6 x 6 oder 4 x 9 Kapitel aufteilen könne:

„Bei dem ersten Schema endet Kapitel vi mit der Ankunft in Kessin; Kapitel xii mit Effis Brief an ihre Mutter, eine Art Zusammenfassung, in der sie den Spuk und ihre Ängste erwähnt; Kapitel xviii endet in Uvaglia; Kapitel xxiv auf Rügen und mit Effis nächtlichem Monolog, und in Kapitel xxx empfängt Effi den Brief von zu Hause, der ihr ihre Verbannung mitteilt. Auch das Arrangement in vier mal neun Kapitel markiert die entscheidenden Augenblicke der Geschichte: Kapitel ix endet mit dem ersten Erscheinen des Spuks; Kapitel xviii endet in Uvaglia, und in Kapitel xxvii liest Innstetten Crampas' Briefe und führt sein Gespräch mit Wüllersdorf. Wichtig ist, dass in beiden Schemen das achtzehnte Kapitel das formale und inhaltliche Zentrum des Buches markiert, denn es führt uns nach Uvaglia und dem Abgrund." [...]

Es scheint aber, als weise Riechels zweifache Gliederung eher auf die thematische Dichte des Romans hin, bei der jedes Kapitel seine Funktion im Ganzen hat und Beziehungen zwischen den einzelnen Kapiteln bestehen, und als reiße sie an mehreren Stellen gerade besonders eng zusammengehörige Kapitel auseinander – so die Uvaglia-Episode in Kapitel 18 und 19 und Innstettens Reaktionen auf Effis Ehebruch von Kapitel 26 bis 30. Nach wie vor scheint deshalb Wandreys ältere Gliederung für eine Strukturanalyse fruchtbarer. Sie folgt Effis Lebensstationen, was die Anlage des Buches nahelegt, denn *ihr* Schicksal bildet, wie schon der Titel des Werkes andeutet, seinen Inhalt. Schon Spielhagen hat darauf hingewiesen:

„Alles Licht ist auf Effi konzentriert, die denn auch kaum einmal, und immer nur auf kurze Zeit, von der Bühne entschwindet." [...]

Tatsächlich steht die Heldin die weitaus größte Zeit der Handlung im Mittelpunkt und ist nur während 15 % des Textes (etwa 50 Seiten aus 340 Seiten) nicht gegenwärtig. Aber der größte Teil dieser verbleibenden Seiten beschäftigt sich in Briefen und Gesprächen ebenfalls mit Effi. So drehen sich die Unterhaltungen der Eltern während ihrer Abwesenheit ausschließlich um ihre Tochter und deren Eheleben. Nicht von Effi oder jedenfalls nur indirekt von ihr handeln lediglich die Gespräche zwischen Innstetten und Wüllersdorf, wie überhaupt im Zusammenhang mit der Entdeckung von Crampas' Briefen zum einzigen Mal Innstetten vorübergehend in den Mittelpunkt der Handlung rückt. Effis Liebhaber dagegen erlebt der Leser außer in seinen Sterbeminuten nie ohne Effi. Er hat im Roman eine Existenz nur im Hinblick auf sie und erscheint ganz bewusst auch

nicht in seiner Familie, ja, seine Frau tritt nicht einmal auf, wie ebenfalls schon Spielhagen angemerkt hat [...].
So ergibt sich folgende Gliederung des Romans:

1. Abschnitt (Kap. 1–5):
Hohen-Cremmen: Effis Leben bis zur Hochzeit
2. Abschnitt (Kap. 6–14):
Kessin: Effis Eheleben
3. Abschnitt (Kap. 15–22):
Kessin: Effis Ehebruch
4. Abschnitt (Kap. 23–31):
Berlin: Effis Ehe nach dem Ehebruch und dessen Entdeckung
5. Abschnitt (Kap. 32–36):
Berlin/Hohen-Cremmen: Effis Leben nach der Scheidung, Heimkehr

Die zur Charakterisierung der Abschnitte verwendeten Stichworte weisen schon darauf, dass Fontanes Roman keinen gleichmäßigen Erzählfluss hat. Vielmehr behandelt der Autor einzelne Tage, Ereignisse, Szenen oder Gespräche aus Effis Leben zwischen Verlobung und Tod ausführlich, während er die dazwischenliegenden Zeiträume nur erwähnt oder ganz übergeht. Das Verhältnis zwischen erzählender Zeit – also der Zeit, die der Autor zum Berichten benötigt – und erzählter Zeit – also der Zeitspanne, von der berichtet wird – wechselt ständig. So umfassen der Ankunftstag in Kessin mit dem folgenden Vormittag und die einen Monat später stattfindende Spuknacht mit dem anschließenden Tag und der Abendeinladung bei Gieshübler je etwa 2 1/2 Kapitel von 25 Seiten, während den sechs Ehejahren in Berlin von Effis Aufenthalt in Hohen-Cremmen nach dem Urlaub in Dänemark und ihrem Aufbruch zur Kur nach Schwalbach und Ems nur ein Satz gewidmet wird. Dieser wechselnde Erzählrhythmus hängt mit Fontanes symbolischer Durchdringung des Textes, bei der die Details in den erzählten Episoden eine unverzichtbare Deutungsfunktion haben, mit der Vor- und Nachbereitung gesellschaftlicher Ereignisse und mit der herausragenden Rolle des Dialogs in Fontanes Romanen zusammen. Aber es gehört auch zur erzählerischen Technik gerade dieses Romanciers, dort besonders kurz zu sein, wo das Ausmalen von Szenen einen bloß sensationellen Reiz auf das Publikum ausüben würde. So lässt er die Ehebruchszenen ganz im Dunkeln und tut das Duell bewusst kurz ab.

Aus: Christian Grawe: Theodor Fontane – Effi Briest. Grundlagen und Gedanken zum Verständnis erzählender Literatur. Frankfurt am Main: Diesterweg, 1996, S. 48ff.

- Stellen Sie die verschiedenen im Text erwähnten Gliederungen zu Fontanes Roman einander gegenüber:
  – Nach welchen Kriterien erfolgt die jeweilige Gliederung?
  – Plädieren Sie begründet für eine der genannten Gliederungen.

- Welche weiteren – im Text nicht erwähnten – Gliederungen (anders aufgeteilte Abschnitte, andere Gliederungsmethode ...) sind denkbar? Begründen Sie Ihre Vorschläge.

Gesellschaft und Menschlichkeit

Walter Müller-Seidel: „Gesellschaft und Menschlichkeit im Roman Fontanes" (Auszug)

[...] Das Spannungsverhältnis von Gesellschaft und Menschlichkeit beschäftigt uns hier in besonderem Maße. Doch könnte wohl der Eindruck entstehen, als hätten wir es vornehmlich mit zwei unterschiedlichen Charakteren zu tun, die zueinander nicht passen. Es sieht aus, als ginge es nur um die Psychologie dieser Charaktere. Indes ist bereits der Begriff des Charakters deutlich auf die gesellschaftliche Sphäre bezogen. Als ein Mann von „Charakter, von Stellung und guten Sitten" wird Baron von Innstetten bezeichnet. Er sei ein „Mann von Charakter und Schneid", hören wir. Ähnlich charakterisiert ihn der Pastor von Hohen-Cremmen: „Ja, der Baron! Das ist ein Mann von Charakter, ein Mann von Prinzipien." Man kann Staat mit ihm machen, wie Effi in jugendlich unbekümmerter Weise ausdrückt. Dergleichen Äußerungen bestätigen, dass es sich nicht um Urteile der Psychologen, sondern um solche der Gesellschaft handelt. Und von der Gesellschaft her sind diese Urteile eindeutig positiv gemeint. Als Leser dagegen gewahren wir besser ihre Ambivalenz. Ohne Menschen von Charakter wie Innstetten wäre auf die Dauer eine Gesellschaftsordnung nicht wohl denkbar. Aber im Wert des festen Charakters und der festen Prinzipien, deren die Gesellschaft zu ihrer Erhaltung bedarf, ist zugleich ein Zug zum Unmenschlichen enthalten. Andererseits gewahrt man verwandte Ambivalenzen auch an der Gestalt des Majors Crampas. Seine Frische, seine Kühnheit und sein Wagemut heben sich wohltuend von den reifen Manieren und der Pedanterie Innstettens ab. Das weiß Effi zu schätzen. Ohne Gestalten wie Crampas müsste die Gesellschaft im Unmenschlichen erstarren. Aber ohne die Innstettens lösen sich Ordnung und Sitte auf. Wenn der Baron die starren Prinzipien der Gesellschaft verkörpert und Crampas das Menschlich-Natürliche im Absehen von unnötigen Konventionen, so lässt sich dieses Verhältnis bis in einzelne Züge hinein verfolgen. Bezeichnend ist Effis Angst vor der Spukgestalt des Chinesen. Es ist eine ganz natürliche, eine fast kreatürliche Angst. Aber Verständnis findet sie in diesem Punkt nicht bei ihrem Gemahl, sondern bei Crampas. Innstetten sieht diese Angst ausschließlich im Spiegel der Gesellschaft. Er ist bemüht, ihr in erster Linie mit Erziehungsmaßnahmen zu begegnen und sieht sich aus gesellschaftlichen Rücksichten hierzu genötigt: „Und dann, Effi, kann ich hier nicht gut fort, auch wenn es möglich wäre, das Haus zu verkaufen oder einen Tausch zu machen ... Ich kann hier in der Stadt die Leute nicht sagen lassen, Landrat Innstetten verkauft sein Haus, weil seine Frau den aufgeklebten kleinen Chinesen als Spuk an ihrem Bette gesehen hat. Dann bin ich verloren, Effi. Von solcher Lächerlichkeit kann man sich nie wieder erholen [...]." [...]

Dennoch haben beide Ehepartner auf ihre Weise recht. Innstetten würde sich in der Tat lächerlich machen, wenn bekannt würde, dass er um einiger Spukgeschichten willen das Haus räumt. Andererseits ist Effis Angst etwas Menschlich-Natürliches. Ihr ist mit gesellschaftlichen Rücksichten nicht geholfen. Man gewahrt die gewisse Unvereinbarkeit der Bereiche. Im Lichte der Gesellschaft verkehrt sich das Menschlich-Natürliche in Lächerlichkeit und Komik. Erst recht aber haften dem Gesellschaftlichen Züge des Komischen an, wenn man es unter dem Blickwinkel des Menschlichen betrachtet. Die doppelte Komik im Wechsel der Perspektiven bestätigt die vorhandenen Antinomien. [...]

Aus: Walter Müller-Seidel: Gesellschaft und Menschlichkeit im Roman Fontanes. In: Wolfgang Preisendanz (Hrsg.): Theodor Fontane. Darmstadt: Wissenschaftliche Buchgesellschaft, 1971, S. 187

- ■ *Fassen Sie die zentralen Aussagen des Textes zusammen und diskutieren Sie diese.*
- ■ *Erörtern Sie in Gruppen, wie sich die zentralen Figuren in das Spannungsfeld Gesellschaft und Menschlichkeit einordnen lassen. Fassen Sie Ihre Ergebnisse zu einer kurzen Präsentation zusammen (Schaubild, Vortrag ...).*

Ungehaltene Reden ungehaltener Frauen

Christine Brückner: „Triffst du nur das Zauberwort" – Effi Briest an den tauben Hund Rollo (Auszug)

So hat Mutter mich erzogen: Jeder Mann ist der Richtige. Gutes Aussehen, Adel, gute Stellung. Als ich Instetten zum ersten Mal sah, überfiel mich ein nervöses Zittern. Als ob mein Körper sich hätte wehren wollen. Aber ich kannte die Äußerungen meines Körpers nicht. Ich hatte immer ein wenig Angst, und das hat er wohl auch gewollt. Von dem Spuk auf dem Kessiner Hausboden will ich gar nicht reden. Das war nicht recht, und darum hat er auch Schuld. Und wenn Crampas mir nicht die Augen geöffnet hätte, dann wäre ich die Angst in mir nie losgeworden. Instetten wollte mich mit Furcht an das Spukhaus binden und mich erziehen. Aber er war ein Schulmeister und kein Erzieher. In Angst darf man auch so ein halbes Kind, das ich noch war, nicht halten. [...]

Du hast dich immer nach oben gerichtet, Instetten. Wenn Bismarck pfiff, war Instetten zur Stelle. Das kannte ich nicht von Hohen-Cremmen. Mein Vater hatte bei allem doch etwas Freies, nicht das Beamtische. Er wollte nicht höher hinaus und musste darum auch keine Angst haben, dass er stürzen könnte. Ich bin eine sehnsüchtige Natur. Ich hatte so viel Zeit zum Träumen und zum Mich-Sehnen, und du hattest dein Tun und sehntest dich nach nichts, du wolltest alles erreichen. Eigentlich war ich doch erst in der Knospe, aber von Blumen hast du nichts verstanden und von Frauen auch nicht viel. Du hast mich nicht zum Blühen gebracht. Ich bin, halb aufgeblüht, verwelkt. Ich war dein liebes Spielzeug, das hast du selber gesagt, und so ein Spielzeug holt man hervor, zeigt es, spielt damit und legt es zurück in die Schublade. Ich hatte Alleinsein nicht gelernt zu Hause. Hier in Hohen-Cremmen hatte ich außer den Eltern noch meine Freundinnen und den Garten und die Schaukel und die Heckenwege. Bei dir in Kessin gab es nur die paar Zerstreuungen und das, was du „die stillen Tage" nanntest. Und dann die Abende, wenn du die Lampe nahmst und sagtest, ich habe noch zu tun. Wenn du merktest, dass ich betrübt war, bist du umgekehrt, hast die Lampe auf den Flügel gestellt und gesagt: Spiel etwas, Effi! Und ich stand gehorsam auf und spielte etwas, aus „Lohengrin" oder sogar aus der „Walküre". Wagner passte doch überhaupt nicht nach Hinterpommern! Irgendwer wird gesagt haben, mein lieber Baron von Instetten, Chopin ist passé, Wagner ist dran! Du hattest deine Karriere im Sinn und wolltest mich zu deiner Wahlhelferin machen. Ich wollte selber auch hoch hinaus, aber mehr wie beim Schaukeln, nicht so mit Bücken und Untertänigsein. Am Anfang habe ich dir manchmal gesagt, was ich dachte und fühlte, ein Briest, das ist auch was! Aber solche Gespräche führten leicht zu Verstimmungen. Als ich mal gesagt habe, ich hätte dich aus Ehrgeiz geheiratet, hast du's spaßhaft genommen, und das war es ja auch und stimmte letztlich doch wieder. Aber ich hatte Ehrgeiz für dich und nicht für mich. Das haben alle Frauen.

Und dann – was du so Zärtlichkeiten nanntest! Jetzt habe ich vor Augen, wie du abwehrend die Hand hebst und sagst: Aber Effi! Da musste es dunkel sein, damit ich dein Gesicht nicht sehen sollte, als ob wir etwas Verbotenes täten. Du bestimmtest, wann es Zeit für Zärtlichkeiten war, und wenn ich mal die Hand nach dir ausstreckte, dann gabst du mir einen Kuss auf den Handrücken und legtest meine Hand wieder auf meine Bettdecke zurück, und ich wusste Bescheid, für heute nichts weiter, meine liebe Effi! Eigentlich habe ich mich vor deinen Zärtlichkeiten immer gefürchtet, da war auch Gewalt dabei und auch Pflicht. Du wolltest ein vorbildlicher Ehemann und Vater sein und nicht nur der Erzeuger unserer kleinen Tochter Annie. Und deshalb musste ich ins Bad fahren und Brunnen trinken. Aber daran lag es nicht. Es war das Planmäßige. Ich war mehr fürs Heimliche, für die Dünen. Es muss doch auch Leidenschaft dabei sein, und man muss schwindlig werden, und die Erde muss sich drehen, und es muss sein wie auf der Schaukel, man fliegt, und der Strick reißt. Ach, Instetten! Wir hätten miteinander reden sollen. Stattdessen rede ich jetzt mit Rollo. Wenn ich mal was zu dir sagte, hast du mir aufmerksam zugehört und mir auch zugestimmt, und am Ende hast du doch wieder gesagt: Am besten, es bleibt beim Alten. Der Satz fällt mir immer ein, wenn ich in Gedanken mit dir rede. [...]

Als Annie mich nach der Scheidung in Berlin zum ersten Mal in der Königgrätzerstraße besuchen durfte, da hätte ich, so wie ich war, zu dir laufen sollen. Nicht in die Wohnung! In dein Ministerium! Ich hätte nicht in meinem Zimmer auf die Knie fallen und beten sollen. Da war nicht Gott dran, da warst du dran! Du hattest das Kind abgerichtet wie einen Papagei. Wenn ich darf? Wenn ich darf? Du konntest mich nicht abweisen lassen, das hätte Aufsehen erregt. Du wärst ans Fenster getreten und hättest mir den Rücken zugewandt. Aber angehört hättest du mich und immer mal wieder die rechte Hand gehoben, was heißen sollte: Aber Effi! Meine Angst war größer als mein Zorn. Zorn macht stark, Angst macht schwach. Ich sank in mich zusammen. Seit damals werde ich immer schwächer. Berlin war nicht groß genug für uns drei. Ich wollte dir nicht zufällig begegnen, und ich wollte auch nicht auf dem Trottoir stehen, wenn du in der Kutsche vorbeifuhrst und die Leute sagten, das ist der Minister von Instetten, denn Minister wirst du ja wohl bald werden. Und ich wollte auch nicht Annie auf dem Schulweg auflauern, um sie sehen zu können. Das war meine Rettung, als die Eltern ein Einsehen hatten und mich nach Hohen-Cremmen holten. Als du mich geheiratet hast, warst du doppelt so alt wie ich, und jetzt bist du noch immer ein Mann in den besten Jahren. Aber ich bin eine alte junge Frau. Das Kind wird später das Hohen-Cremmen der Briest erben, oder lässt du nicht zu, dass Annie ihre verstoßene Mutter beerbt? Doch was soll sie mit Heckenwegen, einer Schaukel und einer Sonnenuhr? Es ist viel Zeit vergangen.

Ich klage dich nicht an, Instetten, du bist, wie du bist. Aber klagen werde ich doch dürfen. Ihr habt mich alle geliebt, weil ich war, wie ich war und wie ich jetzt nicht mehr bin. Und dich hat man geachtet, weil du bist, wie du bist. Und was ist denn nun besser, lange Jahre geachtet oder kurze Zeit geliebt zu werden? Vater würde da wieder sagen, „das ist ein zu weites Feld". Das weite Feld! Ich wusste nicht, dass es Mauern und Zäune gibt, über die man nicht hinwegspringen kann. Hindernisreiten habe ich nicht gelernt. [...]

Ja, Instetten! Jemand, der Grundsätze hat, der ist im Vorteil, und mehr will ich dazu nicht sagen. Du hast keine Liebe in dir, und dafür kannst du nichts, und deshalb hast du vielleicht doch keine Schuld. Du hast gesagt, Festigkeit wäre nicht meine Spezialität. Du hast immer nur gesagt, was ich nicht war und was ich nicht hatte. Das ist wie mit den Zehn Geboten. „Du sollst nicht!" Aber mir muss man sagen, was ich soll! Du hattest dich in das halbe Kind, das ich noch war, verliebt, weil du in jungen Jahren meine Mutter liebtest. Eigentlich hast du doch meine Mutter gemeint, und die hätte auch besser zu dir gepasst, das denkt Vater auch. Alle haben es gewusst, nur ich nicht. Und die andere Hälfte des halben Kindes wolltest du dir erziehen.

Jetzt müssen wir endlich auch von Crampas reden, Instetten! Crampas ließ mich so, wie ich war, der wollte nichts, und ich wollte auch nichts. Man fliegt und verliert den Boden unter den Füßen, man denkt, gleich reißt das Seil, und dann reißt es doch nicht, und man steht wieder auf den Füßen, aber man ist danach nicht mehr dieselbe. Von Major Crampas hieß es in Kessin, er sei ein Damenmann. Er nahm Frauen ernst oder wenigstens doch so ernst wie seinen Dienst und überhaupt die Welt. Ganz ernst war ihm nichts. Ich habe doch „nein" gesagt! Ich habe mich gewehrt, und er hat mich bedrängt, das ging so hin und her. Aber sein Bitten und sein Drängen hatte ich gern. Unsere Pferde gingen dicht und flogen dann nebeneinander her. Bei einem Galopp hat er mir zugerufen: „Gelegenheit macht Liebe." Erst ließen wir die Pferde traben, und dann ließen wir die Zügel schleifen, so würdest du es wohl ausdrücken. Crampas war nicht immer fein in dem, was er sagte. Und ich glaube, in mir war auch so was, ordinär will ich's nicht nennen, aber was Sinnliches. Die Untreue hat mich zur Frau gemacht, nicht die Heirat und nicht die Geburt des Kindes. Es ist einfach so mit uns durchgegangen. Ich hatte ein „Es" in mir, darüber konnte ich mit keinem sprechen. Für Ehebruch war es eigentlich doch zu wenig. Jesus und die Ehebrecherin! Vater hat eine Bibel mit Stahlstichen, da liegt die Ehebrecherin dem Herrn zu Füßen, und er streckt die Hand nach ihr aus, um sie aus dem Staub zu heben. Ich habe mir das Bild noch einmal angesehen, aber es betrifft mich nicht. Vielleicht, weil alles so anders aussieht als in den Dünen, irgendwie orientalisch. Ja, die Dünen und die See, danach sehne ich mich manchmal, da habe ich mich am wohlsten gefühlt. Man wurde nicht gesehen und sah auch nicht viel, aber man hatte doch Ausblicke und das Rauschen. Es war wie Versteckspiel mit dem Wind. Er packte einen und ließ einen wieder los. Jeder hat so eine Landschaft, in die er gehört. Für mich waren es die Dünen, das Unübersichtliche, das Versteckte, und das ist nicht gut. Zu Vater gehören die Feldwege, auf denen er hinter der nächsten Bodenerhebung verschwinden kann. Und du passt nach Berlin, in die geraden Straßen und auf die breiten Treppen, die zu den Ministerien führen. Und Mutter, wohin passt sie? Sie ist auch nicht dahin gekommen, wo sie hingehört hätte. Es ist schwer herauszufinden, was zu einem passt, und dann ist es noch schwerer, hinzukommen und da zu bleiben.

Ich träume wieder meine Tagträume. Bei jener Fahrt, damals, Silvester, als es übers Eis ging und Gefahr war, als ich mit Crampas im selben Schlitten saß und du in einem anderen, da hast du nachher gesagt, es wäre dir gewesen, als ob ich mit Crampas untergegangen sei. Da hast du Angst gehabt. Ach, wär ich's nur! Crampas lebte gerne, aber er hätte auch aufhören können, er hing nicht am Leben. Er hing an nichts, er wollte nichts besitzen. Er zog mich an sich und ließ mich auch wieder los. Ich hätte ins Wasser gehen sollen, untreue Frauen müssen ins Wasser gehen, und Wasser war ja auch genug da. Aber da war das Kind. Und wenn eine Frau Landrat von Instetten ins Wasser geht, dann wäre alles herausgekommen, und am Ende hätte ich dann doch nur deine Karriere zerstört. So einfach weitergehen, erst durchs seichte

Wasser und dann die Wellen, bis man den Boden verliert, das kann doch so schlimm nicht sein, und Crampas wäre ja auch mitgekommen, er hatte so was, mit ihm hätte man untergehen können. Zum Leben taugte er nicht. [...]

Aber am Ende war der Sog des Wassers doch nicht stark genug, sonst säße ich ja nicht hier in Hohen-Cremmen bei meinen alten Eltern und machte ihnen Sorgen. „Tochter der Lüfte" hat Mutter von mir gesagt, das ist lange her. Ich hätte was von einer Kunstreiterin. Vom Trapez hat sie auch gesprochen. Immer habt ihr mich angesehen, als wolltet ihr „Aber Effi!" sagen. Dabei hattet ihr das Unpassende trotzdem gern. Instetten hat sein Alter, und ich habe meine Jugend, habe ich gedacht, und das habe ich auch gegen dich ausgespielt, einen Trumpf, der sticht, musste ich doch in der Hand haben. Alles, was vernünftig war, dafür sorgtest du. Dabei konntest du nichts für dein Alter und ich nichts für meine Jugend, aber alle taten, als sei es mein Verdienst, so jung zu sein und schon Landrätin und Mutter eines Kindes.

Alle Schuld rächt sich auf Erden! Das sind so deine Sprüche, Instetten. Je älter ich werde, desto weniger glaube ich an Sprüche. Die Sonne bringt es an den Tag! Die Sonne war's nicht, da musste viel zusammenkommen, lauter Zufälle, was man so Zufall nennt. Aber nichts ist zufällig. Ich hätte mit dir reden sollen, bevor wir aus Kessin weggingen nach Berlin, aber als ich dir sagte, wie ich mich in dem Spukhaus gefürchtet hatte, und dir von meiner Angst berichtete, da hast du dein Schulmeistergesicht gemacht. Und die Sache mit Crampas lag ja auch schon hinter mir.

Man kann nur dort beichten, wo man auf Vergebung hoffen kann. Verstehen sollte es ja keiner. Warum habe ich seine Briefe nicht verbrannt! Manchmal sah ich sie hinten im Nähkasten, nahm sie in die Hand und las sie dann doch nicht. Ich wollte mich nur erinnern: Effi, so eine Frau bist du! Nicht, wie man sich an etwas Schönes erinnert, sondern an etwas Schlimmes. Das darf man doch auch nicht vergessen, und immer dachte ich: Es war nicht nur schlimm, es war auch schön. Bei der ersten Lüge habe ich gedacht, die Decke stürzt ein, aber sie ist nicht eingestürzt. Die zweite fiel mir schon leichter. Alle wollen einem ja glauben, was man sagt, und eigentlich will doch gar keiner die Wahrheit wissen. Geahnt hast du etwas, Instetten! Weißt du, was ich jetzt manchmal denke, wenn ich mein Leben Revue passieren lasse und die Schatten auf der Sonnenuhr anzeigen, wie alles vergeht? Ohne Crampas und die Dünen wäre es nicht besser gewesen. Das habe ich nun auch kennengelernt. Das Leichtsinnige. Eigentlich wollte ich doch, dass alles leicht sein sollte. Ein Leben lang die Baronin Instetten und eines Tages vielleicht die Ministerin und Bälle und Einladungen und vier Wochen Kur im Jahr. Dann werden Ablenkungen ja auch langweilig. Du hattest deine Karriere, und ich hatte die Langeweile, und wenn du vom Bedeutendsein zurückkamst, hätte ich dir entgegenfliegen müssen und dich bewundern. Dafür genügte doch Rollo. [...]

Ich habe viel nachgedacht, Instetten! Auf Liebe steht die Todesstrafe, und für Mord – und Mord war es doch, auch wenn du es ein Duell genannt hast und eine Ehrensache –, für Mord bekommt man sechs Wochen und wird begnadigt, und nach einiger Zeit geht die Karriere weiter. Aber schuld war doch ich. Man hätte die Schuldige vorladen und anhören müssen. Als ginge mich die Sache nichts an! Man musste mich nur wegschicken. Lebenslängliche Verbannung, dazu hast du mich verurteilt. Entlassen wie ein Dienstbote, der silberne Löffel gestohlen hat. Wenn du nun zu mir gestanden hättest! Und wir wären zusammen nach Amerika ausgewandert, da fangen doch viele Menschen neu an. Oder auch zusammen nach Hohen-Cremmen! Landwirtschaften kann man doch lernen, und Vater wird alt. Unersetzlich in deinem Amt bist du wohl auch nicht, Instetten! Und jetzt? Nur so mit Pflicht und Ehre, das geht doch auch nicht gut. Manches dringt bis hierher und an meine Ohren, obwohl man mir alles fernhalten möchte. In der ersten Zeit habe ich gedacht: Instettens Ehre wird bald wiederhergestellt sein, eine Weile wird man noch sagen, „der arme Instetten" und vielleicht auch mal jemand „seine arme Frau" und „sie war ja noch jung". Aber irgendwann würdest du dir eine neue Frau suchen, vielleicht sogar eine, die deiner Effi ein wenig ähnlich sieht, nur mit mehr Festigkeit und die nicht mehr erzogen werden muss und die für das Kind eine bessere Mutter wäre. Aber wenn es an keiner Stelle gut ausgeht, Instetten, das meine ich: Crampas tot, du mit deiner Pflicht, das Kind brav in der Schule und ich hier mit dem alten Rollo, der schläft, wenn ich rede, und nur den Kopf hebt, wenn ich seinen Namen nenne. [...]

Als du mich fristlos entlassen hast und ich nicht nach Hohen-Cremmen zurückkehren durfte und auch noch eine geschiedene Briest wurde zu der geschiedenen Instetten und in der Königgrätzerstraße der Tag hinging mit Sticken und Patiencelegen und Chopin-Spielen! Und keiner sagte: „Spiel mir was auf dem Klavier, Effi!" Da hätte ich sogar was aus der „Walküre" gespielt! Und immer nur Roswitha zum Teetrinken und ihre schaurigen Geschichten. Wenn ich hätte arbeiten können, wenn ich was gelernt hätte, aber auch eine geschiedene Frau Baronin durfte sich ihren Lebensunterhalt nicht selbst verdienen, und die Eltern sorgten ja auch, so gut sie konnten.

Ein richtiges Schicksal war es doch gar nicht! Eine Anna Karenina, von ihr sprach man in Bad Ems, aber keine der Damen hatte den Roman gelesen, man munkelte nur. Ich hatte ja nur am Schicksal genascht! Wenn ich mich prüfe, dann fühle ich weniger Schuld in mir als Scham, wie ein Kind sich schämt, weil es etwas Verbotenes getan hat und dabei ertappt wird. Und du hast mich ja auch bestraft, wie man ein Kind bestraft. Stell dich in die Ecke, schweig still! Roswitha, die hatte ihr Schicksal! Als ihr das ledige Kind gestorben und ihr Vater mit der Eisenstange auf sie losgegangen war und sie nicht aus noch ein wusste, da hatte sie ins Wasser gehen wollen, und so habe ich sie gefunden. Sie hat immer für den Lebensunterhalt sorgen müssen, aber bei mir hat sie es doch eher gut getroffen. Mit dem ihrigen verglichen war mein Schicksal eher zu klein. Richtige Not, da wäre ich vielleicht daran gewachsen und gereift, aber nur Verlassensein und die viele Zeit und niemand, der mich braucht, und die Eltern würden doch auch friedlicher ohne mich leben. Es ist nicht leicht, die Eltern einer Effi Briest zu sein.

Du hast über mich gerichtet. Aber du bist nicht Gottvater, sondern nur der Baron Instetten. Vor Gott habe ich mich immer weniger gefürchtet als vor dir. Und dann denke ich ja auch: Alles wiederholt sich. Frühling im Tiergarten. Ob nun fünfzig mal Unter den Linden oder fünfhundertmal. Und alle paar Jahre ein neuer Muff, damit ich bei Laune bleibe.

Ich hab's doch mal gehabt, den Glanz, meine ich, und so an deinem Arm durch den Saal, und mein Rock rauschte beim Gehen, und die Leute flüsterten: Was für ein schönes Paar! Ich gerate vom Hundertsten ins Tausendste, das kommt von dem Wirren in mir und dem Dunklen. Ja, das Dunkle war doch auch in mir, davon habt ihr nichts geahnt. Gieshübler in Kessin vielleicht und der Geheimrat Rummschüttel in Berlin, aber die hatten dann auch nur ein Pulver für mich zur Beruhigung.

Es geht und vergeht alles so schnell. Eben noch habe ich hier auf der Schaukel gesessen und dann schon an der Wiege in Kessin, und jetzt sitze ich wieder hier und betrachte die Schaukel. Das hat die Natur falsch eingerichtet, mit siebzehn schon Mutter. Aber gegen die Natur darf man sich nicht auflehnen. Mein Körper konnte schon ein Kind empfangen und austragen, aber meine Seele konnte es noch nicht. Manchmal denke ich, wenn wieder ein Sommer vorüber ist, ich bin so ein Blatt, das der Wind schon im August abgerissen hat und das in einen Bach gefallen ist, und dann hat es mich fortgetrieben, erst in einen Fluss und dann in einen Strom, und jetzt treibe ich auf das große Meer zu. Aber das sind keine Themen für dich, Instetten, Blätter im Wind, Sichtreibenlassen im Strom. Aber ich bin dann doch oben geblieben. Ich bin nicht untergegangen, und darauf bin ich nun auch ein wenig stolz. Und das Meer und der Himmel, oder wo wir nun hinkommen oder untergehen, das ist am Ende eins und liegt bei Gott. Ich bin jetzt ganz ruhig, Instetten. Für dich wird es besser sein, wenn du nicht mehr ein geschiedener Mann bist, sondern sagen kannst, meine Frau ist gestorben. Dann kannst du vielleicht meinen Namen wieder aussprechen und später sogar einmal denken: Meine liebe Effi! [...]

Männer männlich und Weiber weiblich – das ist auch so ein richtiger Briest-Spruch. Aber dann gibt es doch auch noch die Töchter! Ich bin die Effi Briest aus Hohen-Cremmen geblieben. Ihr habt mich immer für etwas bewundert, was doch nicht mein Verdienst war. Jung sein und hübsch sein und Anmut, das ist doch nichts, und geleistet hatte ich auch nichts. Ein Kind haben, das kann jede Frau, und aufgezogen wurde es doch von Johanna und später von Roswitha. Ich habe lauter Nebenrollen gespielt und meine Hauptrolle nicht bekommen. Eine geschiedene Baronin Instetten und eine geschiedene Briest. Jetzt streichle ich Rollos Fell, das grau und auch schon grindig wird, und manchmal streiche ich über den Seidenstoff, der sich über meine Schenkel spannt. Eigentlich bin ich doch eine zärtliche Natur. Mutter ist eher eine kühle Natur, und Vater hält sich alles vom Leib, auch mich. Er lässt die Kornähren durch die Finger gleiten, klopft dem Pferd auf die Kruppe. Als ich noch klein war, hat er mich manchmal bei den Haaren gepackt und gezaust, wie er es auch bei seinen Hühnerhunden tat, wenn sie ihm ein Rebhuhn vor die Füße legten, und ich habe ihm dann meine Puppe vor die Füße gelegt. Und wenn Mutter mir die Schleife geradezog und mich ermahnte, nicht so wild zu sein, dann war das ihre Art von Zärtlichkeit. Warum habe ich mein Kind nicht mit meinen eigenen Händen gewaschen und gewindelt? Alles konnten die Dienstmädchen besser als ich, und ich hab auch immer gedacht, es könne dem Kind etwas passieren, wenn ich es an mich drückte und küsste, wie ich's mit meinen Puppen getan hatte. Und später habe ich ihr auch die Schleife geradegezogen.

Wir leben alle so weit entfernt voneinander. Die Zwischenräume sind so groß. Gieshübler versuchte, sie zu überbrücken, mit einem Strauß oder einem Billet im richtigen Augenblick. Wäre ich zu ihm in die Apotheke gegangen, da hätte ja niemand etwas sagen können, da war ja keine Gefahr bei jemandem, der ein halber Krüppel war. Er hat mich gern gehabt und ich ihn auch. Wenn ich gesagt hätte, ich muss mit jemandem reden und nicht plaudern, und er gesehen hätte, dass ich verzweifelt war. Aber dann wäre er verlegen geworden und hätte mir doch wieder nur ein Pulver geholt. Geahnt hat er viel. Einmal hat er mir ein kleines Buch geschickt. „Für die romantische Effi von Instetten. Ein Verehrer mehr", stand darunter.

Gedichte von Eichendorff. Crampas zitierte Verse von Heinrich Heine, und da wusste man nie, ob man lachen oder die Augen niederschlagen sollte. Ich saß oft mit dem Buch auf dem Schoß da, las ein paar Zeilen, und dann versetzte mir ein Wort einen Stoß, und ich vergaß das Buch und träumte wieder. Damals habe ich die Gedichte beiseitegelegt, aber neulich habe ich sie wieder hervorgeholt und habe einen Federstrich am Rand einer Seite gefunden, und diese Zeilen lese ich nun wieder und wieder und summe sie vor mich hin:

„Schläft ein Lied in allen Dingen,
Die da träumen fort und fort,
Und die Welt hebt an zu singen,
Triffst du nur das Zauberwort."

Ich habe mein Zauberwort nicht gefunden, Innstetten. Dir darf man mit Zauberworten nicht kommen, da hebst du gleich abwehrend die Hand. Aber Effi! Wenn ich in mich hineinhorche, dann hör ich nichts weiter als: Aber Effi! Einmal klingt es belustigt, dann wieder strafend. Das war kein Zauberwort, das war ein Wort, das den Zauber zerstört. Ich stelle mir vor, wenn ich tot bin, schreibt man auf den Stein: Aber Effi!

Denn wenn ich so früh sterbe, dann ist das auch wieder nicht recht und wie ein Vorwurf.

Aus: Christine Brückner: „Triffst du nur das Zauberwort" – Effi Briest an den tauben Hund Rollo. In: Christine Brückner: Wenn du geredet hättest, Desdemona – Ungehaltene Reden ungehaltener Frauen. Copyright © 1985 by Hoffmann und Campe Verlag, Hamburg

- ■ *Fassen Sie „Effis" Resümee kurz zusammen. Beantworten Sie dabei folgende Fragen:*
  - *– Wie charakterisiert Effi sich selbst, Innstetten und die anderen von ihr genannten Personen?*
  - *– Welche Vorwürfe erhebt sie gegen Innstetten?*
  - *– Welche Ursachen macht sie für ihr Schicksal verantwortlich?*

- ■ *Beschreiben Sie die Rolle der Frau in der Gesellschaft, wie sie aus Effis Monolog hervorgeht. Diskutieren Sie darüber, inwieweit sich die gesellschaftliche Rolle der Frau bis heute verändert hat.*

- ■ *Beschreiben Sie, inwiefern Brückners Text eine Interpretation von Fontanes Roman darstellt.*

- ■ *Versetzen Sie sich – auf der Basis des Romans – in Effis Lage und verfassen Sie einen eigenen, fiktiven, resümierenden, (an)klagenden Brief Effis an Instetten. (Orientieren Sie sich dabei stilistisch an Brückners Text.)*

Fiktive Schülerbriefe Effis an Innstetten

Effi Briest
Herrenhaus zu Hohen-Cremmen

Hohen-Cremmen, den 22.5.1989

Gefürchteter Erzieher,
  verehrter Lehrmeister,
    mein lieber Gatte,

in meinem derzeitigen gesundheitlichen Zustand kann ich mir die folgenden Anschuldigungen und die eventuell auch zu Unrecht gefassten Aversionen gegen dich erlauben, ohne fürchten zu müssen, die gesellschaftlichen Normen zu verletzen.

Vielleicht bemühtest du dich nach Kräften, die notwendigen Portionen an Güte, Freundlichkeit oder im Extremum sogar an Liebe gegen mich aufzubringen, jedoch gelang dir dieses nur schwer und ohne rechte Freude an der Sache. Die Zuwendungen waren stets so knapp bemessen, dass ich mich gerade nicht beschweren konnte und den gesellschaftlichen Pflichten zur Genüge gedient war. Meinen anfänglichen, noch kindlich übermütigen Zärtlichkeiten begegnetest du beschämt oder zumindest in kühler Gelassenheit. Von unserer obligatorischen Hochzeitsnacht abgesehen, deren Ergebnis sich pünktlich neun Monate später hervortat und die du pflichtgemäß absolviertest, blieb unser junges Liebesglück auf Eis gelegt, denn der Beischlaf war als Mittel der Lust bei dir verpönt, und deine Fähigkeiten beschränkten sich auf ein Mal pro Jahr.

Diese verklemmte Haltung, die du gegen viele aufbringst, mag von fast ebenso vielen hochgeschätzt werden, jedoch bei mir handelte es sich nicht um einen Ministerialdirektor oder einen geschäftlichen Partner, sondern um deine Ehefrau, ich hoffe, Gott wird sie bald selig haben. Mein Wunsch, demgemäß behandelt zu werden, überforderte dich oder überbeanspruchte einfach nur die Normen unserer Zeit.

Mein Vergehen möchte ich als solches auf gar keinen Fall vermindern oder gar verleugnen, jedoch meine ich, du tragest Mitschuld an ihm. Gleichwie, mein aufrichtiges Bedauern sei dir gewiss.

Unentschuldbar hingegen befinde ich dein Verhalten nach unserer Trennung unserem gemeinsamen Kinde gegenüber. Diese Tat erscheint mir beinahe unverzeihlich, zumal, da sie mich in jener Zeit traf, da ich besonders uneins gegen mich selbst und gegen meine Welt war. Die Trennung von meiner geliebten Tochter war es, die mich am Ende zerbrechen ließ.

Ich kann es nicht meinen, ob es Schuld an der Pflicht, Bedauern oder gar echte Reue war, die dich Rollo schicken machte. Egal wie, ich möchte dir danken, auf dass ich meine letzten Tage noch mit ihm verbringen darf und so leichter und weniger beschwert auf den Tode hinzulebe.

Vorwürfe über Vorwürfe, mögest du dir denken, jedoch sei gewiss, ich richte ebenso gegen mich selbst, wenn nicht sogar um vieles härter. Deshalb verzweifele nicht an diesen wenigen Worten aus meinem Munde, denn ich weiß, in deinem Innern bist du ein herzensguter Mensch, jedoch denke immer daran, dass Ruhm und Ehre nur der Farce dienen und nicht dem Menschen, also uns.

Ich bete für mein Kind und dich, auf dass du es wohl erziehest und auf dass ihr mich nicht in schlechter Erinnerung behaltet. Grämet euch nicht, sondern freuet euch des Lebens, auch wenn das schwerfallen wird.

Deine liebe Frau,
deine Mama

Effi

Herrenhaus zu Hohen-Cremmen
Fam. von Briest

Mein Gatte!
Inzwischen sind einige Jahre seit unserer letzten Begegnung vergangen, und ich möchte hiermit die wahrscheinlich letzte Gelegenheit nutzen, um all das Unausgesprochene der letzten Jahre zu klären. Auch wenn du versuchst, diese Zeit ungeschehen zu machen, bitte ich dich, diesen Brief nicht einfach wegzulegen.
Ich verbinde mit den vergangenen Monaten das Gefühl der Einsamkeit, und ich hoffe aufrichtig, dass dein und Annies Leben besser verlaufen ist.

Ich hätte es wahrhaft einfacher haben können!
Die bewundernswerte Baronin von Innstetten, mit 25 Jahren schon Frau eines Ministers und Mutter eines vielversprechenden Kindes. Die Gesellschaft Berlins hätte mich mit offenen Armen empfangen.

Doch muss ein einfaches Leben auch zugleich ein besseres sein?

Was konnte mir dieses Leben schon bieten?

Kriterien wie Stellung und Ansehen wurden zur Bewertung der Menschen herangezogen. Doch ich will und darf dieses Handeln gar nicht von mir schieben.

Ich wollte hoch hinaus. Auf meinen Vetter Dagobert blickte ich schon damals eher spöttisch nieder.

Ich selbst wünschte mir einen Mann, mit dem sich Staat machen ließ, und das war es auch, was mir an dir so gut gefiel.

An jenem Abend in Hohen-Cremmen, an dem unsere Verlobung gefeiert wurde, bestachst du durch dein schneidiges Aussehen und die guten Karriereaussichten.

Deine Karriere war es dann auch, die dich die meiste Zeit in Anspruch nahm.

Ich war in die Rolle der Repräsentantin gedrängt worden, die dir bei deinem Fortkommen nützlich sein konnte.

Bei dir nahmen immer andere Dinge den ersten Rang ein. Ich stand immer nur an zweiter oder dritter Stelle.

Kaum dass Bismarck nach dir schickte, folgtest du ihm anstandslos und hattest nur noch deine Arbeit im Sinn.

Ach, wie oft habe ich des Abends alleine in Kessin gesessen und nicht gewusst, wie ich mir Kurzweil verschaffen kann.

Ich war das Alleinsein nicht gewohnt und konnte mich auch nur schwer damit abfinden.

Auch wenn du nicht außerhalb Kessins weiltest, zogst du dich fast immer in dein Arbeitszimmer zurück.

Du hattest eine sehr zurückhaltende Art, mit Zärtlichkeiten umzugehen. Sie fielen meist sehr spärlich aus und ließen stets wirkliche Liebe und Wärme vermissen.

Anfänglich war Gieshübler der einzige Mensch, mit dem ich reden konnte und der etwas Farbe in mein so trübes Leben brachte. Doch auch er vermochte die Leere, die unsere Ehe in mir hinterließ, nicht aufzufüllen.

So war Major Crampas mir anfänglich nur ein guter Freund.

Ein Freund, den ich dringend benötigte.

Er gab mir all das, was du mir nicht geben konntest oder auch nicht wolltest.

Er gab mir das Gefühl, einen wichtigen Platz in seinem Leben einzunehmen, er akzeptierte mich als Ganzes und versuchte nie, einen Teil von mir zu erziehen.

Doch geliebt habe ich ihn nie. An ihm konnte ich mich während unserer Zeit in Kessin immer wieder hochziehen, er gab mir immer neue Kraft und war lange Zeit die einzige Abwechslung, die das Leben dort bot.

Doch als wir nach Berlin zogen, sah ich für unsere Ehe eine neue Chance. Wie froh war ich, Kessin und auch Crampas hinter mir zu lassen. Und in den folgenden Monaten hatte ich das Gefühl, dass wir uns immer näher kamen, und ich war sogar in dem Glauben, dass wir mittlerweile eine beständige Ehe führen würden.

Doch warum schicktest du mich dann fort?

Ich wurde verstoßen, so wie man einem Angestellten die Tür weist. Du machtest dir nicht einmal die Mühe, mich nach meinen Gründen zu fragen. Warum hast du nicht schon viel früher nach ihm gefragt?

Du machtest zweideutige Bemerkungen, so, als wüsstest du über alles Bescheid, doch gefragt hast du mich nie!

Vielleicht wäre alles anders gekommen, wenn du meinen Ängsten und auch Wünschen etwas mehr Bedeutung zugemessen hättest?

Doch ich möchte dir nicht allein die ganze Schuld zuweisen.

Denn ich war nicht geschaffen für diese Welt. Meine Träume, die sich nie erfüllt haben und an denen meine Erziehung schuld ist, ließen sich nicht mit meinen Verpflichtungen innerhalb dieser Gesellschaft vereinbaren.

Ich hoffe, dass du mein Vergehen nun ein wenig verstehst und begreifst, dass es sich keinesfalls um eine beabsichtigte Handlung gegen dich gehandelt hat.

Doch eine Bitte, von der ich glaube, dass sie mir auch zusteht, habe ich noch: Bitte, erziehe Annie nicht gar so streng und im Groll gegen ihre Mutter.

> In der Hoffnung, dass ihr zwei einmal
> ohne Hass an mich
> zurückdenken könnt, und mit den besten
> Wünschen für euer weiteres Leben,
>
> Effi

- *Fassen Sie die Kernaussagen der Briefe kurz zusammen und diskutieren Sie diese.*
- *Versetzen Sie sich in Innstettens Rolle und schreiben Sie einen Antwortbrief an Effi.*

Der Chinesenspuk

Gisela Warnke: Spuk als „Drehpunkt" (Auszug)

[...] Um den Spuk als „Drehpunkt" zu begreifen, müssen die Leistungen erkannt werden, die ihm für den Handlungsverlauf des Romans und bei der Personenzeichnung zukommen. Bezogen auf das zentrale Dreieck der Konfiguration Effi – Innstetten – Crampas ergeben sich folgende Funktionen:

1. Der Spuk dient der Erfüllung romantischer Sehnsüchte Effis, die auf Apartes und Abwechslung aus ist. Er bedroht Effi aber auch in der beginnenden Vereinsamung, besonders bei Abwesenheit des Gatten, durch vielfach erneuerten Schreck und permanente Angst nach dem ersten Erscheinen des Chinesen.

2. Der Spuk liefert das Gleichnis einer Liebesgeschichte (mit im Unklaren gelassener Art der leidenschaftlichen Bindung) zu der Affäre zwischen Effi und dem „Damenmann" Crampas, wobei die Beziehung den Zug des Unausweichlichen annimmt. Schließlich fällt die Rettungsmöglichkeit aus der Verstrickung zusammen mit der erhofften Rettung vor dem Spuk durch das gleiche Ereignis: der räumlichen Entfernung aus dem kleinen Spukort Kessin an der pommerschen Ostseeküste nach Berlin, Hauptstadt des Königreichs Preußen und Sitz des Kaisers und seines Kanzlers, des Fürsten Bismarck. Das Misslingen der Rettung wird angekündigt durch eine triviale Handlung: Der Chinese übersiedelt in Gestalt des Bildchens im Portmonee des Hausmädchens Johanna mit nach Berlin.

3. Der Spuk dient der speziellen Charakteristik Innstettens. Auf direkte Weise geschieht dies durch die Gesprächsführung Innstettens, halb Aufklärung, halb Bestärkung des Gespensterglaubens, als teils unbewusste, teils bewusste Selbstcharakteristik. Auf indirekte Weise erfolgt die Charakterisierung des Landrats durch gezielte Indiskretionen des Rivalen Crampas gegenüber der begehrten Effi: die Erzählung vom Spuk sei Innstettens Mittel, die junge Frau zu beherrschen zum Zwecke der „Erziehung", vor allem vor jeder dienstlichen Abwesenheit; das Spukthema sei ferner Innstettens Mittel, sich interessant zu machen zum Zwecke der Karriere. Der Ortswechsel Kessin-Berlin steht im Zeichen der Karriere und diese im Magnetfeld Bismarcks.

4. In Parallele zur schwebenden Verwendung der Spukgeschichte durch Innstetten steht Fontanes Handhabung des Motivs „Spuk" im ganzen Roman. Die Stellungnahme Innstettens wird keiner eindeutigen Entscheidung zugeführt, sondern hält sich in der Schwebe. Ebenso bleibt die Geltung des Phänomens in der Schwebe: Realität oder Traumfantasie. In dieser Unentschiedenheit, die nicht Schwäche ist, sondern Bündelung von Perspektiven zum Ziele hat, kann eine Analogie zum Ausgang des Romans gesehen werden: Auch die Schuld am Misslingen der Ehe wird als Komplex verschiedenster Einflüsse und Handlungen in dem Schlussgespräch der Eltern widersprüchlich vor den Leser gebracht und bleibt ein „zu weites Feld".

Fontane „dreht" auch Innstettens Haltung gegenüber dem Spuk; aus der souveränen Verfügung über die Erscheinung wird eigenes Erschrecken, gegenläufig zur Haltung Effis, die vom krank machenden Schreck zu einer Gewöhnung gelangt, stattdessen aber unter dem Schock realer Erlebnisse erkrankt. Was ängstigendes Erblicken des Chinesen für Effi bedeutet, entspricht, vergleichbar, bei Innstetten in der Erinnerung an das Duell mit Crampas dem „Blick" des Sterbenden, „den er immer vor Augen hatte", ein Anblick, der dem zielstrebig Aufsteigenden die beruflichen Erfolge für immer fragwürdig macht.

5. Der Spuk wird zu einer Art „Orakel" mit zwingender Wirkung, die den Spielraum zwischen Magie, Kraft des Glaubens/Aberglaubens und psychischer Verfassung wechselweise innehat.

6. Der Spuk ist romantechnisch oder „dramaturgisch" ein dem Hauptvorgang zugeordnetes Motiv. [...]

Aus: Gisela Warnke: Der Spuk als „Drehpunkt" in Fontanes „Effi Briest". Ein Beitrag zur Strukturanalyse des Romans. In: Literatur für Leser. Zeitschrift für Interpretationspraxis und geschichtliche Texterkenntnis, herausgegeben von Rolf Geißler und Herbert Kaiser. Jahresinhaltsverzeichnis 1978, S. 214ff.

■ Fassen Sie die genannten Funktionen des Spuks zusammen und erörtern Sie diese.

Die Symbolik des Heliotrops

Peter-Klaus Schuster: Effi und der Heliotrop (Auszug)

[...] Denn der Heliotrop, in dessen Namen bereits die Besonderheit dieser Pflanze angesprochen wird, sich ständig nach der Sonne zu wenden, ist seit der Antike das Sinnbild für das Streben des Menschen zu Gott. [...]

Schon mit Fontanes Bemerkung, dass der Duft des Heliotrops „zu ihnen" herübergetragen wurde, ist die Pflanze personalbezogen, und zwar ganz eindeutig auf Effi, die sich nun ausspricht: „Ach, wie wohl ich mich fühle, [...], so wohl und so glücklich; ich kann mir den Himmel nicht schöner denken. Und am Ende, wer weiß, ob sie im Himmel so wundervollen Heliotrop haben." Wie schon bei der „Gottesmauer" wird also auch hier ein traditionelles Sinnbild in der spöttischen Verkehrung seiner ursprünglichen religiösen Bedeutung durch Effi eingeführt. Nicht, um ihr[em] Verlangen nach Gott und dem Himmel Ausdruck zu geben, sondern nur noch zur ausschließlichen Freude am Diesseitigen dient ihr der Heliotrop, weshalb ihr die Mutter auch sogleich widerspricht. Doch wie bei der „Gottesmauer" ist auch hier im Spott Identifikation ausgesprochen. Effi erfreut sich nicht nur im besonderen Maße an dem Heliotrop, sondern sie zeigt sich dieser Pflanze sogleich wesensverwandt, wenn sie in der anschließenden Unterhaltung nach ihren letzten Wünschen vor der Hochzeit gefragt, eine Lampe und einen Pelz nennt, Ausdruck ihrer Sehnsucht nach dem Licht und der Wärme. Diese Wesensverwandtschaft zwischen Effi und dem Heliotrop wird von Fontane im Verlauf des Romans in vielfältigen Brechungen immer wieder thematisiert. Wie dem Heliotrop ist es auch Effi, mit „großer, natürlicher Klugheit und viel Lebenslust und Herzensgüte" versehen, stets im Freien bei Licht und Sonne am wohlsten, wobei diese Naturzustände stets auf gesellschaftliche Zustände zurückzubeziehen sind. So erlebt Effi in Berlin in Begleitung ihres Vetters Dagobert (= der helle Tag) „Himmlische Tage". In Kessin dagegen erschrickt sie vor der Düsterkeit, vor dem „fahlen, gelben Licht", das es in Hohen-Cremmen nicht gibt. Bei ihrem Spaziergang am Johannistag sehnt sie sich nach der Mittagssonne, und bei der Heimfahrt vom Ring'schen Hause erregt sie das Nordlicht, als ob es ein Weltwunder sei, wie Sidonie von Grasenabb missbilligend bemerkt. Solange „Licht und Luft" um sie sind, beunruhigt sie auch nicht der neben ihr im Schlitten sitzende Crampas. Erst als Innstetten plötzlich den Weg durch den dunklen Wald nimmt, verliert sie ihre Sicherheit. Sie, die ihrer Natur nach stets „frei und offen war", hat nun ständig Angst, dass ihre Tat ans Licht kommt.

[...]

Die Gegenüberstellung von christlicher Rollenfixierung und Heliotrop bietet für Fontane [...] die einzige Möglichkeit zu ihrer Versöhnung. Denn wenn es, wie im Heliotrop angezeigt, Liebe, Zuneigung und Wärme sind, die den natürlichen Menschen gesetzmäßig zu leiten vermögen, die ihm eine Naturgesetzlichkeit verleihen, so ist es andererseits gerade eben dieses Wohlwollen und diese Nächstenliebe, von der eine nach christlichen Rollen orientierte Gesellschaft bestimmt sein sollte. [...]

Aus: Peter-Klaus Schuster: Theodor Fontane: Effi Briest – Ein Leben nach christlichen Bildern. Tübingen: Max Niemeyer Verlag, 1978, S. 110ff.

■ *Fassen Sie zusammen, was der Heliotrop nach Ansicht von Peter-Klaus Schuster in Fontanes Roman versinnbildlicht, und diskutieren Sie darüber.*

Metaphorik und Psychoanalyse (Freud)

Die Metaphorik in „Effi Briest", psychoanalytisch (nach Freud) gedeutet

[...] Die Wohnung Innstettens in Kessin ist mit einer Sammlung vorwiegend phallischer Symbole ausgestattet, deren Anzahl und Aufbewahrungsort ihren symbolischen Gehalt hervorzuheben scheinen.

„Quer über den Flur fort liefen drei, die Flurdecke in ebenso viele Felder teilende Balken; an dem vordersten hing ein Schiff mit vollen Segeln, hohem Hinterdeck und Kanonenluken, während weiterhin ein riesiger Fisch in der Luft zu schwimmen schien. Effi nahm ihren Schirm ..., und stieß leis an das Ungetüm an ...

‚Was ist das, Geert?', fragte sie.

‚Das ist ein Haifisch'.

‚Und ganz dahinten das, was aussieht wie eine große Zigarre vor einem Tabaksladen?'

‚Das ist ein junges Krokodil.'"

Drei Balken, drei Deckenfelder, drei hängende Gegenstände: „Die Dreizahl", so Freud, „ist ein mehrseitig sichergestelltes Symbol des männlichen Genitals."

Über Fisch und Krokodil lesen wir beim selben Autor:

„Zu den weniger gut verständlichen männlichen Sexualsymbolen gehören gewisse Reptilien und Fische ..."

Wie bereits erwähnt, zählt Freud das Schiff zu den eindeutig weiblichen Sexualsymbolen, eine Auslegung, die durch Fontanes Gestaltung des Schiffes „mit hohem Hinterdeck und Kanonenluken" nur noch eindeutiger wird. Das scheinbare Fliegen aller drei Gegenstände vermittelt, wie ihre Anzahl und nicht zuletzt Effis beiläufig erwähnter Schirm sowie der Vergleich „wie eine Zigarre", den Eindruck des Überwiegens männlicher Sexualität in diesem Bildkomplex. [...]

Innstetten wird mit einem Fürsten, also mit einer hochrangigen Respektsperson verglichen, die bei Freud stets den geschlechtlich entsprechenden Elternteil, hier also den Vater, repräsentiert. [...] Effi vergleicht ihren Mann mit einer machtvollen Vaterfigur, deren in einer Fülle von Phallussymbolen zur Schau gestellte sexuelle Stärke sie zugleich anzieht und ängstigt. Diese Konstellation bleibt zwischen beiden bis kurz vor Ende des Romans ungebrochen [...].

Im Kontext der Häufung machtvoller Männlichkeitssymbole um die Figur Innstettens muss auch die Deutung seines Vornamens durch seinen Schwiegervater gesehen werden:

„Geert, wenn er nicht irre, habe die Bedeutung von einem schlank aufgeschossenen Stamm ..."

Freuds Auffassung, dass „alle in die Länge reichende Objekte, Stöcke, Baumstämme, Schirme ... das männliche Glied vertreten", wurde bereits [...] herangezogen.

Aus: Susanne Meyer-Binder, Literarische Schwestern: Ana Ozores – Effi Briest. Studien zur psychosozialen Genese fiktionaler Figuren. Aachen: Shaker Verlag, 1993, S. 144ff.

■ *Geben Sie die von der Verfasserin aufgeführten Symbole und deren Deutung stichwortartig wieder und nehmen Sie begründet Stellung.*

Schicksalhaftes Geschehen

Dieter Weber: „‚Effi Briest' – ‚Auch wie ein Schicksal'"

[...] Schließlich erscheint [...] das bekannte Motiv „Effi, komm", das nach Fontanes wiederholter Äußerung der Anlass zur Entstehung des Werkes gewesen ist, in neuem Licht. Es ist das Leitmotiv des Romans in dem Sinn, wie Fontane den Begriff versteht: nicht bloßes Ornament, nicht bloßes Mittel zur formalen Abrundung eines Werkes durch die Verbindung von Anfang und Ende, sondern der „richtige Taktaufschlag", der „dem Leser kaum Zweifel über den Geist [lässt], aus dem heraus das Ganze geschrieben ist".* Zieht man die drei Stellen, an denen das Motiv erscheint, zusammen, so bleibt in der Tat kein Zweifel an dem Geist dieses Romans: der Motivzusammenhang weist aus, dass der Autor die Geschichte Effis als Schicksalsgeschehen verstanden wissen will.

Dabei sind die einzelnen Szenen durchaus realistisch erzählt, ja sogar psychologisch einleuchtend motiviert. Effis Beklommenheit in der Verlobungsszene am Schluss des 2. Kapitels, als sie, unmittelbar aus dem Spiel herausgerissen, mit der Werbung des zwanzig Jahre älteren Innstettens konfrontiert wird; ihre Beruhigung dann beim vertrauten Anblick der Gespielinnen; deren ausgelassenes Treiben, ihr Necken, Kichern und Lachen und dazwischen der Zuruf „Effi komm", mit dem ihre Gefährtinnen sie zum Spiel zurückrufen: alles das bleibt innerhalb der Grenzen realistischer Erzählung. Nicht minder die Reaktion Innstettens im folgenden Kapitel: seine Zerstreutheit im Gespräch mit Briest; sein Blick („wie gebannt") auf das mit wildem Wein überwachsene Fenster, an dem die Rotköpfe aufgetaucht waren und von dem her der übermütige Zuruf erklang; sein unabweisbares Gefühl, „als wäre der kleine Hergang doch mehr als ein bloßer Zufall gewesen". Getreu den Gesetzen realistischer Erzählkunst bleibt die Frage für Innstetten offen. Für den Leser aber ist allein mit der Fragestellung entschieden, dass die Begebenheit nach der Intention des Autors tatsächlich kein Zufall ist, dass der Zuruf vielmehr einen Lock- und Warnruf für Effi darstellt. [...] Indessen erhält der Zuruf nicht erst durch Innstettens Reflexion seine Bedeutungsschwere; was er bedeutet, geht bereits daraus hervor, dass er mit dem „stehenden Motiv" des wilden Weines gekoppelt ist, das bei Fontane stets „Ungebundenheit und Freiheit von Konvention" symbolisiert. [...] Der Zuruf besagt also dasselbe wie Frau von Briests Wort, Effi hätte eigentlich Kunstreiterin werden müssen, sie tauge nicht für eine Dame. Außerdem lockt er in den Bereich von Licht und Luft, als der Effis Hohen-Cremmen immer wieder und besonders im Gegensatz zu dem wesentlich dunklen, gespenstischen Kessin apostrophiert wird. Allein, Effi vernimmt ihn, aber sie gehorcht ihm nicht. Ihre unmittelbare Entscheidung wird bezeichnenderweise ausgespart: Das zweite Kapitel endet mit dem Kichern und Auf- und Niederducken der Gespielinnen, und das dritte beginnt mit dem zusammenfassenden Bericht über die vollzogene Verlobung. Effi stimmt Innstettens Werbung zu, lässt sich mit der menschlichen Gesellschaft ein und handelt damit gegen ihre Natur oder – anders gewandt – gegen das Gesetz ihres Schicksals. Die ominöse Warnung wird von dem verhängnisvollen Gang der Ereignisse bestätigt, und erst nachdem die Verstrickung gelöst und schmerzlich gebüßt ist, wird Effi die Rückkehr gewährt. Briest schickt ihr ein Telegramm, das nichts als die Worte „Effi, komm" enthält.

Dieses Schicksalsgeschehen, das durch die Wiederkehr des Motivs gegen Ende des Romans besiegelt wird, ist präziser gefasst, wenn man es – im Zusammenhang mit dem Motiv des Elementaren – als den Weg der von ihrem Element abhängigen „Tochter der Luft" begreift oder – im Zusammenhang mit dem Beispiel Rollos – als den Abweg des Naturwesens in die menschliche Gesellschaft und den Rückweg in den ihm bestimmten Bereich. [...]

Aus: Dietrich Weber: „Effi Briest" – „Auch wie ein Schicksal". In: Jahrbuch des Freien Deutschen Hochstifts 1966, herausgegeben von Detlev Lüdgers. Tübingen: Max Niemeyer Verlag, 1966, S. 468ff.

---

* Weber verweist hier in einer Fußnote auf die Worte Obadjas aus Fontanes Roman „Quitt".

- Welche Funktion erfüllt der Ruf „Effi, komm", laut Weber, für den Aufbau des Romans?
- Erläutern Sie, was Weber darunter versteht, wenn er schreibt, Effi handle im Roman gegen das „Gesetz ihres Schicksals". Nehmen Sie begründet Stellung zu dieser These.

Die Schuldfrage

Walter Müller-Seidel zu Fontanes „Resignation" und „Skepsis" (1960)

Er behandelt als Erzähler Spannungen und Konflikte der Gesellschaft. Er stellt sie dar – im Grunde unvermeidbar. Erst auf dem Hintergrund des Unvermeidbaren erhebt sich die Frage nach der Möglichkeit des eigentlich Menschlichen, das mit jener Natürlichkeit nicht identisch ist, die es nirgends mehr gibt. Erst von hier aus erscheint das Menschliche in der für Fontane charakteristischen Form. Diese Form heißt Resignation. Die Konflikte werden in ihr nicht gelöst, sie bleiben bestehen. Aber weil sie zuletzt unvermeidbar gemacht werden, beruht das Menschliche dieser Resignation wesentlich darin, sich ins Unvermeidliche zu schicken [...].
[...]
Auch Effi Briest wächst durch ihre Resignation über ihre Mitmenschen hinaus. Als nach längerer Trennung das von den Erziehungsgrundsätzen Innstettens entstellte Kind in ihrer Wohnung erscheint, entlädt sich noch einmal das Menschlich-Natürliche ihres Hasses auf die Götzen der Gesellschaft. Aber das Tiefste ihres Menschentums bezeugt sich dort, wo sie sich in das letztlich Unabänderliche schickt, ohne anzuklagen oder sich von der Schuld auszunehmen: „Und dann, womit er mich am tiefsten verletzte, dass er mein Kind in einer Art Abwehr gegen mich erzogen hat, so hart es mir ankommt und so weh es mir tut, er hat auch darin recht gehabt. Lass ihn das wissen, dass ich in dieser Überzeugung gestorben bin. Es wird ihn trösten, aufrichten, vielleicht versöhnen. Denn er hatte viel Gutes in seiner Natur und war so edel, wie jemand nur sein kann, der ohne rechte Liebe ist." [...] Man lasse die Klischees aus dem Spiel und spreche nicht vom heiteren Darüberstehen; denn es ist ein physisch gebrochener Mensch, der solches sagt. Dennoch geht es im Positiven darum, die humanen Züge dieser Resignation zu vernehmen. „Ist nicht auch Resignation ein Sieg?", heißt es bei Fontane gelegentlich.
Vor Missverständnissen zumal ideologischer Art ist diese Resignation zu bewahren – nicht anders als die für Fontane charakteristische Skepsis. Resignation und Skepsis sind auf dem Hintergrund der gesellschaftlichen Spannungen die Züge jener Menschlichkeit, die seiner Erzählkunst das Gepräge geben. Im Grunde ist die Resignation ohne ein bestimmtes Maß an Skepsis nicht denkbar. Von hier aus versteht sich das eigentümlich Unheldische und Unkämpferische so vieler Figuren. Alle diese Gestalten [...] sind nicht von dem Wunsche beseelt, das Übel an der Wurzel zu packen, aus dem die Konflikte resultieren. Sie misstrauen und resignieren. Aber ihr Misstrauen ist zugleich dasjenige Fontanes. Seine Kritik an der bestehenden Gesellschaftsordnung ist nicht zu trennen von der Skepsis gegenüber jeder Gesellschaftsordnung, die solche Konflikte als vermeidbar in Aussicht stellt. In solchem Verzicht liegt das in vieler Hinsicht Unbequeme seiner Erzählkunst. [...]
Indessen ist hier auch der Punkt, an dem die auf Parteirichtungen eingeschworenen Leser dem Schriftsteller Fontane die Gefolgschaft verweigern. Sie sind unvermögend, die Humanität dieser Skepsis zu würdigen. Sie vermissen das „Positive", das eindeutige Weltbild, die klar fixierte Weltanschauung. Womöglich reden sie in radikaler Verkennung der eigentlich dichterischen Leistung gar noch vom Nihilismus Fontanes, wie es Georg Lukács in bestürzender Kurzsichtigkeit tut. [...] Er bedauert, dass Fontane zu einer schwankenden Gestalt wird – „zu einem Menschen und Schriftsteller, der für keine der kämpfenden Klassen oder Parteien zuverlässig ist"[...]. Aber der „unzuverlässige" Fontane ist der Dichter Fontane. Im „Unzuverlässigen" liegt ein gut Teil seiner dichterischen wie menschlichen Substanz. Seine Gesellschaftskritik erfolgt nicht von einem Standort aus, der das Bild einer neuen, einer künftigen und besseren Gesellschaftsordnung impliziert. Dieser Dichter blickt über die Illusionen jeder Utopie hinaus. [...]
Und weil sich zuletzt die Menschen nicht wesentlich ändern, werden auch die aus der Gesellschaft je und je hervorgehenden Konflikte nicht zu vermeiden sein. Nicht auf sie kommt es daher im Letzten an, sondern darauf, wie die Menschen auf sie antworten. Das ist nicht die Frage eines besseren politischen Konzepts, sondern die Frage des Dichters Fontane. In der Menschlichkeit des Menschen, in der Gesinnung des Humanen beruht die Antwort, die Fontane als Erzähler gibt.

Aus: Walter Müller-Seidel: Gesellschaft und Menschlichkeit im Roman Fontanes. In: Wolfgang Preisendanz (Hrsg.): Theodor Fontane. Darmstadt: Wissenschaftliche Buchgesellschaft 1971, S. 194ff.

- Wie charakterisiert der Autor Fontanes Haltung in der Schuldfrage? Wie beurteilt er sie?
- Was kennzeichnet, nach Ansicht des Autors, Fontanes Gesellschaftskritik?
- Inwiefern kennzeichnen, laut Müller-Seidel, Skepsis, Resignation und Humanität Fontanes Haltung?
- Charakterisiert und beurteilt Müller-Seidel Fontanes Haltung in der Schuldfrage zutreffend? Nehmen Sie begründet Stellung.

Naturalismus

Auszug aus M. G. Conrads „Einführung" zur „Gesellschaft", einer von ihm herausgegebenen „realistischen Wochenschrift für Literatur, Kunst und öffentliches Leben" (1885):

Unsere „Gesellschaft" bezweckt zunächst die Emanzipation der periodischen schöngeistigen Literatur und Kritik von der Tyrannei der „höheren Töchter" und der „alten Weiber beiderlei Geschlechts"; sie will mit jener geist- und freiheitsmörderischen Verwechslung von Familie und Kinderstube aufräumen, wie solche durch den journalistischen Industrialismus, der nur auf Abonnentenfang ausgeht, zum größten Schaden unserer nationalen Literatur und Kunst bei uns landläufig geworden.

Wir wollen die von der spekulativen Rücksichtsnehmerei auf den schöngeistigen Dusel, auf die gefühlvollen Lieblingstorheiten und moralischen Vorurteile der sogenannten „Familie" (im weibischen Sinne) arg gefährdete Mannhaftigkeit und Tapferkeit im Erkennen, Dichten und Kritisieren wieder zu Ehren bringen. Fort, ruft unsere „Gesellschaft", mit der geheiligten Backfisch-Literatur, mit der angestaunten phrasenseligen Altweiber-Kritik, mit der verehrten, kastrierten Sozialwissenschaft! Wir brauchen ein Organ des ganzen, freien, humanen Gedankens, des unbeirrten Wahrheitssinnes, der resolut realistischen Weltauffassung!

[...]

Unsere „Gesellschaft" wird keine Anstrengung scheuen, der herrschenden jammervollen Verflachung und Verwässerung des literarischen, künstlerischen und sozialen Geistes starke, namhafte Leistungen entgegenzusetzen, um die entsittlichende Verlogenheit, die romantische Flunkerei und entnervende Fantasterei durch das positive Gegenteil wirksam zu bekämpfen. Wir künden Fehde dem Verlegenheits-Idealismus des Philistertums, der Moralitäts-Notlüge der alten Parteien- und Cliquenwirtschaft auf allen Gebieten des modernen Lebens.

Auszug aus dem Vorwort der ab 1890 in Berlin erschienenen Zeitschrift „Freie Bühne" (1890):

Einst gab es eine Kunst, die vor dem Tage auswich, die nur im Dämmerschein der Vergangenheit Poesie suchte und mit scheuer Wirklichkeitsflucht zu jenen idealen Fernen strebte, wo in ewiger Jugend blüht, was sich nie und nirgends hat begeben. Die Kunst der Heutigen umfasst mit klammernden Organen alles, was lebt, Natur und Gesellschaft [...]. Der Bannerspruch der neuen Kunst, mit goldenen Lettern von den führenden Geistern aufgezeichnet, ist das eine Wort: Wahrheit; und Wahrheit, Wahrheit auf jedem Lebenspfade ist es, die auch wir erstreben und fordern [...]. Die moderne Kunst, wo sie ihre lebensvollsten Triebe ansetzt, hat auf dem Boden des Naturalismus Wurzel geschlagen. Sie hat, einem tiefinnern Zuge dieser Zeit gehorchend, sich auf die Erkenntnis der natürlichen Daseinsmächte gerichtet und zeigt uns mit rücksichtslosem Wahrheitstriebe die Welt, wie sie ist. Dem Naturalismus Freund, wollen wir eine gute Strecke Weges mit ihm schreiten [...].

Fassen Sie das in den beiden Textauszügen dargelegte Naturalismusverständnis kurz zusammen. Für welche und gegen welche Form der Kunst sprechen sich die Autoren aus? Präsentieren Sie Ihre Antworten in geeigneter Form (Kurzreferat, Folie, Tafelbild ...).

Realismus

**Auszug aus Ralf Hildenhagen:
Was war eigentlich Realismus? (2005):**

Wer sich mit der Literatur des Realismus beschäftigt, wird nie die Geburtszange vergessen. Jene Geburtszange, die 1889 ein Zuschauer von Gerhart Hauptmanns Drama „Vor Sonnenaufgang" im Berliner Lessingtheater über seinem Kopf schwang. Das Publikum hatte von Akt zu Akt immer lauter gelacht, getrampelt und gehöhnt. Der schlesische Dialekt der Figuren, die abgehackten Sätze, ihre Alkoholsucht – das war den Premierenbesuchern zu nah an der (sozialen) Wirklichkeit. Als sich dann das Stück der schon vor der Aufführung sehr umstrittenen Geburtsszene näherte, fuchtelte der bekannte Premierenrowdy Doktor Castan mit einer Geburtszange und bot laut seine Hilfe als Arzt an. Ein Tumult brach los. Angesichts der verteilten Ohrfeigen konnten die Darsteller das Stück nur mit Mühe zu Ende spielen. Der „konsequente Realismus" Hauptmanns, diese Radikalisierung des Realismus, war einfach zu viel für manchen deutschen Kulturfreund. Kein Wunder – das Publikum war derlei noch nicht gewöhnt. Schon die Literaturepoche des Realismus hatte Deutschland später ergriffen als andere Staaten. Und kaum hatte das Publikum sich damit angefreundet, zeigte Hauptmann kaputte Trinker. Da war der Theaterskandal programmiert.

Solch gewagte Themen, aber auch neue Darstellungsformen hatten es in Deutschland schwer. Der moderne Roman wurde viel später als in allen anderen Staaten zur bestimmenden Literaturform. In England, Russland und Frankreich hatten Sterne, Scott, Dickens, Tolstoi, Dostojewski und Balzac schon ihre großen Romane dieser literarischen Ära veröffentlicht. Dickens hatte 1838 vom Abstieg des Waisenjungen Oliver Twist zum Taschendieb im Moloch London erzählt, Dostojewski 1866 in „Verbrechen und Strafe" die Geschichte eines Mörders im dreckigsten Viertel St. Petersburgs aufgeschrieben. In Deutschland erschienen die großen Romane des Realismus später. Warum?

Der deutsche Sonderweg in der Epoche des Realismus verläuft wegen des politischen Rahmens so weit ab von der Entwicklung in anderen Staaten. Der Roman als Ausdrucksform bürgerlicher und großstädtischer Literatur brauchte erst einmal einen Nationalstaat, ein selbstbewusstes, aufstrebendes Bürgertum und eine Metropole als Brennpunkt der gesellschaftlichen Entwicklung. Deutschland wurde erst im Jahr 1872 durch Bismarcks Reichsgründung zum Nationalstaat. Die Wirtschaft boomte. In diesen Gründerjahren nach 1871 beschleunigte Deutschland die Industrialisierung radikal, das Bürgertum wurde reicher, größer, selbstbewusster. Dass ein solcher Wirtschaftsaufschwung auch den literarischen Realismus boomen lässt, zeigt der Blick nach Amerika. Die USA entwickelten sich in rasender Geschwindigkeit zu einem, wenn nicht sogar zu dem Industriestaat. Das geschah vor dem Sezessionskrieg (1861–1865) vor allem in den Nordstaaten. Hier wurde 1852 der Roman „Onkel Toms Hütte" zum Bestseller. In dem Buch beschreibt die in Neuengland geborene Harriet Beecher-Stowe das Leben der Sklaven im Süden der USA. Und zwar so detailliert, dass man es selbst in Europa gefesselt und schockiert las. In Nordamerika war der Roman so wirkungsmächtig, dass Präsident Lincoln die Autorin nach dem Bürgerkrieg sogar „die kleine Frau, die diesen großen Krieg verursacht hat" nannte.

„Onkel Toms Hütte" gilt nicht unbedingt als literarische Glanzleistung. Und doch nimmt dieser Roman sehr anschaulich die Ambivalenz des Realismus vorweg: Einerseits bemüht sich Beecher-Stowe, in ihrer Dichtung die soziale Wirklichkeit einzufangen. Andererseits ist ihr Werk auch ein Literatur gewordenes Bekenntnis zu traditionellen Familienwerten. Hier zeigt sich schon die enorme Spannbreite des Realismus-Begriffs. Später wird ausgerechnet „Verklärung" zu einem der programmatischen Lieblingsworte der Realisten. Damit meinen sie, dass nur Kunst die Wirklichkeit erfassen kann. Nur wo Kunst Klarheit, Schönheit, Intensität schafft, macht sie die Prosa des Lebens – auch in ihrer Hässlichkeit – erfahrbar. Folglich spricht man zuweilen auch treffender vom „poetischen Realismus". Seine berühmtesten deutschsprachigen Autoren waren Theodor Fontane, Gottfried Keller, Theodor Storm, Wilhelm Raabe. Der poetische Realismus wurde vor allem in Frankreich, England und Russland geprägt. Der Franzose Gustave Flaubert setzte mit dem Roman über die verkitscht-verträumte Ehebrecherin „Madame Bovary" 1857 Maßstäbe, in England war Charles Dickens stilprägend.

Trotz dieser Parallelen ist der Realismus kaum auf einen Begriff, einen Ort, einen Zeitabschnitt zu reduzieren. [...]

Theodor Fontane erzählt von Menschen, die von den Normen der bürgerlichen Gesellschaft abweichen (am bekanntesten: Effi Briest, 1895). Formal spiegelt Fontane vor allem in den späten Romanen die Handlung beinahe nur in dem, was die Figuren auf Landpartien, Clubabenden und Diners davon erzählen. So stellt Fontane die „Prosa des Lebens", durchsetzt mit poetischen Floskeln, nur noch als Redestil des Geschäfts- und Bildungsbürgertums aus. Die folgende Radikalisierung des Realismus, der Naturalismus, fokussierte die unteren Schichten. Die naturalistische Literatur im letzten Jahrzehnt des 19. Jahrhunderts kritisierte oft auch gesellschaftliche Missstände. Die Autoren wollten im Gefolge von Emile Zola die Realität gewissermaßen „ungefiltert" darstellen, also hässlich und schockierend. Naturalisten wie Gerhart Hauptmann sahen sich als Nachfolger der Realisten. Sie wollten die Grundideen dieser Vorgänger einfach radikaler umsetzen. Darum lehnten sie das verklärende Prinzip völlig ab. Nicht die Kunst, sondern die Naturwissenschaft kann die Realität vollkommen erfassen, glaubten sie. Solche Thesen waren seit der Jahrhundertmitte immer populärer geworden. Bücher wie „Kreislauf des Lebens" von Jakob Moleschott oder „Kraft und Stoff" von Ludwig Büchner forderten, aus naturwissenschaftlichen Erkenntnissen Regeln für die Lebensführung zu ziehen. Soziologen und Historiker wie Auguste Comte, Hippolyte Taine, Biologen wie Charles Darwin oder Ernst Haeckel stellten deterministische Vererbungs- und Milieutheorien auf. Der Mensch sollte ausschließlich Produkt seiner Umwelt sein. Der Literaturtheoretiker Wilhelm Bölsche übertrug diese Wissenschaftsgläubigkeit 1885 in seinem Werk „Die naturwissenschaftlichen Grundlagen der Poesie" auf die Kunst: „Der Dichter ist in seiner Weise ein Experimentator, ein Chemiker, der allerlei Stoffe mischt ... wenn er etwas Vernünftiges und keinen wertlosen Mischmasch herstellen will, die Kräfte und Wirkungen vorher berechnen muss, ehe er ans Werk geht und Stoffe kombiniert."

In Deutschland war für die Rezeption des Naturalismus das Theater bestimmend. Der erfolgreichste deutsche Naturalist Gerhart Hauptmann schrieb das Werk des deutschen Naturalismus überhaupt, das Drama „Vor Sonnenaufgang" von 1889. Es thematisiert – vor dem Hintergrund des sozialen Elends in Schlesien – den Alkoholismus als „Milieuschaden", welcher der Theorie nach auch die kommenden Generationen der befallenen Familie schädigen muss. Neu war, dass die Figuren Dialekt sprachen oder aber in einem hektisch-intensiven „Sekundenstil", in dem sie quasi im Sekundentakt Gedanken und Eindrücke hervorstoßen. Der Geburtszangenskandal bei der Premiere 1889 zeigte, dass Deutschland noch nicht bereit für den Naturalismus war, vielleicht auch nicht bereit für die soziale Realität im Land. Denn die zeigte Hauptmann schonungsloser als die Realisten zuvor: Säufer, tot geborene Kinder, im Elend lebende Bergarbeiter und bei all dem kein Ausweg, keine Hoffnung.

Damit hat Hauptmann die meisten Premierenbesucher 1889 überfordert. Theodor Fontane aber zeigte sich nach der Premiere begeistert von Hauptmanns Stück. Denn eine Überzeugung teilten Realisten und Naturalisten, teilen wohl die Schriftsteller zu allen Zeiten: Was ist schon die Wirklichkeit, wenn nicht eine Erfindung der Dichter?

Der Artikel erschien in der Reihe „Was war eigentlich ..." in „bücher", Heft 3, Essen 2005.

■ *Fassen Sie die wichtigsten Aussagen des Artikels kurz zusammen und erläutern Sie die Begriffe „Realismus", „poetischer Realismus" und „Naturalismus".*

Fontanes Erzählstil

Elsbeth Hamann: „Ausgewählte stilistische Merkmale des Romans"

[...] Zweifellos ist der Humor [...] ein prägendes Stilmerkmal des Romans „Effi Briest". Andere sind daneben Ironie, Verklärung, Symbolik. Humor und Ironie mögen als im Geiste verwandt erscheinen, da sie einer Antihaltung des Erzählers entspringen. Den Humor in „Effi Briest" fühlen wir deutlich getragen von einer noch Menschlichkeit ausstrahlenden Verbundenheit zum kritisierten Objekt, wohingegen sich die Ironie jenseits innerer Anteilnahme von ihm distanziert hat. Beide Kategorien dienen auch in „Effi Briest" der Entlarvung von Handlungsmotiven, „stehen also im Dienste der Psychologisierung."[...]

„Der Humor hat das Darüberstehen, das heiter-souveräne Spiel mit den Erscheinungen dieses Lebens, auf die er *herab*blickt, zur Voraussetzung." (Theodor Fontane)

Als ein Exponent dieses von Fontane so definierten Humors stellt sich Herr von Briest dar. Idealtypisch vereint er in sich ein mitfühlendes Verständnis für das Menschliche und eine von Skepsis durchzogene kritische Distanz von dem, „was sich ‚Gesellschaft' nennt" (291), beides getragen von einer an Widerspruch und Doppeldeutigkeit grenzenden Lebensauffassung. Nicht ohne Absicht lässt der Erzähler Briest das erste Mal zusammen mit Innstetten in einem Gespräch in Erscheinung treten, nachdem er zuvor lediglich als jovialer, mit einem frivolen Zug behafteter Brautvater eingeführt wurde, [...] wobei er ihm unmittelbar die Möglichkeit einer Selbstdarstellung bietet. Bereits hier erweist er sich als ein in gesellschaftlichem und menschlichem Sinne verstandener Gegenpol zu Innstetten. Briest verbindet die Schilderung der Vorzüge seines ritterschaftsrätlichen Lebens mit der Äußerung von allerlei Antibeamtlichem, wofür er sich – diese Kritik äußerlich entkräftend – mit einem kurzen, verschiedentlich wiederkehrenden „Pardon, Innstetten" (S. 23) entschuldigt. Dieser Relativierung gesellschaftlicher Position folgt anlässlich der Polterabendaufführung des „Käthchen von Heilbronn" unter Hinzudichtung einer „verschämten Nutzanwendung auf Effi und Innstetten" (S. 29) durch Pastor Niemeyer ein Zurechtrücken der Familienverhältnisse der Innstettens und der Briests, die im Gegensatz zu den Innstettens eine historische Familie und „schließlich auch nicht von schlechten Eltern" (S. 29) seien. [...] Eine Entschuldigung bei seiner wesentlich standes- und sprachbewussteren Frau für den Berolinismus geht dieser Äußerung voraus. [...]

Trotz der Zugeständnisse an seine Frau bewältigt Briest unterschiedliche Situationen seines Lebens mit doppeldeutigen Anspielungen und zu Missverständnissen Anlass gebenden Bemerkungen, so z. B., wenn er auf die Zurechtweisung durch Frau von Briest nach allerlei anzüglichen Bemerkungen „... Wir haben eben eine Hochzeit und nicht eine Jagdpartie!" (S. 41) reagiert, „er sähe darin keinen so großen Unterschied" (S. 41).

Die Bereitschaft zum Relativieren und die Fähigkeit, die Ambivalenz vielfältiger Standpunkte und Erscheinungen zu durchschauen, finden nicht zuletzt auch ihren Niederschlag in der Wendung vom „weiten Feld" (S. 42, 46, 48, 138). Mögen auch Zweifel an der Richtigkeit einer derartig formulierten Weigerung zu einer eindeutigen Stellungnahme zu unterschiedlichen Problemkreisen berechtigt sein, so gibt doch zumindest die durch ein „zu" veränderte Schlussformulierung „... das ist ein *zu* weites Feld" (S. 337) Anlass zu der Vermutung, dass es sich weniger um einen Rückzug in die vage Unverbindlichkeit handelt, sondern vielmehr um weise Einsicht und das Wissen sowohl um Unverrückbarkeit vergangenen Geschehens als auch um die Fragwürdigkeit bestehender Ordnungen und Gesetze. Die durch die Schlussformulierung scheinbar hergestellte Geschlossenheit des Geschehens erreicht somit gleichsam das Gegenteil, es ist wieder bloßgelegt für Zweifel, Skepsis, Anfechtung, Kritik. Und liegt nicht gerade hierin eine bittere Ironie verborgen, die nun keineswegs mehr geprägt ist von dem sonst bei dem Erzähler üblichen, verständnisvollen Begreifen der Fährnisse, denen der Einzelne ausgesetzt ist und nach deren Erfordernissen er sich zu verhalten sucht? Ähnlich in scheinbar harmloses Tischgeplauder unterzugehen droht eine [...] Passage voll scharfer Ironie, die übersteigerte Standesvorurteile mittels eines Gesprächs zwischen Sidonie von Grasenabb und Pastor Lindequist anprangert (S. 176f.).

Aus: Elsbeth Hamann: Theodor Fontane, Effi Briest. Reihe „Interpretationen für Schule und Studium", herausgegeben von Rupert Hirschenauer u. a. München: Oldenbourg, 1981, S. 96ff.

- Worin unterscheidet sich laut Hamann Humor von Ironie?
- Erläutern Sie ausgehend von Hamanns Text, wie sich Fontanes Humor und sein Gesprächsstil miteinander vereinbaren lassen.
- Welche Funktion erfüllen Herr Briest und seine Redewendung vom „weiten Feld" innerhalb des Romans? Diskutieren Sie Briests Haltung.